宁夏大学"提升中西部高校综合实力项目"资助出版

宁夏高等学校科学技术研究项目资助
（NGY2016069）

西夏文献研究丛刊

《天盛律令》铁箭符牌条文整理研究

张笑峰 著

杜建录 波波娃 主编

上海古籍出版社

总　序

　　西夏在中国,大量的西夏文献收藏在俄罗斯,西夏研究成为中俄两国共同关注的学术领域。为此,2009 年在国家领导人的亲切关怀下,中俄人文合作委员会秘书处(教育部)将"西夏文化研究"列入两国语言年活动项目,由宁夏回族自治区教育厅和宁夏大学承担。在教育部的指导下,宁夏大学西夏学研究院和俄罗斯科学院东方文献研究所签订协议,成立中俄人文合作交流机制下研究机构——中俄西夏学联合研究所,宁夏大学西夏学研究院院长杜建录教授任中方所长,俄罗斯科学院东方文献研究所所长波波娃教授任俄方所长。

　　2010 年 7 月 26 日,我利用中国高等教育学会外国留学生教育管理分会银川学术年会间隙,专门考察了宁夏大学西夏学研究院,该院主持完成的《中国藏西夏文献》《中国藏黑水城汉文文献》《说西夏》等著作,给我留下了深刻的印象。作为中俄人文合作委员会教育合作分委会主席,我高兴地看到,中俄西夏学联合研究每年都有新成果、新亮点。2010 年 10 月中俄西夏学联合研究所在宁夏大学揭牌,2011 年 9 月俄中西夏学联合研究所在俄罗斯科学院东方文献研究所揭牌。连续召开三届西夏学国际学术论坛,一批西夏学中青年骨干赴俄罗斯访问研究。更令人欣慰的是,两国学者不是停留在一般性的往来上,而是围绕西夏法律文献、社会文书、佛教典籍等领域开展实质性的合作研究,相继完成"西夏社会文书研究"、"夏译《孟子》研究"、"天盛律令研究"、"党项西夏碑刻研究"、"西夏《功德宝集偈》跨语言对勘研究"、"黑水城出土汉文文书释录"等课题,陆续出版的《西夏文献研究丛刊》和《黑水城出土汉文社会文书释录》,就是其中的一部分。

中俄西夏学联合研究源远流长,20 世纪 30 年代,《国立北平图书馆馆刊》刊出西夏文专号,中苏等国西夏学者发表成果,相互酬唱,成为佳话;90 年代以来,中俄两国学者联合整理出版大型文献丛书《俄藏黑水城文献》;进入新世纪,中俄人文合作交流框架下的西夏学合作研究,是在西夏文献整理出版基础上的深入研究,相信在两国政府的支持和两国学者的共同努力下,一定会取得丰硕的成果,为推动中俄全面战略协作伙伴关系的发展做出应有贡献。

中俄人文合作委员会

教育合作分委会中方主席

郝 平

二〇一四年十一月二十六日

目　　录

绪　　论

　　《𗼇𗣾𗋽𗆟𗈁𗂧𗍫𗋽》，汉译即《天盛改旧新定律令》，简称《天盛律令》，是一部由西夏政府使用西夏文字刻印、刊布的法律典籍。现藏于俄罗斯科学院东方文献研究所的《天盛律令》共有甲、乙、丙、丁、戊、己六种版本①，其中以甲种本（刻本）最为完整，学界也多以此甲种本为研究依据。《天盛律令》的内容包括了西夏的政治、经济、军事、文化等各个方面。鉴于其重要的文献价值，宁夏大学西夏学研究院在《天盛律令》的考释与研究上开展了一系列的专题研究。目前已经完成的有潘洁《〈天盛律令〉农业门整理研究》、许伟伟《〈天盛律令〉内宫待命等头项门研究》、于光建《〈天盛律令〉典当借贷门整理研究》②。本选题《〈天盛律令〉铁箭符牌条文整理研究》也来源于此。

一、概　　述

　　《天盛律令》铁箭符牌条文主要见于卷十三的《执符铁箭显贵言等失门》。目前已刊布的《天盛律令》卷十三共50面，其中《执符铁箭显贵言等失门》为50—34左面到50—50，见《俄藏黑水城文献》第八册③、克恰诺夫俄译本《天盛律令》第四册④。《俄藏黑水城文献》与

---

① 俄罗斯科学院东方研究所圣彼得堡分所、中国社会科学院民族研究所、上海古籍出版社：《俄藏黑水城文献》第8、9册，上海：上海古籍出版社，1998、1999年。

② 潘洁：《〈天盛改旧新定律令〉农业卷研究》[博士学位论文]，银川：宁夏大学，2010年；潘洁：《〈天盛律令〉农业门整理研究》，上海：上海古籍出版社，2016年；许伟伟：《〈天盛改旧新定律令·内宫待命等头项门〉研究》[博士学位论文]，银川：宁夏大学，2013年；于光建：《〈天盛改旧新定律令〉典当借贷条文整理研究》[博士学位论文]，银川：宁夏大学，2014年；于光建：《〈天盛律令〉典当借贷门整理研究》，上海：上海古籍出版社，2018年。

③ 俄罗斯科学院东方研究所圣彼得堡分所、中国社会科学院民族研究所、上海古籍出版社编：《俄藏黑水城文献》第8册，上海：上海古籍出版社，1998年，第289～297页。

④ ［俄］Е. И. Кычанов, *Измененный и заново утвержденный кодекс девиза царствования небесное процветание 1149 - 1169*, кн.4, Москва：Наука，1989，296 - 325.

俄译本《天盛律令》所刊布该门的图版为同一版本,根据俄译本所刊布该门图版编号 Инв. No.219①,可断定《俄藏黑水城文献》该门 50—34 左面到 50—49 右面编号应为 Инв. No.219。同时,《俄藏黑水城文献》该门图版较之俄译本多出 50—49 左、50—50 两面。据《西夏文写本和刊本》载,Инв. No.219 内容为"第 1 页左—49 页右,96 面",而 Инв. No.186 内容则是"第 4 页左—50 页右,48 面"②。因此,可断定《俄藏黑水城文献》该门所多出的 50—49 左、50—50 两面的图版编号为 Инв. No.186。

《俄藏黑水城文献》编者将《天盛律令》卷十三编号为 Инв. No.186 219 5451,有误。原因有两点:(一)据《西夏文写本和刊本》载,Инв. No.5451 共两面③,内容系 50—33 左面、50—34 右面,《俄藏黑水城文献》、俄译本中这两面图版编号则是 Инв. No.219。可见《天盛律令》第十三卷中并未使用 Инв. No.5451。(二)卷十三 50—1 右面编号为 Инв. No. 6105④,与俄译本该面编号一致⑤。《西夏文写本和刊本》误将该编号文书归为《天盛律令·名略》⑥。可见,《天盛律令》卷十三的图版编号应为 Инв. No.186 219 6105。

《天盛律令》卷十三包括《许举不许举门》、《举虚实门》、《功抵罪门》、《派大小巡检门》、《逃人门》、《遣差人门》、《执符铁箭显贵言等失门》七门,内容多为举告、捕逃、差遣及传讯方面的法律规定。其中,以《执符铁箭显贵言等失门》律文条数最多,共计四十七条,史金波、聂鸿音、白滨等先生译注的《天盛改旧新定律令》漏译该门的第四十六条后半段及第四十七条,这两条律文所属图版即之前所述《俄藏黑水城文献》50—49 左、50—50。

《执符铁箭显贵言等失门》主要内容即对执信牌、铁箭、兵符等执行公务的各种规定以及违律的处罚。具体条目如下:(一)二三共职执符法;(二)打执符不予骑;(三)对执符予骑打及逃跑;(四)不予后随者骑及予打后逃跑;(五)执符骑差为法;(六)骑回者骑失杀;(七)因急速执符时迟;(八)因发兵恶事执符过日限;(九)因地边畿中事有所告奏执符;(十)执符染病及骑上坠;(十一)执符取他人之畜物;(十二)执符骑超捕;(十三)执符不道行杀骑;(十四)执符与诸人打斗;(十五)骑跌损失符铁箭;(十六)打斗中损失符铁箭;(十七)所派遣执符童子等纵放畜;(十八)符揉皱及不佩置家中;(十九)诸人符已至

① 〔俄〕E. И. Кычанов, Измененный и занобо утвержденный кодекс девиза царствования небесное процветание 1149 - 1169, кн.4, Москва: Наука, 1989, 230.
②③ 中国社会科学院民族研究所历史研究室资料组编:《民族史译文集》第 3 辑,1978 年,第 56 页。
④ 俄罗斯科学院东方研究所圣彼得堡分所、中国社会科学院民族研究所、上海古籍出版社编:《俄藏黑水城文献》第 8 册,上海:上海古籍出版社,1998 年,第 272 页。
⑤ 〔俄〕E. И. Кычанов, Измененный и занобо утвержденный кодекс девиза царствования небесное процветание 1149 - 1169, кн.4, Москва: Наука, 1989, 229.
⑥ 中国社会科学院民族研究所历史研究室资料组编:《民族史译文集》第 3 辑,1978 年,第 47 页。

无谕文自谋家中;(二十) 执符及大人待命者等过市场;(二十一) 执符还骑乘时畜亡逸失盗;(二十二) 使来符上送禄食;(二十三) 因局分大小之罪派执符;(二十四) 诸人因私擅自令执符;(二十五) 不执符铁箭捕骑;(二十六) 捕畜头子派予执符者;(二十七) 执符及大人等征他人妻为不义;(二十八) 与执符打斗;(二十九) 与执符打斗中相杀;(三十) 执符饮酒;(三十一) 执符限期短延误;(三十二) 诸人不执符执文书;(三十三) 信牌兵符置监军司处;(三十四) 贵言印信旌羽等名记失;(三十五) 执符失符;(三十六) 供给失符;(三十七) 发兵失兵符;(三十八) 盗兵符;(三十九) 信牌兵符窃失火水漂执信牌兵符失①;(四十) 交信牌兵符;(四十一) 行监盈能行领符;(四十二) 行监盈能发符失;(四十三) 牌稍有不合发兵;(四十四) 发兵应请兵符;(四十五) 已校正符牌边上不取;(四十六) 发兵奏报迟误不待兵符自谋;(四十七) 转领符牌告导送。

该门内容略同于《唐律疏议》卷十"驿使稽程"、"增乘驿马"、"乘驿马赍私物"、卷十六"应给发兵符不给"、"校阅违期"、卷十九"盗符节门钥"、卷二十七"弃毁亡失符节印"、"亡失符印求访"、"得阑遗物不送官"②等,《宋刑统》卷十"驿使稽程"、卷十六"给发兵符"、"大集校阅"③等,与《庆元条法事类》卷十七"毁失"④也有相同之处,但比之都详尽。尤其是对执符、铁箭者捕家民私畜及官之牧场畜的赏罚规定等,反映了西夏的自身特点。其中,该门对执信牌、铁箭、符节、发兵谕文、官牌等方面的规定与《天盛律令》中《内宫待命等头项门》、《事过问典迟门》等门又有互应之处,对研究西夏的刀牌、信牌、兵符、铁箭派遣制度等有着重要的价值。

二、国内外研究情况

《天盛律令》铁箭符牌条文的研究是随着《天盛律令》的研究而开始的。早在1932年,苏联西夏学专家聂历山在《国立北平图书馆馆刊》第四卷第三号上专门撰文对《天盛律令》进行介绍⑤。1963年戈尔芭乔娃和克恰诺夫编《西夏文写本和刊本》一书,对《天盛律令》

---

① 《俄藏黑水城文献》第八册第21页该条名略为"𗉟𗄊𗏹𗉘　𗧀𘝦□□□□□□□□",史金波、聂鸿音、白滨译注《天盛改旧新定律令》第76页作两条名略处理。
② 刘俊文点校:《唐律疏议》,北京:法律出版社,1999年,第226、229、230、327、331、380、552、558、560页。
③ 薛梅卿点校:《宋刑统》,北京:法律出版社,1999年,第187、285、289页。
④ 戴建国点校:《庆元条法事类》,哈尔滨:黑龙江人民出版社,2002年,第367~368页。
⑤ 〔俄〕聂历山:《西夏语研究小史》,《国立北平图书馆馆刊》四卷三号,1932年。

的版本、卷次及保存情况等进行了描述,汉译见《民族史译文集》第三集①。1987—1989年,克恰诺夫相继出版《天盛律令》俄译四卷本②。《天盛律令》俄译本虽缺少卷首《名略》,但与译文一同刊布的《天盛律令》图版则为中国学者提供了翻译底本。1988年宁夏社会科学院李仲三、罗矛昆将《天盛律令》俄译本一至七章进行翻译并出版③。中国社会科学院专家利用《天盛律令》俄译本所附图版进行汉译,并于1994年出版《西夏天盛律令》④一书。1998—1999年,《俄藏黑水城文献》第八、九册出版,刊布了《天盛律令》的各个刻本、写本⑤。史金波等先生据此对1994年出版的《西夏天盛律令》进行修订,于2000年出版了《天盛改旧新定律令》⑥。其中对《执符铁箭显贵言等失门》一门的修订多达二十一处,如将“眼心所及”改为“能顾及”、“文字”改为“文书”,及“显合”改为“牌”、“符”等。

《天盛改旧新定律令》的出版,引起了国内外对西夏法律制度研究的热潮,将西夏学研究推向了新的高度。如王天顺先生主编的《西夏天盛律令研究》、杨积堂先生所著《法典中的西夏文化——西夏天盛改旧新定律令研究》、杜建录先生所著《〈天盛律令〉与西夏法制研究》、姜歆先生所著《西夏法律制度研究——〈天盛改旧新定律令〉初探》、陈永胜先生所著《西夏法律制度研究》、邵方先生所著《西夏法制研究》等著作,在探讨《天盛律令》特点、条文内容等基础上,系统论述了西夏法律制度、典章制度、经济制度、宗教制度。除了这些综合性的论著外,学界利用《天盛律令》汉译本对西夏法律制度本身、政治、经济、文化等方面展开了专题研究,相关论文达百余篇。

目前,基于《天盛律令》铁箭符牌条文的研究,主要有杜建录先生的《试论西夏的牌符》⑦。该文结合《天盛改旧新定律令》卷十二《内宫待命等头项门》、十三《执符铁箭显贵言等失门》,以及出土牌符等材料,对西夏牌符的质地、种类、执符制度进行了细致的研究,认为西夏符牌的质地有银质、铜质、铁质乃至木质,种类有信牌、守御牌、宿卫牌及其他符牌,执符制度则主要是对持符人合符、乘驿、误期、失符等内容的规定。

---

① 中国社会科学院民族研究所历史研究室资料组编:《民族史译文集》第3辑,1978年,第46~62页。
② [俄] Е. И. Кычанов, *Измененный и заново утвержденный кодекс девиза царствования небесное процветание 1149 - 1169*, кн.1 - 4, Москва: Наука, 1987 - 1989.
③ [俄]克恰诺夫俄译、李仲三汉译、罗矛昆校订:《西夏法典——天盛改旧新定律令》(1—7章),银川:宁夏人民出版社,1988年。
④ 史金波、聂鸿音、白滨译:《西夏天盛律令》,北京:科学出版社,1994年。
⑤ 俄罗斯科学院东方研究所圣彼得堡分所、中国社会科学院民族研究所、上海古籍出版社编:《俄藏黑水城文献》第8、9册,上海:上海古籍出版社,1998、1999年。
⑥ 史金波、聂鸿音、白滨译注:《天盛改旧新定律令》,北京:法律出版社,2000年。
⑦ 杜建录:《试论西夏的牌符》,载漆侠、王天顺主编:《宋史研究论文集》,银川:宁夏人民出版社,1999年,第372~380页。

另外,还有五篇论文也是从该角度对西夏的驿路、驿传制度进行研究。其中,尚世东先生《西夏文书档案驿传制度述略》①借助《西夏纪事本末》所载《西夏地形图》以及《隆平集》对西夏驿路干线进行了考述,并根据《天盛律令》驿传条文记载对西夏的符牌管理、驿传制度进行了探讨,其中作为弛驿凭证的符牌有严格的管理规定,公文驿传制度则包括信使骑乘征用,逾期罚罪,合符,盗隐、损毁、亡失文书罚罪四项。其《西夏公文驿传探微》②首先对西夏通往宋朝、契丹、鞑靼、回鹘、西蕃等驿路进行了论述,其次按照“敕燃马牌”、“防守待命”、“内宫待命”符牌的不同类别对其形制、功用及符牌的佩戴、管理作一介绍,最后在对西夏驿传制度讨论中,除了包括上文所介绍的骑乘征用、逾期刑罚、合符、亡失符刑罚等四项制度外,还有诸如不得取民畜物、不得欺民行淫、不得打架斗殴、不许饮酒等规定。苏冠文先生《西夏信息传递述论》③根据传统文献记载,并结合出土符牌及《天盛律令》的相关规定,对西夏使用声波、光波传播信息,通过驿道进行远程信息传递,从而保障军令和政令的传达,以及其他方面信息传递的需要进行了分析。陈旭先生《西夏驿路与驿传制度》④对《西夏地形图》中夏宋、夏辽以及由西夏都城兴庆府经河西走廊至回鹘界的三条驿路进行了讨论,认为西夏控制了河西走廊,成为中西交通的枢纽,《天盛律令》驿传条文所规定的国家供给、无偿征用制的结合,解决了西夏驿乘问题,建立了完善的驿传凭信制度,军令传递过程中的合符制度与紧急军令、政令速递均为西夏驿传的独特之处。孙广文先生《西夏驿传研究》⑤首先从西夏驿传机构驿、馆、铺的设置与功能入手,判断西夏70里设一驿。其次,以《西夏地形图》为基础对宋夏驿路(国信驿路、灵州路、灵原路)、通辽直道、西夏同西域道(灵州西域道、夏州西域道、连接西域诸国与辽的驿道、至吐蕃驿道)、至金驿道及境内的几条主要驿道进行了细致论述,该部分着墨最多,然其内容多有繁复之处。最后,对西夏驿传的运行与管理的研究,则主要依据《天盛律令》驿传条文规定,认为西夏在继承唐五代的基础上,借鉴宋、辽、吐蕃驿传制度,而又独成系统。

正如箭内亘先生所言:“考证中国历代牌符之制,本非易事。而其形式,尤当就实物研究之。……幸有罗振玉氏,广搜博访,甄别真伪,在文献及实物两方选出全无可疑之符六十,牌四十六,名曰《历代符牌图录》,于民国三年出前卷,五年出后卷,诚为学界之珍。”⑥

① 尚世东:《西夏文书档案驿传制度述略》,《档案学研究》,2001 年第 5 期,第 18～22 页。
② 尚世东:《西夏公文驿传探微》,《宁夏社会科学》,2001 年第 2 期,第 84～88 页。
③ 苏冠文:《西夏信息传递述论》,《宁夏社会科学》,2006 年第 2 期,第 106～108 页。
④ 陈旭:《西夏驿路与驿传制度》,《北方民族大学学报》,2010 年第 1 期,第 77～82 页。
⑤ 孙广文:《西夏驿传研究》[硕士学位论文],银川:宁夏大学,2009 年。
⑥ [日]箭内亘著,陈捷、陈清泉译:《元朝制度考》,上海:商务印书馆,1934 年,第 132 页。

罗振玉先生于《增订历代符牌图录》①中刊布了五枚西夏符牌,罗福成先生则于《国立北平图书馆馆刊》第四卷第三号(西夏文专号)②中对其中三枚进行了考释,并分别称其为宿卫牌、守御牌。王静如先生《西夏文木活字版佛经与铜牌》分别对当时中国历史博物馆所存三枚铜牌、民族文化宫二枚及铜牌拓片三张进行了考释③。陈炳应《西夏文物研究》一书中也专门对其中七枚进行了考释,并与唐宋辽金信牌制度进行比较④。史金波、白滨、吴峰云编《西夏文物》一书列《西夏铜牌一览表》对当时所能见到实物或他刊的 25 枚西夏铜牌的内容、形制、尺寸、收藏等信息进行了分析,并将其分为信牌、守御牌、宿卫牌、装饰牌四类进行了讨论⑤,这些铜牌形制、功用不一,收藏地点、出处也不相同,部分符牌已很难看到实物或理清来源。如其中"𗱕𗫨𗭴𗫳𗫯𗫗"(帐门后寝待命)牌,《中国藏西夏文献》出版时即将其来源拟为"《西夏文物》辑录"⑥。因此,《西夏文物》编者将当时所能搜集到的这些符牌汇集成表,对研究西夏的符牌制度有重要的意义。汤晓芳先生主编的《西夏艺术》在之前基础上,还增加了一枚刻有西夏文"唵嘛呢"的铜牌一枚⑦。史金波、陈育宁主编《中国藏西夏文献》第二十册则刊布有西夏铜牌二十枚⑧,虽然大部分已在《西夏文物》一书中刊布,但是其中增加了两枚宿卫牌及一枚桃形铜牌,也具有重要的研究价值。此外,在内蒙古乌审旗、甘肃武威等地区还陆续发现西夏符牌三枚⑨。

梁松涛先生在此基础上对西夏符牌制度进行了探讨,其《西夏文〈敕牌赞歌〉考释》⑩即通过对西夏文诗歌《敕牌赞歌》的解读,对其中有关西夏牌符的材质、形状,以及"敕走马"银牌相关的"银牌天使"进行了考证,认为"天使"为西夏的一种职官。其《河北大学博物馆藏西夏文铜牌考释》⑪根据该西夏文铜牌正反面刻字分别译为"防守待命"、"跋狗契丹",判断其为西夏守御牌,将《中国藏西夏文献·金石卷》中所收 20 枚西夏文牌符分铲形宿卫牌、圆形敕燃马牌、圆形守御牌及其他四类,其材质则有银、铜、木、纸四种,并根据《天

① 罗振玉:《增订历代符牌图录》,《罗雪堂先生全集》第七编第 2 册,台北:大通书局,1976 年。
② 罗福成:《西夏宿卫牌》,《国立北平图书馆馆刊》四卷三号,1932 年;罗福成:《西夏守御牌》,《国立北平图书馆馆刊》四卷三号,1932 年。
③ 王静如:《西夏文木活字版佛经与铜牌》,《文物》,1972 年第 11 期,第 8～19 页。
④ 陈炳应:《西夏文物研究》,银川:宁夏人民出版社,1985 年,第 409～416 页。
⑤ 史金波、白滨、吴峰云编:《西夏文物》,北京:文物出版社,1988 年,第 33～37 页。
⑥ 史金波、陈育宁主编:《中国藏西夏文献》第 20 册,兰州:甘肃人民出版社、敦煌文艺出版社,2007 年,第 78 页。
⑦ 汤晓芳:《西夏艺术》,银川:宁夏人民出版社,2003 年,第 173～174 页。
⑧ 史金波、陈育宁主编:《中国藏西夏文献》第 20 册,兰州:甘肃人民出版社、敦煌文艺出版社,2007 年,第 73～84 页。
⑨ 阎敏:《乌审旗发现西夏文"内宿待命"铜符牌》,《草原文物》,1992 年 Z1 期,第 158 页;孙寿龄、黎大祥:《甘肃武威市出土西夏银符牌》,《考古》,2002 年第 4 期;孙寿龄、黎大祥:《武威发现西夏文"地境沟证"符牌》,《西夏学》第五辑,上海:上海古籍出版社,2010 年,第 246 页。
⑩ 梁松涛:《西夏文〈敕牌赞歌〉考释》,《宁夏社会科学》,2008 年第 3 期,第 90～93 页。
⑪ 梁松涛:《河北大学博物馆藏西夏文铜牌考释》,《文物春秋》,2011 年第 6 期,第 64～67 页。

盛律令》驿传条文记载,对西夏牌符的使用、收藏等规定进行了讨论,最后通过与宋、辽、金牌符制度比较,认为西夏牌符制度与辽金大致相同,主要用于宫廷守卫、军事活动及对外使节中。

总之,以上研究均是在西夏符牌等文物考古资料的基础上,或是结合《天盛律令》中相关规定,对西夏的符牌、交通、信牌制度等进行研究,取得了一定的成果。但是,其中也存在不足之处。

(一) 对于西夏的刀牌、兵符、铁箭等制度少有涉及,并且未厘清刀牌、信牌、兵符三者之间区别与联系。虽然《天盛律令》中部分西夏的刀牌"𗾿𗼃"、兵符"𗼃𗥤"、信牌"𗥤"的条文有互通之处,但是除了形制上的区别外,三者在功用上亦有明显的差异。如"执符出使"条,"执𨱏符而折之,曰'我带银符'语及所领符不带腰上而置家中等,一律徒三年"中"𨱏符"、"银符"均为信牌,《西夏驿路与驿传制度》一文中则作发兵符牌进行讨论①。

(二) 部分西夏符牌的刊布、研究中存在录文、翻译等错误。如《西夏文物·西夏铜牌一览表》误将符牌 8 与符牌 9 背面西夏文互换②。《乌审旗发现西夏文"内宿待命"铜符牌》一文将文中宿卫牌背面人名姓氏"𗀋𗥃"译为"定如"③,实则为"如定"。《河北大学藏西夏文铜牌考释》一文认为河北大学博物馆所藏防御牌"金石文献中未见著录"④,实际上该牌早收录于罗振玉《增订历代符牌图录》。

史金波等先生的汉译本《天盛律令》解决了大量的西夏法律术语等方面的翻译难题,为学界提供了一部完整的汉文译本,得到了学界的广泛认可和使用。但是,汉译本由于只有意译,并且注释有限,研究者在使用过程中往往会产生疑惑或者理解不到位之处。更为重要的是,一些学者在研究过程中直接引用汉译本,未核对西夏原文,一旦译文有问题,研究也会受影响。近年来,杜建录、聂鸿音、佐藤贵保、许伟伟、潘洁等诸位先生对该问题都有所关注⑤。

① 陈旭:《西夏驿路与驿传制度》,《北方民族大学学报》,2010 年第 1 期,第 81 页。
② 史金波、白滨、吴峰云编:《西夏文物》,北京:文物出版社,1988 年,第 36 页。
③ 阎敏:《乌审旗发现西夏文"内宿待命"铜符牌》,《草原文物》,1992 年 Z1 期,第 158 页。
④ 梁松涛:《河北大学博物馆藏西夏文铜牌考释》,《文物春秋》,2011 年第 6 期,第 64 页。
⑤ 杜建录、波波娃主编:《〈天盛律令〉研究》,上海:上海古籍出版社,2015 年;聂鸿音:《西夏〈天盛律令〉里的中药名》,《中华文史论丛》,2009 年第 4 期;[日]佐藤贵保:《西夏法典贸易关联条文译注》,《丝绸之路与世界史》,大阪大学研究院文学研究科,2003 年;[日]佐藤贵保著、刘宏梅译:《未刊俄藏西夏文〈天盛律令〉印本残片》,《西夏研究》,2011 年第 3 期;许伟伟:《〈天盛律令·节亲门〉对译与考释》,《西夏学》第四辑,银川:宁夏人民出版社,2009 年;许伟伟:《〈内宫待命等头项门〉中的职官问题》,《西夏学》第七辑,上海:上海古籍出版社,2011 年;潘洁:《〈天盛改旧新定律令·催缴租门〉一段西夏文缀合》,《宁夏社会科学》,2012 年第 6 期。

三、研究方法及意义

本文分为上篇和下篇。上篇为《天盛律令》铁箭符牌条文校勘考释,主要从以下三个方面展开:

(一)校勘。以《俄藏黑水城文献》中甲种本为底本,参照其他版本对《天盛律令·执符铁箭显贵言等失门》进行校勘,整理出一个比较完整的西夏文本。如,《俄藏黑水城文献》第八册《天盛改旧新定律令》(甲种本)第十三(50—49)右面第四、五行"𘜶𗙈𘋨□□□𗟲𗊤𘋨𗤶𗤶𘏞𗗟𘃼𗫉𗣼𘊝"①,据俄藏 Инв. No.186(50—49)右可补所缺"𘉋𘓻𗬩"三字,汉译本该句译为"受贿食□□□以枉法贪赃罪比较,从重者判断"②,现可改为"受贿徇情则与枉法贪赃罪比较,从重者判断"。另外,克恰诺夫俄译本《天盛律令》中未收《天盛律令》卷十三(50—49)左面、(50—50),由于《天盛律令》1994 年科学出版社汉译本据俄译本《天盛律令》所附图版进行翻译,因此缺少这两面的内容。虽然《俄藏黑水城文献》刊布了这两面图版③,但是《天盛律令》2000 年法律出版社汉译本中未增补。现据 Инв. No.186 将《执符铁箭显贵言等失门》第 46 条补全,并增加第 47 条的部分律文。

(二)对译与考释。针对《天盛律令》汉译本中没有与西夏文本的对译、注释较少的特点,现依据《番汉合时掌中珠》、夏译汉籍、夏译佛经等西夏原始文献对《天盛律令·执符铁箭显贵言等失门》进行逐字、逐词的对译和注释。比如"𗫉𘋨",意"指挥",《掌中珠》"𗴂𗫉𘋨𗓽"作"大人指挥"、"𘃸𘄄𗫉𘋨"作"指挥局分"④。《类林》"𗤶𘑘𘝵𘐏𗸰𗫉𘋨𗳅𗤶𗢯𘏞𗣀𘟀𘃡"对应汉文本"指挥吏下往住户觅钱"⑤。

(三)补正。基于学术规范的原则,译文基本沿用《天盛律令》汉译本,只对其中个别有问题之处进行修正补充。如《天盛律令》(甲种本)第十三(50—42)左面第三行"𘖞𘍦𘏞𗊨"⑥,

---

① 俄罗斯科学院东方研究所圣彼得堡分所、中国社会科学院民族研究所、上海古籍出版社编:《俄藏黑水城文献》第 8 册,上海:上海古籍出版社,1998 年,第 296 页。

② 史金波、聂鸿音、白滨译注:《天盛改旧新定律令》,北京:法律出版社,2000 年,第 477 页。

③ 俄罗斯科学院东方研究所圣彼得堡分所、中国社会科学院民族研究所、上海古籍出版社编:《俄藏黑水城文献》第 8 册,上海:上海古籍出版社,1998 年,第 296,297 页。

④ [西夏]骨勒茂才:《番汉合时掌中珠》(乙种本),《俄藏黑水城文献》第 10 册,第 34 页。

⑤ 史金波、黄振华、聂鸿音:《类林研究》,银川:宁夏人民出版社,1993 年,第 91~92 页。

⑥ 俄罗斯科学院东方研究所圣彼得堡分所、中国社会科学院民族研究所、上海古籍出版社编:《俄藏黑水城文献》第 8 册,上海:上海古籍出版社,1998 年,第 293 页。

即"边中诸司",汉译本误作"边境诸司"①。"𗆟𗲩𗏁𗖰",查《天盛律令》(甲种本)第十三(50—47)右面第一行②,均可辨认,但是汉译本译作"□疑等"③,应译为"生疑怨等"。(50—48)左面第三行"𗼨𗗉"(迅速)、第八行"𗁬"(利)等也是这种情况。另外,如"𗁬𗆟𗼔𗼨𗗉𗁬𗗉"一句④,意思是"亦与持符失兵符时",汉译本则译为"亦与无执符失兵符时"⑤,衍"无"字。

下篇为《天盛律令》铁箭符牌条文名物制度考论。主要包括以下七个方面:

(一)刀牌。《天盛律令》中对刀牌的记载与存世的"帐门后寝待命"、"内宿待命"、"防守待命"三类符牌实物恰好吻合,如此一来,对于刀牌的研究不仅有了文献依据,又有了实物佐证。通过《天盛律令》中刀牌相关条文与实物的结合研究,可知刀牌包括"帐门后寝待命"、"内宿待命"、"防守待命"三类符牌,形制不同,功用也有所区别,其材质也有银、铜的区分。刀牌上的真言、咒语的运用与佛教在西夏政治、文化中重要影响是分不开的,藏传佛教尤甚。帐门后寝待命牌、内宿待命牌、防守待命牌三类西夏刀牌作为内宫待命者"帐门末宿"、"内宿"、"官守护"所佩戴的符牌,不仅仅是用以代表其身份地位,更是西夏内宫制度的重要体现。

(二)木牌。《天盛律令》中共记载有军用、民用木牌两种,军用木牌用以清点兵丁,民用木牌则是纳税的依据,两者与存世的西夏发愿文木牌等一样,都有表面涂有白色涂层的特点。通过与吐蕃告身牌的比较,可知两者与吐蕃颁给兵丁的"白证"及颁给平民的木质告身牌规定有相似之处。这对于理清西夏符牌制度除了源于唐宋符牌制度外,又有其他来源,有重要意义。

(三)信牌。《天盛律令·持符铁箭显贵言等失门》四十七条律文中,三十九条涉及信牌,足见其重要性。信牌不仅有"敕燃马牌"存世,还有宫廷诗歌、社会文书提供佐证,可知信牌有金、金镀银、银、木质,等级有别。围绕《天盛律令》信牌条文展开的信牌派遣制度研究则体现了派执信牌的特定情况、执信牌者范围、执信牌捕畜还畜、执信牌稽程、信牌毁失、信牌合验等内容,其中部分条文,如超捕骑乘的处罚与《唐律疏议》、《宋刑统》中对"增

---

① 史金波、聂鸿音、白滨译注:《天盛改旧新定律令》,北京:法律出版社,2000年,第472页。
② 俄罗斯科学院东方研究所圣彼得堡分所、中国社会科学院民族研究所、上海古籍出版社编:《俄藏黑水城文献》第8册,上海:上海古籍出版社,1998年,第295页。
③ 史金波、聂鸿音、白滨译注:《天盛改旧新定律令》,北京:法律出版社,2000年,第475页。
④ 俄罗斯科学院东方研究所圣彼得堡分所、中国社会科学院民族研究所、上海古籍出版社编:《俄藏黑水城文献》第8册,上海:上海古籍出版社,1998年,第296页。
⑤ 史金波、聂鸿音、白滨译注:《天盛改旧新定律令》,北京:法律出版社,2000年,第476页。

乘驿马者"的处罚类似。

（四）兵符。《天盛律令》中兵符相关律文主要是对西夏发兵谕文和符节的派遣、合符以及兵符丢失处罚等的规定。两者除了在材质上有区别外,在使用上并无明显差异。根据《天盛律令》中十三条律文内容,可将西夏兵符派遣制度分为兵符派遣的特定情况、执兵符者范围、兵符遗失、合符四个方面的规定。

（五）铁箭。《天盛律令》中以铁箭为信契的规定共有十条,其中《内宫待命等头项门》七条,《执符铁箭显贵言等失门》三条,基本上都是铁箭派遣方面等规定。通过对这些条文的梳理,可知执铁箭者当坚守职事,不得懈怠,派遣中不得因大意、打斗等伤损铁箭,严格按照捕畜头子捕畜,不得私自持取宫内物,不得受贿徇私、欺瞒上下等。

（六）符牌条文相关问题举隅。即对《执符铁箭显贵言等失门》中多次出现的"𗼰𗣼"（头子）、"交信牌兵符"条中所赏赐的"𘀗𗊯"（上服）进行考释,并纠正两者在《天盛律令》汉译本中"头字"、"匹"的译法。通过考证,可知"𘀗𗊯"（上服）共有九种三等。其中上等仅有"𗤀𗏁𘀗𗊯"（大锦上服）一种,中等由上到下分别是"𗀔𘏨𗤀𘀗𗊯"（杂花锦上服）、"𗀔𗤀𘀗𗊯"（杂锦上服）、"𗴂𗅡𘀗𗊯"（唐呢上服）,下等则依次是"𗤀𗕦𘀗𗊯"（紧丝上服）、"𗥾𗆟𗕦𘀗𗊯"（家煮丝上服）、"𗤀𘀗𗊯"（绢上服）、"𘀗𘀗𗊯"（绫上服）、"𗱕𘀗𗊯"（纙上服）。头子除捕畜头子外,还有圣旨头子、官敕头子、军头子、安排官头子等,用途比较广泛,除了作捕畜、传唤、赐官、告谕、引送等使用外,还用以捕逃、收葬、告奏、派遣、交纳等事宜。

（七）余论。即通过对唐、宋、辽、金、吐蕃、西夏符牌制度联系与区别的分析,凸显西夏符牌制度既继承唐宋、又"与宋不同"的特点。

上篇 《天盛律令》铁箭符牌
条文校勘考释

凡　　例

一、录文依据《天盛律令》版式，分左右两面录文对译。如 50—34 左面，"50"即《俄藏黑水城文献》第八册所刊布《天盛律令》卷十三的图版总数，"34 左面"指该页为第 34 个图版的左面。

二、录文中"□"表示缺字，校勘出的西夏文用"□"框起来。

三、对译中，"〈〉"表示难译词汇及无实义的虚词。

四、注释是对西夏文关键字词的注解，以带"[　]"数字标示。意思相同的西夏文字词，不重复出注。

五、校勘是对西夏文缺漏的补校，以带"（）"数字标示。

六、汉译本，指史金波、聂鸿音、白滨译注的 2000 年法律出版社版《天盛改旧新定律令》。

七、俄译本，指克恰诺夫俄译本《天盛律令》(Е. И. Кычанов, *Измененный и заново утвержденный кодекс девиза царствования небесное процветание 1149 - 1169*，кн.1 - 4，Москва：Наука，1987 - 1989)，参考译文是由李仲三汉译、罗矛昆校对的《西夏法典——天盛年改旧定新律令(第 1—7 章)》(宁夏人民出版社，1988 年)

八、对史金波等先生汉译本内容补正部分以"【】"注明。

九、对译材料除《番汉合时掌中珠》外，主要依据夏译汉籍、佛经等西夏原始材料。如夏译《类林》、夏译《孙子兵法》、夏译《孟子》、夏译《贞观政要》、夏译《六韬》、《新集慈孝传》、《孔子和坛记》、《德行集》、《将苑》、《大方广佛华严经》、《金光明最胜王经》、《维摩诘所说经》、《观弥勒菩萨上生兜率天经》、《现在贤劫千佛名经》、《过去庄严劫千佛名经》、《频那夜迦经》、《十一面神咒心经》、《仁王经》等。

　　本书所译释西夏文《天盛律令·执符铁箭显贵言等失门》来源于《俄藏黑水城文献》第八册所公布之《天盛律令》甲种本。其中，50—34 左面到 50—49 右面共 30 面，俄藏编号为 Инв. No.219。50—49 左面、50—50 两面，俄藏编号为 Инв. No.186。录文及对译以框栏形式将西夏文与其汉译对应起来，每行十二字以上按格排满，少于十二字，后面留空。除标题空两格外，正文全部顶格，原文中空白处也不再留空。现校录如下：

50—34 左面：

		[1]	[2]	[3]	[4]				
		符	铁箭	显	贵言	等	持	失	门

	[5]	[6]	[7]			[8]		[9]			
一	边 中	京师	诸处	人	派	二 三	职	共	敕	符	持 者

				[10]										
事	急	非	眼 心 渐	如	则	皆	符	勿	持	最	大	一	人	当

持	其	中	职	事	多	眼 心 未	至	则	时 节	依	当

[11]		[12]
奏	实	行

							[13]	[14]	[15]				
一	诸	人	符	持	人	本	与 〈〉	遇	打	骑	不	予	等 时 项

缚	为	以	当	杀

							[16]					
一	诸	符	持	与	遇	骑	不 予 逃	为	及	骑	予	打 又

注释：

[1] 𗀕，意"信牌"。《类林》"𗀕𗗚𗀕𗀕𗗚𗀕，𗀕𗀕𗀕𗀕𗀕𗀕𗀕𗀕𗀕"对应汉文本"晋帝造凌云阁，令韦诞书写匾名"①。西夏陵残碑 M2X：296 第二行"𗀕𗀕𗀕"、M2X：150 第二行"𗀕"，"𗀕"即汉文碑 M8CHB：321"持送国信"中"国信"②。

传世的两枚西夏信牌均为圆形铜质套合式，合盖上刻西夏文楷书"𗀕𗀕𗀕𗀕"（敕燃马牌），符嵌上均刻有西夏文篆书"𗀕"（敕）③。俄藏 Инв. No.121V 宫廷诗歌中存"𗀕𗀕𗀕𗀕"（敕牌赞歌）一首④，其中所描述的敕牌即"敕燃马牌"。西夏的金、银信牌（𗀕𗀕、𗀕𗀕）分别见于俄藏 Инв. No.8185《乾定酉年黑水城副统告牒》⑤、Инв. No.2736《乾定申年黑水城守将告牒》⑥。

[2] 𗀕𗀕，意"铁箭"。

𗀕，意"铁"。《掌中珠》"𗀕𗀕"作"锡铁"⑦。

𗀕，意"矢、箭"。夏译《孟子》"𗀕𗀕𗀕𗀕，𗀕𗀕𗀕𗀕"即"不失其行，舍矢如中"⑧、《类林》"𗀕𗀕𗀕𗀕𗀕𗀕"对应汉文本"身有箭疮"⑨。

𗀕𗀕，意"铁箭"。西夏早在立国之前即使用铁箭作为信契，据《续资治通鉴长编》载，宋真宗咸平五年冬十月，丙寅西凉府六谷首领潘啰支遣使上言："李继迁送铁箭诱臣部族，已戮一人，縶一人，以听朝旨。"⑩咸平六年二月，潘啰支遣蕃官吴福圣腊等来贡，"又言继迁送铁箭令啰支归附，称已纳款于朝，未知虚实"⑪。

[3] 𗀕，意"明"、"显"、"别"、"匾"、"牌"。《掌中珠》"𗀕𗀕𗀕𗀕"作"知证分白"⑫，夏译《孟子》"𗀕𗀕𗀕𗀕𗀕"即"皆所以明人伦也"、"𗀕𗀕𗀕𗀕"即"夫妇有别"、"𗀕𗀕𗀕𗀕𗀕"即"不直则道不显"⑬。《类林》"𗀕𗀕𗀕𗀕𗀕𗀕，𗀕𗀕𗀕𗀕𗀕𗀕𗀕𗀕，𗀕𗀕𗀕𗀕𗀕𗀕𗀕

① 史金波、黄振华、聂鸿音：《类林研究》，银川：宁夏人民出版社，1993 年，第 206 页。
② 李范文：《西夏陵墓出土残碑粹编》，北京：文物出版社，1984 年，图 27、19、71。
③ 史金波、陈育宁主编：《中国藏西夏文献》第 20 册，兰州：甘肃人民出版社、敦煌文艺出版社，2007 年，第 73～75 页。
④ 俄罗斯科学院东方研究所圣彼得堡分所、中国社会科学院民族研究所、上海古籍出版社编：《俄藏黑水城文献》第 10 册，上海：上海古籍出版社，1999 年，第 298～299 页。
⑤ 俄罗斯科学院东方研究所圣彼得堡分所、中国社会科学院民族研究所、上海古籍出版社编：《俄藏黑水城文献》第 14 册，上海：上海古籍出版社，2011 年，第 256 页。
⑥ 俄罗斯科学院东方研究所圣彼得堡分所、中国社会科学院民族研究所、上海古籍出版社编：《俄藏黑水城文献》第 13 册，上海：上海古籍出版社，2007 年，第 103 页。
⑦ [西夏]骨勒茂才：《番汉合时掌中珠》（甲种本），《俄藏黑水城文献》第 10 册，第 7 页。
⑧ 彭向前：《西夏文〈孟子〉整理研究》，上海：上海古籍出版社，2012 年，第 167 页。
⑨ 史金波、黄振华、聂鸿音：《类林研究》，银川：宁夏人民出版社，1993 年，第 173 页。
⑩ [宋]李焘：《续资治通鉴长编》卷五三，北京：中华书局，1980 年，第 1155 页。
⑪ [宋]李焘：《续资治通鉴长编》卷五四，北京：中华书局，1980 年，第 1180～1181 页。
⑫ [西夏]骨勒茂才：《番汉合时掌中珠》（乙种本），《俄藏黑水城文献》第 10 册，第 34 页。
⑬ 彭向前：《西夏文〈孟子〉整理研究》，上海：上海古籍出版社，2012 年，第 151、159、163～164 页。

□□□□□□，□□□□□□□□□□□"对应汉文本"晋帝造凌云阁，令韦诞书写匾名，而匠人误先钉其牌悬于楼上，韦诞乃出木梯上另写匾文"①。另见"□□"（兵符）。

[4]□□，意"贵言"。

□，意"贵"。《西夏谚语》第二四九条"□□□□□□□□"即"富贵安居，绫锦躲雨"②。

□，意"言"。西夏文献中常见"□□"一词，即"谕文"。俄藏 Инв. No.8185《乾定酉年黑水城副统告牒》中"□□□□□□□□□□□□□"③，即"接肃州执金牌边事管勾大人谕文"。

□□，意"贵言"，当为敕文。

[5]□□，意"边中"。

□，意"边"。《类林》"□□□□□□□□□□□□□□□□□□□□□□□□□□□□□□□□□□"对应汉文本"伍员又名子胥。因其父及兄等被楚平王枉加杀害，伍员外逃。至边邑，为候人捕获，欲送于王。"④，其中"□□"字面作"边城"，意为"边邑"。《大方广佛华严经普贤行愿品》"□□□□□□"译"体无边涯。大也"⑤。

□，意"中"，《掌中珠》"□□□□□□□□"即"番汉合时掌中珠"⑥。

□□，意"边中"。《天盛律令》卷十《司序行文门》载"□□□□□"即"边中监军司"、"□□□□□"即"边中转运司"。

[6]□□，意"京师"。

□，意"世"。《掌中珠》"□□□□"作"不晓世事"⑦，"□□□□"作"世间扬名"⑧。

□，意"界"。《掌中珠》"□□□□"作"三界流转"⑨。

□□，意"京师"、"世界"。《类林》"□□□□□□"对应汉文本"后王章就学京师"⑩。《真实名经》"□□□□□□□"即"显现三种世界内"⑪。西夏译本《十一面神咒心

---

① 史金波、黄振华、聂鸿音：《类林研究》，银川：宁夏人民出版社，1993 年，第 206 页。
② 陈炳应：《西夏谚语》，太原：山西人民出版社，1993 年，第 21 页。
③ 《俄藏黑水城文献》第 14 册，第 256 页。
④ 史金波、黄振华、聂鸿音：《类林研究》，银川：宁夏人民出版社，1993 年，第 71～72 页。
⑤ 苏建文：《西夏文〈大方广佛华严经普贤行愿品〉释文》[硕士学位论文]，银川：宁夏大学，2009 年，第 12 页。
⑥ [西夏] 骨勒茂才：《番汉合时掌中珠》（甲种本），《俄藏黑水城文献》第 10 册，第 1 页。
⑦ [西夏] 骨勒茂才：《番汉合时掌中珠》（甲种本），《俄藏黑水城文献》第 10 册，第 16 页。
⑧ [西夏] 骨勒茂才：《番汉合时掌中珠》（乙种本），《俄藏黑水城文献》第 10 册，第 32 页。
⑨ [西夏] 骨勒茂才：《番汉合时掌中珠》（乙种本），《俄藏黑水城文献》第 10 册，第 36 页。
⑩ 史金波、黄振华、聂鸿音：《类林研究》，银川：宁夏人民出版社，1993 年，第 202 页。
⑪ 林英津：《西夏语译〈真实名经〉注释研究》，台北：中研院语言学研究所，2006 年，第 93、198 页。

经》"▨▨▨▨▨▨，▨▨▨▨▨▨▨▨"对应汉文本"三者不因险厄而死，四者得生极乐世界"①。《圣立义海·人之名义》"▨▨▨▨▨▨▨▨▨▨▨▨▨▨▨▨▨▨▨▨"，即"居奉宫室：京师司事，依礼执勤，勿失吏职，奉诸宫室"②。

[7] ▨▨，意"诸处"。《掌中珠》"▨▨▨▨"作"诸处为婚"③。

[8] ▨，意"事"、"管理"、"局"、"务"等。《掌中珠》"▨▨▨▨"作"局分大小"④、"▨▨▨▨"作"指挥局分"⑤、"▨▨▨▨"作"勾管家计"⑥。

[9] ▨，意"诏"、"敕"、"令"等。《凉州重修护国寺感通塔碑》西夏文碑铭"▨▨▨▨▨▨▨▨"即"敕感通塔之碑铭"⑦。夏译《孙子兵法》"▨▨▨▨▨▨▨▨▨▨▨▨▨"即对应汉文本《孙子兵法》杜牧注中"帝即敕令开围缓守"⑧。夏译《孙子兵法》附《孙子本传》"▨▨▨▨▨▨▨▨▨▨▨▨▨▨▨▨▨▨"即"臣即已受命为将，将在军，君命有所不受"⑨。

[10] ▨▨▨▨，字面意思为"眼心渐如"，意"顾及"。下一行"▨▨▨▨"，字面意思为"眼未至"，意"疏忽"。

▨，意"眼"。《掌中珠》"▨▨"作"眼眶"⑩。

▨，意"心"。《掌中珠》"▨▨▨▨"作"心不思惟"⑪。

▨，意"渐"、"缓"。《类林》"▨▨▨▨▨▨▨▨▨"对应汉文本"安步则马驰不能及"⑫。《西夏谚语》第二五五条"▨▨▨▨▨▨▨▨"即"大作不急，远行安庠"⑬。

▨，意"如"、"及"。《类林》"▨▨▨▨▨▨"对应汉文本"断事不可及"⑭。

[11] ▨，意"奏"、"至"。《贞观玉镜将》"▨▨▨▨▨▨"，即"其罪要报告世界"⑮。《类林》"▨▨▨▨▨▨▨▨▨▨▨"对应汉文本"周昌有奏事来高祖处"⑯。

---

① 聂鸿音：《西夏文献论稿》，上海：上海古籍出版社，2012年，第320～321页。
② 克恰诺夫、李范文、罗矛昆：《圣立义海研究》，银川：宁夏人民出版社，1995年，第67页。
③ [西夏]骨勒茂才：《番汉合时掌中珠》(乙种本)，《俄藏黑水城文献》第10册，第36页。
④ [西夏]骨勒茂才：《番汉合时掌中珠》(乙种本)，《俄藏黑水城文献》第10册，第33页。
⑤ [西夏]骨勒茂才：《番汉合时掌中珠》(乙种本)，《俄藏黑水城文献》第10册，第34页。
⑥ [西夏]骨勒茂才：《番汉合时掌中珠》(乙种本)，《俄藏黑水城文献》第10册，第36页。
⑦ 陈炳应：《西夏文物研究》，银川：宁夏人民出版社，1985年，第165、110页。
⑧ 林英津：《夏译〈孙子兵法〉研究》，台北：中研院史语所，1994年，第3—41页。
⑨ 林英津：《夏译〈孙子兵法〉研究》，台北：中研院史语所，1994年，第3—186页。
⑩ [西夏]骨勒茂才：《番汉合时掌中珠》(甲种本)，《俄藏黑水城文献》第10册，第10页。
⑪ [西夏]骨勒茂才：《番汉合时掌中珠》(甲种本)，《俄藏黑水城文献》第10册，第16页。
⑫ 史金波、黄振华、聂鸿音：《类林研究》，银川：宁夏人民出版社，1993年，第117页。
⑬ 陈炳应：《西夏谚语》，太原：山西人民出版社，1993年，第21页。
⑭ 史金波、黄振华、聂鸿音：《类林研究》，银川：宁夏人民出版社，1993年，第88页。
⑮ 陈炳应：《贞观玉镜将研究》，银川：宁夏人民出版社，1995年，第81页。
⑯ 史金波、黄振华、聂鸿音：《类林研究》，银川：宁夏人民出版社，1993年，第39～40页。

［12］𗧃，意"行"、"遣"。《掌中珠》"𗧃𗧃"作"行道求修"①、"𗧃𗧃"作"立身行道"②、"𗧃𗧃𗧃"作"行行禀德"③、"𗧃𗧃𗧃𗧃"作"依法行遣"④、"𗧃𗧃𗧃𗧃"作"司吏行遣"⑤。

［13］𗧃，意"遇"。《类林》"𗧃𗧃𗧃𗧃𗧃𗧃𗧃𗧃"对应汉文本"过北方遇徐君"⑥、夏译《孙子兵法》"𗧃𗧃𗧃𗧃𗧃𗧃𗧃𗧃"即对应汉文本《孙子兵法》杜牧注中"言遇此六害之地"⑦。"𗧃"与"𗧃"同意，西夏文献中较为常见，如《类林》"𗧃𗧃𗧃𗧃𗧃𗧃𗧃𗧃𗧃𗧃𗧃"对应汉文本"时长安市人遇盗"、"𗧃𗧃𗧃𗧃"对应汉文本"与王相遇"⑧。

［14］𗧃，意"殴打"。《掌中珠》"𗧃𗧃𗧃𗧃"作"凌持打拷"、"𗧃𗧃𗧃𗧃"作"如此打拷"⑨。

［15］𗧃，意"骑乘"、"负重"等。《凉州重修护国寺感通塔碑》西夏文碑铭"𗧃𗧃𗧃𗧃𗧃"即"塔基欹仄"，对应汉文碑铭"尝有欹仄"⑩。夏译《孙子兵法》"𗧃𗧃𗧃𗧃"即对应汉文本《孙子兵法》李筌注中"纵畜牧"⑪。

［16］𗧃，意"逃"。西夏文《六韬》"𗧃𗧃𗧃𗧃𗧃𗧃𗧃𗧃"即"则故作怯懦而佯北"⑫。《类林》"𗧃𗧃𗧃𗧃"对应汉文本"秦军皆败逃"⑬。夏译《孙子兵法》"𗧃𗧃𗧃𗧃"即对应汉文本《孙子兵法》杜牧注中"因夜遁去"⑭。

汉译本：

持符铁箭显贵言等失门

一边中、京师诸处派人，二三共职持敕符者，事非急，能顾及，则勿皆持符，最大一人当持之。其中职事多，眼心未至，则当依时节奏报实行。

一诸人与持符本人相遇，殴打、不予骑乘等时，当绞杀。

① ［西夏］骨勒茂才：《番汉合时掌中珠》（乙种本），《俄藏黑水城文献》第 10 册，第 29 页。
② ［西夏］骨勒茂才：《番汉合时掌中珠》（乙种本），《俄藏黑水城文献》第 10 册，第 32 页。
③ ［西夏］骨勒茂才：《番汉合时掌中珠》（乙种本），《俄藏黑水城文献》第 10 册，第 32 页。
④ ［西夏］骨勒茂才：《番汉合时掌中珠》（乙种本），《俄藏黑水城文献》第 10 册，第 33 页。
⑤ ［西夏］骨勒茂才：《番汉合时掌中珠》（乙种本），《俄藏黑水城文献》第 10 册，第 34 页。
⑥ 史金波、黄振华、聂鸿音：《类林研究》，银川：宁夏人民出版社，1993 年，第 35 页。
⑦ 林英津：《夏译〈孙子兵法〉研究》，台北：中研院史语所，1994 年，第 3—76 页。
⑧ 史金波、黄振华、聂鸿音：《类林研究》，银川：宁夏人民出版社，1993 年，第 82、100 页。
⑨ ［西夏］骨勒茂才：《番汉合时掌中珠》（乙种本），《俄藏黑水城文献》第 10 册，第 34 页。
⑩ 陈炳应：《西夏文物研究》，银川：宁夏人民出版社，1985 年，第 167、111、108 页。
⑪ 林英津：《夏译〈孙子兵法〉研究》，台北：中研院史语所，1994 年，第 3—63 页。
⑫ 聂鸿音：《西夏文献论稿》，上海：上海古籍出版社，2012 年，第 163 页。
⑬ 史金波、黄振华、聂鸿音：《类林研究》，银川：宁夏人民出版社，1993 年，第 59 页。
⑭ 林英津：《夏译〈孙子兵法〉研究》，台北：中研院史语所，1994 年，第 3—31 页。

一诸人与持符人遇,不予骑乘而逃,及予之骑乘而打之,

50—35 右面：

未	他	打	骑	不	予	等	一	律	十二年[1]

一	符	持	人	本	与	未	遇	符	持	随[2]	局分[3]	人	派遣[4]

所	童子[5]	骑驾者[6]	等	骑	捕	往	其	处	骑	不	予

打	者	四	年	骑	予	打	及	又	未	他	打	骑	不	予

逃	为	等	一	律	二	年

一	符	持	所	遣	时	诸	家民[7]	属	私畜[8]	及	官	之	牧

场	畜	等	已	方便[9]	当	骑	官马[10]	一	种	差[11]	为	允

不	若	私	畜	牧	场	畜	等	附近[12]	无	及	骑	所	不

堪	续断[13]	实	则	官	马	捕	骑	允	有	假若[14]	法	越

注释：

［1］𗼩𗤊𗤋，意"十二年"。

𗤋，意"年"。《掌中珠》"𗤋𗤊"作"年月"①、"𗤊𗤋𗼩𗤋"作"一年二年"②。

𗼩𗤊𗤋，意"十二年"。《天盛律令》卷一《谋逆门》："𗡞𗥃�𗥥𗄔𗠰𗡞𗦇𗂾𗣫𗰖𗷰𗩱𗤧𗃛�𗥃𗩱𗤧𗃛𗖵𗼩𗤊𗤋"即"告举稽误时，不告举，则谋逆行为已行，判无期徒刑；尚未行，徒十二年"，判罚均省略"徒"字。

［2］𗴺，意"随"、"从"、"跟"。《金光明最胜王经》卷九"𗻼𗴺𗅋𗴺𗰜𗄯"即"即便随去"③，卷十"𗒹𗴺𗲠𗻼𗈉"即"亦随王出城"④。

［3］𗴴�,字面意思为"职管"，意"局分"、"有司"。

𗴴，意"事"、"务"。《掌中珠》"𗴺𗙷𗭼𗴴"作"勾管家计"⑤。

� close，意"侍奉"。《类林》"𗡩𗣺𗂾𗤦𗴴�𗰜𗭼"对应汉文本"事后母如嫡母"⑥。

𗴴�，意"局分"、"有司"、"官吏"等。《掌中珠》"𗴴�close𗷰𗯽"作"局分大小"⑦、"𗴴�close𗴴𗩽"作"指挥局分"⑧。《类林》"𗤦�𗴴�close𗤧𗥥𗴲𗆟𗖵"对应汉文本"人吏等中罪"⑨。夏译《孟子》卷五《滕文公章句上》"𗲲𗣐𗴴�close𗅰𗻼𗶷𗴴𗨳"意即"百官有司莫敢不先哀"，原文为"百官有司莫敢不哀先之也"⑩。

［4］�罕𗈉，意"使役"、"派遣"、"使用"等。

�罕，意"使"、"令"。夏译《孟子》"𗴮�𗂾�罕𗅈𗭾𗴴𗥾"即"吾欲使子问于孟子"⑪。

𗈉，意"使"。西夏文《添品妙法莲华经》卷二信解品第四"𗧪𗻼𗴲𗶷𗴴𗄃���罕𗈉𗴻𗨳"⑫即"我若久住，或见逼迫，强驱使作"⑬。

�罕𗈉，意"使役"、"派遣"、"使用"等。夏译《孙子兵法》"𗤒𗷰𗪺𗴺𗈉𗻷𗅈𗤅𗤒𗼄𗤧𗴺𗖫

① ［西夏］骨勒茂才：《番汉合时掌中珠》（乙种本），《俄藏黑水城文献》第10册，第24页。
② ［西夏］骨勒茂才：《番汉合时掌中珠》（甲种本），《俄藏黑水城文献》第10册，第6页。
③ 王静如：《金光明最胜王经卷九夏藏汉合璧考释》，载王静如《西夏研究》第三辑，中研院史语所，1933年，第288～289页。
④ 王静如：《金光明最胜王经卷十夏藏汉合璧考释》，载王静如《西夏研究》第三辑，中研院史语所，1933年，第356～357页。
⑤ ［西夏］骨勒茂才：《番汉合时掌中珠》（乙种本），《俄藏黑水城文献》第10册，第36页。
⑥ 史金波、黄振华、聂鸿音：《类林研究》，银川：宁夏人民出版社，1993年，第62页。
⑦ ［西夏］骨勒茂才：《番汉合时掌中珠》（乙种本），《俄藏黑水城文献》第10册，第33页。
⑧ ［西夏］骨勒茂才：《番汉合时掌中珠》（乙种本），《俄藏黑水城文献》第10册，第34页。
⑨ 史金波、黄振华、聂鸿音：《类林研究》，银川：宁夏人民出版社，1993年，第86页。
⑩ 彭向前：《西夏文〈孟子〉整理研究》，上海：上海古籍出版社，2012年，第148页。
⑪ 彭向前：《西夏文〈孟子〉整理研究》，上海：上海古籍出版社，2012年，第146页。
⑫ 史金波、陈育宁主编：《中国藏西夏文献》第6册，兰州：甘肃人民出版社、敦煌文艺出版社，2005年，第187页。
⑬《添品妙法莲华经》第二卷，信解品第四，《大正新修大藏经》第9册，佛陀教育基金会，第18页上。

𗉟𗆟𗫂𗜓𗜓𗫻"即对应汉文本中"卒未亲附而罚之,则不服,不服则难用也"①。

[5] 𗦎𗎫,字面意思"儿童"、"童子",意"仆人"。

𗦎,意"童"。西夏文《三才杂字》中有"𗦎𗎫"②,位于"𗎫𗦎"之后,《西夏文〈杂字〉研究》一文译作"孩子"③。

𗎫,儿童,夏译《孟子》"𗎫𗦎"即"童子"④。《类林》"𗨶𗎱𗦎𗫅𗗟𗟮𗼕𗫉𗰜𗗙"对应汉文本"与诸小儿同嬉戏于道旁"、"𗎫𗦎𗤋𗒹"对应汉文本"为儿童时"⑤。

𗦎𗎫,意"仆人"。夏译《孙子兵法》"𗦎𗎫𗍫𗫝𗼻𗒹"即对应《史记》卷六四《司马穰苴传》中"乃斩其仆"⑥。《天圣令・杂令》唐十五条中有"门仆"等,"诸司流外非长上者,总名'番官'。其习驭、掌闲、翼驭、执驭、驭士、驾士、幕士、称长、门仆、主膳、供膳、典食、主酪、兽医、典钟、典鼓、价人、大理问事,总名'庶士'"⑦,这十八种人不属流外,亦非"番官",为服务于百官、兼及百姓的一种人。

[6] 𗊱𗫃𗝾,意"骑驾者"。

𗊱,意"骑乘"、"负重"等。《凉州重修护国寺感通塔碑》西夏文碑铭"𗬜𗌭𗫌𗊱𗗟"即"塔基歆仄",对应汉文碑铭"尝有歆仄"⑧。夏译《孙子兵法》"𗉗𗊱𗟇𗘩"即对应汉文本《孙子兵法》李筌注中"纵畜牧"⑨。

𗫃,意"回"、"还"等。《类林》"𗗠𗤢𗟮𗫠𗨏𗫃"即"回报往日楚国"⑩。夏译《金光明最胜王经》卷九"𗐨𗫃𗤢𗤧"对应汉文本"报恩供养"⑪。

𗊱𗫃𗝾,意"骑驾者",汉译本作"马伕"。按,《天盛律令》卷七《为投诚者安置门》"𗤜𗤢"⑫即"马伕",与此处"𗊱𗫃𗝾"所指不同。

[7] 𗫅𗤋,意"家民"。

① 林英津:《夏译〈孙子兵法〉研究》,台北:中研院史语所,1994 年,第 3—97 页。
② 《三才杂字》(乙种本),《俄藏黑水城文献》第 10 册,第 51 页。
③ 王静如、李范文:《西夏文〈杂字〉研究》,《西北民族研究》1997 年第 2 期,第 86 页。
④ 彭向前:《西夏文〈孟子〉整理研究》,上海:上海古籍出版社,2012 年,第 174 页。
⑤ 史金波、黄振华、聂鸿音:《类林研究》,银川:宁夏人民出版社,1993 年,第 77、97 页。
⑥ 林英津:《夏译〈孙子兵法〉研究》,台北:中研院史语所,1994 年,第 3—51 页。
⑦ 天一阁博物馆、中国社会科学院历史研究所天圣令整理课题组校证:《天一阁藏明钞本天圣令校证》,北京:中华书局,2006 年,第 433 页。
⑧ 陈炳应:《西夏文物研究》,银川:宁夏人民出版社,1985 年,第 167、111、108 页。
⑨ 林英津:《夏译〈孙子兵法〉研究》,台北:中研院史语所,1994 年,第 3—63 页。
⑩ 史金波、黄振华、聂鸿音:《类林研究》,银川:宁夏人民出版社,1993 年,第 36 页。
⑪ 王静如:《金光明最胜王经卷九夏藏汉合璧考释》,载王静如《西夏研究》第三辑,中研院史语所,1933 年,第 306~307 页。
⑫ 俄罗斯科学院东方研究所圣彼得堡分所、中国社会科学院民族研究所、上海古籍出版社编:《俄藏黑水城文献》第 8 册,上海:上海古籍出版社,1998 年,第 153 页。

　　▯，意"家"，《德行集》"▯▯▯▯▯▯▯▯"即"国治欲时，先家治也"①。"▯▯（家主）"在西夏文献中则较为常见，对应藏文▯▯▯▯②，长者之意。

　　▯，意"庶民"。《掌中珠》"▯▯▯▯"作"恤治民庶"③。

　　[8]▯▯，意"私畜"。西夏文献中另有"▯▯"（官畜）一词，参见该行"▯▯▯▯▯"（官之牧场畜）。

　　[9]▯▯，意"方便"。

　　▯，意"益"、"利"。《金光明最胜王经》"▯▯▯▯▯▯"即"方便精勤恒不息"④。《类林》"▯▯▯▯▯▯▯▯▯"对应汉文本"无乃大盛乎"⑤。夏译《孙子兵法》"▯▯▯▯▯▯"即对应汉文本《孙子兵法》杜牧注中"于争利害难也"⑥。

　　[10]▯▯，意"官马"。

　　▯，意"马"。《掌中珠》"▯▯"作"驿马"⑦、"▯▯"作"马牛"⑧。

　　▯▯，意"官马"。"▯"前空有一格，不仅"▯"字，《天盛律令》原文中"祖帝"、"帝"、"御前"、"制"、"御旨"等前均作空一格处理。

　　[11]▯，意"参差"。《掌中珠》"▯▯▯▯"作"事务参差"⑨。

　　[12]▯▯，意"附近"、"边近"。

　　▯，意"旁"、"边"。《类林》"▯▯▯▯▯▯▯▯▯▯▯▯"对应汉文本"白书卧时，佯装睡，弃衣旁边"，"▯▯▯▯▯▯▯▯▯▯▯▯▯▯▯▯"对应汉文本"与魏文帝曹丕争，至临江边上而悔之"⑩。

　　▯，意"亲"。《掌中珠》"▯▯▯▯"作"六亲和合"⑪、"▯▯▯▯"作"亲戚大小"⑫、"▯▯▯▯"作"并诸亲戚"⑬。

　　[13]▯▯，字面意思"续断"，意"无有"。

---

① 聂鸿音：《西夏文德行集研究》，兰州：甘肃文化出版社，2002年，第52、53页。
② 彭向前：《西夏文〈孟子〉整理研究》，上海：上海古籍出版社，2012年，第165页。
③ [西夏]骨勒茂才：《番汉合时掌中珠》（乙种本），《俄藏黑水城文献》第10册，第33页。
④ 王静如：《金光明最胜王经卷十夏汉合璧考释》，载王静如《西夏研究》第三辑，中研院史语所，1933年，第368～369页。
⑤ 史金波、黄振华、聂鸿音：《类林研究》，银川：宁夏人民出版社，1993年，第51页。
⑥ 林英津：《夏译〈孙子兵法〉研究》，台北：中研院史语所，1994年，第3—51页。
⑦ [西夏]骨勒茂才：《番汉合时掌中珠》（甲种本），《俄藏黑水城文献》第10册，第4页。
⑧ [西夏]骨勒茂才：《番汉合时掌中珠》（乙种本），《俄藏黑水城文献》第10册，第27页。
⑨ [西夏]骨勒茂才：《番汉合时掌中珠》（乙种本），《俄藏黑水城文献》第10册，第34页。
⑩ 史金波、黄振华、聂鸿音：《类林研究》，银川：宁夏人民出版社，1993年，第73、117页。
⑪ [西夏]骨勒茂才：《番汉合时掌中珠》（乙种本），《俄藏黑水城文献》第10册，第29页。
⑫ [西夏]骨勒茂才：《番汉合时掌中珠》（乙种本），《俄藏黑水城文献》第10册，第29页。
⑬ [西夏]骨勒茂才：《番汉合时掌中珠》（乙种本），《俄藏黑水城文献》第10册，第36页。

􀀁，意"续"。西夏文《夫子善仪歌》"􀀁􀀁􀀁􀀁􀀁􀀁􀀁􀀁􀀁"即"由此后帝族绵绵共听政"[1]。

􀀁，意"断"。《类林》"􀀁􀀁􀀁􀀁􀀁􀀁"对应汉文本"自此秦种断"[2]。

[14] 􀀁􀀁，意"倘若"、"假使"。

􀀁，语气助词。《掌中珠》"􀀁􀀁􀀁􀀁"作"今日一日"[3]。夏译《十一面神咒心经》"􀀁􀀁􀀁􀀁􀀁􀀁"对应汉文本"若有能于半月半月"[4]。

􀀁，意"若"。《类林》"􀀁􀀁􀀁􀀁􀀁􀀁􀀁􀀁􀀁􀀁􀀁􀀁􀀁􀀁􀀁􀀁"对应汉文本"陛下若拒正妻而立庶子，臣不敢奉诏"[5]。

􀀁􀀁，意"倘若"、"假使"。《金光明最胜王经》"􀀁􀀁􀀁􀀁􀀁􀀁"即"假使三千大千界"[6]。夏译《十一面神咒心经》"􀀁􀀁􀀁􀀁􀀁􀀁"对应汉文本"复次若有卒为茶耆尼"[7]。

汉译本：

及未打而不予骑乘等，一律徒十二年。

一未与持符本人遇，随持符局分人所派遣之童子、马伕等往要骑乘，其处不予骑乘而打之者，徒四年。予之骑乘而打之及未打而不予骑乘而逃等，一律徒二年。

一派持符时，当骑诸家民所属私畜及官之牧场畜等有方便可骑乘者，不许差用一种官马。若附近无私畜及牧场畜等，及不堪骑乘，实无有，则允许捕骑官马。倘若违律，

50—35 左面：

􀀁	􀀁	􀀁	􀀁	􀀁	􀀁	􀀁	􀀁	􀀁	􀀁	􀀁	􀀁	􀀁
附	近	他	畜	骑	所	有	不	参	为	不	应	官
												马 参

􀀁	􀀁	􀀁	􀀁	􀀁	􀀁	􀀁	􀀁	􀀁	􀀁	􀀁􀀁[1]	􀀁	􀀁	􀀁
为	时	二	年	符	持	所	派	职	上	直接	往	骑	下

---

① 聂鸿音：《西夏文献论稿》，上海：上海古籍出版社，2012 年，第 208～209 页。
② 史金波、黄振华、聂鸿音：《类林研究》，银川：宁夏人民出版社，1993 年，第 59 页。
③ [西夏]骨勒茂才：《番汉合时掌中珠》（甲种本），《俄藏黑水城文献》第 10 册，第 6 页。
④ 聂鸿音：《西夏文献论稿》，上海：上海古籍出版社，2012 年，第 321～322 页。
⑤ 史金波、黄振华、聂鸿音：《类林研究》，银川：宁夏人民出版社，1993 年，第 56～57 页。
⑥ 王静如：《金光明最胜王经卷五夏藏汉合璧考释》，载王静如《西夏研究》第二辑，中研院史语所，1933 年，第 242～243 页。
⑦ 聂鸿音：《西夏文献论稿》，上海：上海古籍出版社，2012 年，第 330 页。

骑	杀[2]	又[3]	已	伤	返	者	及	他	人	等	原	所	处	使

其	返	已	死	等	情	实	是	则	勿	偿	其	中	官	畜

有	者	当	注销[4]

一	符	持	差	骑乘[5]	时	未	伤	已	回	直接	道	中	所

来	病患[6]	赢	弱	等	以	死	时	知	所	在	使	畜	不

偿	允	旁	近	则	畜尸[7]	及	边远[8]	则	肉皮[9]	当地[10]

上	实	卖	法	依	当	卖	价	等	畜主人[11]	之	当	还

注释：

[1] ▢▢，字面意思"直直"，意"直接"。

▢，意"直"。《掌中珠》"▢▢"作"真正"①。夏译《孟子》"▢▢▢▢▢▢"即"非直为观美也"、"▢▢▢▢"即"匡之直之"、"▢▢▢▢▢▢"即"不直则道不显"②等。

[2] ▢，意"杀"。《掌中珠》"▢▢"作"劫杀"、"▢▢"作"灾杀"、"▢▢"作"岁杀"、"▢▢"作"天杀"、"▢▢"作"月杀"③。

---

① ［西夏］骨勒茂才：《番汉合时掌中珠》（乙种本），《俄藏黑水城文献》第10册，第27页。
② 彭向前：《西夏文〈孟子〉整理研究》，上海：上海古籍出版社，2012年，第132、159、163～164页。
③ ［西夏］骨勒茂才：《番汉合时掌中珠》（甲种本），《俄藏黑水城文献》第10册，第4页。

[3] ▢，意"伤"。《掌中珠》"▢▢▢▢"作"伤害他人"[1]、"▢▢▢▢▢▢▢▢"作"父母发身，不敢毁伤也"[2]。

[4] ▢▢，字面意思"截除"，意"注销"。

▢，意"截"、"折"。《掌中珠》"▢▢"作"折花"[3]。

▢，意"去除"。夏译《孙子兵法》"▢▢▢▢▢▢▢"即对应汉文本《孙子兵法》杜牧注中"言既去疑惑之路"[4]。

▢▢，意"注销"。"▢▢"与《天盛律令》中"▢▢"意思相反，"▢▢"，字面意思"备取"，意"注册"。

[5] ▢▢，意"骑乘"。

▢，意"骑"。《类林》"▢▢▢▢▢▢"对应汉文本"其国人善骑"[5]。

[6] ▢▢，意"病患"。《掌中珠》"▢▢"作"病患"[6]。《类林》"▢▢▢▢▢▢▢▢▢"对应汉文本"后临安山患重病"[7]。

[7] ▢▢，意"畜尸"。

▢，意"尸"。《类林》"▢▢▢▢▢▢▢▢▢▢"对应汉文本"取子胥尸沉于江中"[8]。

[8] ▢▢，意"边远"。

▢，意"远"。《掌中珠》"▢▢▢▢"作"远离三涂"[9]。《类林》"▢▢ ▢▢ ▢▢▢▢▢▢▢▢"对应汉文本"于小道远见车头监"[10]。夏译《孟子》"▢▢▢▢▢"即"予将有远行"[11]。

[9] ▢▢，意"肉皮"。

▢，意"肉"。《掌中珠》"▢▢"作"肉血"[12]。《类林》"▢▢▢▢▢▢▢▢▢▢"对应汉文本"饥食羊肉，渴饮羊乳"[13]。

① [西夏] 骨勒茂才：《番汉合时掌中珠》(乙种本)，《俄藏黑水城文献》第10册，第33页。
② [西夏] 骨勒茂才：《番汉合时掌中珠》(乙种本)，《俄藏黑水城文献》第10册，第34页。
③ [西夏] 骨勒茂才：《番汉合时掌中珠》(乙种本)，《俄藏黑水城文献》第10册，第35页。
④ 林英津：《夏译〈孙子兵法〉研究》，台北：中研院史语所，1994年，第3—134页。
⑤ 史金波、黄振华、聂鸿音：《类林研究》，银川：宁夏人民出版社，1993年，第104页。
⑥ [西夏] 骨勒茂才：《番汉合时掌中珠》(甲种本)，《俄藏黑水城文献》第10册，第10页。
⑦ 史金波、黄振华、聂鸿音：《类林研究》，银川：宁夏人民出版社，1993年，第67页。
⑧ 史金波、黄振华、聂鸿音：《类林研究》，银川：宁夏人民出版社，1993年，第55页。
⑨ [西夏] 骨勒茂才：《番汉合时掌中珠》(甲种本)，《俄藏黑水城文献》第10册，第15页。
⑩ 史金波、黄振华、聂鸿音：《类林研究》，银川：宁夏人民出版社，1993年，第97页。
⑪ 彭向前：《西夏文〈孟子〉整理研究》，上海：上海古籍出版社，2012年，第126页。
⑫ [西夏] 骨勒茂才：《番汉合时掌中珠》(甲种本)，《俄藏黑水城文献》第10册，第10页。
⑬ 史金波、黄振华、聂鸿音：《类林研究》，银川：宁夏人民出版社，1993年，第45页。

麦，意"皮"。《掌中珠》"麦𗼲"作"皮裘"①。《类林》"𗢲𘀭死麦𗼲"对应汉文本"著鹿皮裘"②。西夏三司下专设有"麦𘃝𗂼"（皮毛库）③。

［10］𗤁𘕺，字面意思"地地"，意"同地"、"当地"。

𗤁，意"地"，《掌中珠》"𗤁𗰔𗗉"作"地体上"、"𗤁𗅁𗯴"作"地相中"、"𗤁𗤶𘕺"作"地用下"④等。

𘕺，音"地"，汉语借词。《掌中珠》"地坤"音"𘕺𗥤"⑤。

𗤁𘕺，意"当地"。该句"𗤁𘕺𗰧𗗙𘄒𗧘𘃽𗗙"，汉译本作"依当地现卖法当卖之"⑥。"当地现卖法"又见于《天盛律令》卷一《谋逆门》"𗧾𗤁𘕺𗰧𗗙𘄒𗧘𗔟𘃽𗴂𗌽"⑦，意即"则应按当地现卖法给人价"。因此，"𗤁𘕺𗰧𗗙𘄒𗧘𘃽𗗙"应译为"应依当地现卖法卖之"。

［11］𗂈𘏷𗗙，字面意思"畜属者"，意"畜主人"。

𘏷，意"属"。《类林》"𘓁𗧘𘀗𘏷𗗙𘟣𗉫𘏷"对应汉文本"盗人物属者诬陷我属"⑧。

汉译本：

附近有堪骑之他畜不用而无理用官马时，徒二年。所派持符直接往职上，致坐骑杀，及已伤，返回者及使他人等处，返回已死等，是实情，则勿偿。其中有官畜者，当注销。

一持符乘差骑时，未伤已回，直接于途中病患羸弱而死时，知其所在，允许不偿畜。旁近则以畜尸，边远则以肉皮，依当地现卖法当卖之，卖价当还畜主人。

50—36 右面：

𗼓	𗦻	𗦫𗗙[1]	𗀏	𘕺𗴴	𗾈	𗽛𘕺𗰧[2]	𗴴𗉫	𘈈	𘂜	𗂈	𗉫
为	若	还者	〈 〉	失	及	不 行 道	杀	等	时	畜	当

𘄒	𗼓										
偿	为										

---

① ［西夏］骨勒茂才：《番汉合时掌中珠》（甲种本），《俄藏黑水城文献》第 10 册，第 13 页。
② 史金波、黄振华、聂鸿音：《类林研究》，银川：宁夏人民出版社，1993 年，第 67 页。
③ 《俄藏黑水城文献》第 8 册，第 328 页。
④ ［西夏］骨勒茂才：《番汉合时掌中珠》（甲种本），《俄藏黑水城文献》第 10 册，第 6，7 页。
⑤ ［西夏］骨勒茂才：《番汉合时掌中珠》（甲种本），《俄藏黑水城文献》第 10 册，第 6 页。
⑥ 史金波、聂鸿音、白滨译注：《天盛改旧新定律令》，北京：法律出版社，2000 年，第 468 页。
⑦ 《俄藏黑水城文献》第 8 册，第 50 页。
⑧ 史金波、黄振华、聂鸿音：《类林研究》，银川：宁夏人民出版社，1993 年，第 82 页。

一	火急符[3]	持	期限[4]	已	有	为	中	日夜[5]	全	不

过	其中[6]	一	时[7]	自	三	时	误	八	杖	四	时	自	六	时

至	误	十	杖	七	时	自	十	时	至	十	三	杖	十	一	时

自	以上	日	全	误	中	当	论[8]

一	地边[9]	敌寇[10]	不	安定[11]	地	函中[12]	来	我	方	兵	马	发

又	十恶[13]	中	逃	自	以上	三	种	情	等	因	符	持	急

急言要[14]	期	限	予	上	一	日	所	误	一	年	二	日	所

注释：

[1] 㴱彦，意"还者"。

㴱，意"回"、"还"等。《类林》"㴱㴱㟁㣈㴱㵄㵄鞲㸰㸰㵄㳇㶹㴱"对应汉文本"得还，至汉国，犹持原汉节烂"①。

[2] 慨蕤彪，意"不行道"。

彪，意"行"，《掌中珠》"㹠彪"作"五行"②。

---

① 史金波、黄振华、聂鸿音：《类林研究》，银川：宁夏人民出版社，1993 年，第 45 页。
② ［西夏］骨勒茂才：《番汉合时掌中珠》（乙种本），《俄藏黑水城文献》第 10 册，第 24 页。

▢，意"道"、"路"。《掌中珠》"▢▢▢▢"作"立身行道"①。《类林》"▢▢▢▢▢▢▢▢"对应汉文本"以求假道而伐虢国"②。

[3] ▢▢▢▢▢，字面意思"迅速紧急信牌"，意"火急符"。

▢，意"急"、"疾"。夏译《孙子兵法》"▢▢▢▢▢▢▢▢▢▢▢▢▢▢"即对应汉文本《孙子兵法》杜牧注中"车马行疾，仍须鱼贯，故尘高而尖"③。

▢，意"疾"、"迅速"。夏译《孙子兵法》"▢▢▢▢"即对应汉文本"故其疾如风"④。

▢，意"急速"。▢，意"迅速"。"▢"与"▢"常连用，表示"急速"之意。夏译《孙子兵法》"▢▢▢▢▢▢▢▢"即对应汉文本"日夜不处，倍道兼行"⑤，西夏文《孔子和坛记》"▢▢▢▢▢▢▢"对应汉文本"孔子急速下坛"⑥。

[4] ▢▢，意"期限"、"日限"。

▢，意"限"、"第"等。《类林》"▢▢▢▢▢"对应汉文本"类林卷第三"⑦。

▢▢，意"期限"、"日限"。《掌中珠》"▢▢"作"日限"⑧。

[5] ▢▢，日夜。

▢，意"日"。《掌中珠》"▢▢"作"白日"⑨、"▢▢▢▢"作"今日一日"⑩。

▢，意"夜"。《掌中珠》"▢▢▢▢"作"朝昔趋利"⑪、"▢▢▢▢"作"朝昔思念"⑫。

[6] ▢▢，字面意思"圈中"，意"期间"、"以内"。

▢，意"圈"、"院"。《掌中珠》"▢▢"作"工院"、"▢▢"作"马院"⑬。

▢▢，意"期间"、"以内"。《类林》"▢▢▢▢▢▢▢▢▢▢▢"对应汉文本"四年内，枉杀万人"⑭。

[7] ▢，意"时"。《掌中珠》"▢▢▢▢▢▢▢▢"作"番汉合时掌中珠"⑮。

---

① [西夏] 骨勒茂才：《番汉合时掌中珠》（乙种本），《俄藏黑水城文献》第10册，第32页。
② 史金波、黄振华、聂鸿音：《类林研究》，银川：宁夏人民出版社，1993年，第49页。
③ 林英津：《夏译〈孙子兵法〉研究》，台北：中研院史语所，1994年，第3—1页。
④ 林英津：《夏译〈孙子兵法〉研究》，台北：中研院史语所，1994年，第3—17页。
⑤ 林英津：《夏译〈孙子兵法〉研究》，台北：中研院史语所，1994年，第3—6，7页。
⑥ [俄] 克恰诺夫、聂鸿音：《西夏文〈孔子和坛记〉研究》，北京：民族出版社，2009年，第118~119页。
⑦ 史金波、黄振华、聂鸿音：《类林研究》，银川：宁夏人民出版社，1993年，第34页。
⑧ [西夏] 骨勒茂才：《番汉合时掌中珠》（乙种本），《俄藏黑水城文献》第10册，第24页。
⑨ [西夏] 骨勒茂才：《番汉合时掌中珠》（乙种本），《俄藏黑水城文献》第10册，第24页。
⑩ [西夏] 骨勒茂才：《番汉合时掌中珠》（甲种本），《俄藏黑水城文献》第10册，第6页。
⑪ [西夏] 骨勒茂才：《番汉合时掌中珠》（乙种本），《俄藏黑水城文献》第10册，第33页。
⑫ [西夏] 骨勒茂才：《番汉合时掌中珠》（乙种本），《俄藏黑水城文献》第10册，第36页。
⑬ [西夏] 骨勒茂才：《番汉合时掌中珠》（乙种本），《俄藏黑水城文献》第10册，第33页。
⑭ 史金波、黄振华、聂鸿音：《类林研究》，银川：宁夏人民出版社，1993年，第92页。
⑮ [西夏] 骨勒茂才：《番汉合时掌中珠》（甲种本），《俄藏黑水城文献》第10册，第1页。

[8] 𗀔，意"算"、"数"、"论"等。夏译《孟子》"𗀔𗼲𗀔"即"以其数算"①。《类林》"𗴟𗴍𗀔𗴊𗀔𗀔𗀔𗀔"译为"以收五谷时为一年"②。

[9] 𗀔𗀔，意"地边"。

𗀔，意"地"，《掌中珠》"𗀔𗴊𗀔"作"地体上"、"𗀔𗴍𗀔"作"地相中"、"𗀔𗀔𗀔"作"地用下"③等。

𗀔，意"边"。《类林》"𗀔𗴊𗀔𗴍𗀔𗀔𗀔𗀔𗀔𗀔𗀔𗀔𗀔𗀔𗀔𗀔𗀔𗀔𗀔𗀔𗀔𗀔𗀔𗀔𗀔𗀔𗀔𗀔𗀔𗀔𗀔𗀔𗀔"对应汉文本"伍员又名子胥。因其父及兄等被楚平王枉加杀害，伍员外逃。至边邑，为候人捕获，欲送于王。"④，其中"𗀔𗀔"字面作"边城"，意为"边邑"。《大方广佛华严经普贤行愿品》"𗀔𗀔𗀔𗀔𗀔"译"体无边涯。大也⑤"。

𗀔𗀔，意"地边"、"边境"。《天盛律令》卷十《司序行文门》载"𗀔𗀔𗀔𗀔"⑥，即"地边城司"。夏译《孙子兵法》"𗀔𗀔𗀔𗀔𗀔𗀔𗀔𗀔"即对应汉文本《孙子兵法》杜牧注中"若国家勒兵境上"⑦。

[10] 𗀔𗀔，意"敌寇"。夏译《孙子兵法》"𗀔𗀔𗀔𗀔𗀔𗀔𗀔𗀔"即对应汉文本《孙子兵法》李筌注中"夫围敌必空其一面"⑧。

[11] 𗀔𗀔，意"安定"。

𗀔，意"安定"。《六韬》"𗀔𗀔𗀔𗀔，𗀔𗀔𗀔𗀔𗀔"对应汉文本"天下安定，国家无事"⑨。

𗀔，意"稳定"。《掌中珠》"𗀔𗀔𗀔𗀔"作"方得心定"⑩。

𗀔𗀔，意"安定"。《类林》"𗀔𗀔𗀔𗀔𗀔𗀔𗀔𗀔"对应汉文本"陇蜀地方未安定"⑪。

[12] 𗀔𗀔，字面意思"袋中"、"函中"，意"入"。夏译《孙子兵法》附《孙子本传》"𗀔𗀔𗀔𗀔𗀔𗀔𗀔𗀔𗀔𗀔"即"使齐军入魏地为十万竈"、"𗀔𗀔𗀔𗀔𗀔𗀔"即"入魏地三日"⑫。

[13] 𗀔𗀔，意"十恶"。

---

① 彭向前：《西夏文〈孟子〉整理研究》，上海：上海古籍出版社，2012年，第143页。
② 史金波、黄振华、聂鸿音：《类林研究》，银川：宁夏人民出版社，1993年，第103页。
③ [西夏]骨勒茂才：《番汉合时掌中珠》(甲种本)，《俄藏黑水城文献》第10册，第6、7页。
④ 史金波、黄振华、聂鸿音：《类林研究》，银川：宁夏人民出版社，1993年，第71页。
⑤ 苏建文：《西夏文〈大方广佛华严经普贤行愿品〉释文》[硕士学位论文]，银川：宁夏大学，2009年，第12页。
⑥ 《俄藏黑水城文献》第8册，第219页。
⑦ 林英津：《夏译〈孙子兵法〉研究》，台北：中研院史语所，1994年，第3—86页。
⑧ 林英津：《夏译〈孙子兵法〉研究》，台北：中研院史语所，1994年，第3—39页。
⑨ 贾常业：《西夏文译本〈六韬〉解读》，《西夏研究》，2011年第2期，第71页。
⑩ [西夏]骨勒茂才：《番汉合时掌中珠》(乙种本)，《俄藏黑水城文献》第10册，第24页。
⑪ 史金波、黄振华、聂鸿音：《类林研究》，银川：宁夏人民出版社，1993年，第57页。
⑫ 林英津：《夏译〈孙子兵法〉研究》，台北：中研院史语所，1994年，第3—203、204页。

敝,意"恶",《掌中珠》"祗敝躲鶍"作"恶言伤人"①。

祕敝,意"十恶"。《天盛律令》卷一:豾嘏(谋逆)、轩斌燰醠(失孝德礼)、绺侭(背叛)、瓾敝(恶毒)、慨藴豾(为不道)、敿慨辕(大不恭)、慨轩豾(不孝顺)、慨豿(不睦)、缪醠(失义)、偭藪(内乱)十门,是为十恶。

[14] 敿祧豻靴,字面意思"迅速大言",意"火急敕"。

汉译本:

若还者失之,及不行道而杀之时,当偿畜。

一持火急符,有期限时,昼夜全不过,其间误自一时至三时八杖,自四时至六时十杖,自七时至十时十三杖,自十一时以上以误全日论。

一【地边敌寇来入不安定之地】②,我方发兵马,又十恶中叛逃以上三种情等,持符火急要言,予之期限中,误一日徒一年,误二日

50—36 左面:

误	三	年	三	日	误	五	年	四	日	误	十	年	五	日	自

以上	误	者	一	律	项	缚	为	以	当	杀

一	十恶	中	逃	自	以上	三	种	事	以后[1]	及	地边	畿

内[2]	事	告	奏	所	有	又	笨工[3]	发	税收[4]	物	种种[5]	催

促	法	依	符	持	派	期	限	在	上	不	到	来	误[6]	者	一

---

① [西夏]骨勒茂才:《番汉合时掌中珠》(乙种本),《俄藏黑水城文献》第10册,第33页。
② "姞死敿祧慨缵慡 姞艰偭慨",汉译本第468页译作"因来至边地敌寇不安定之地",现译为"地边敌寇来入不安定之地"。

日	自	三	日	至	三	个	月[7]	四	日	自	七	日	至	六	个

月	八	日	自	十	日	至	一	年	十	一	日	自	十	三	日

至	二	年	十	四	日	自	十	七	日	至	三	年	十	八	日

自	二	十	一	日	至	四	年	二	十	二	日	自	二	十	五

注释：

[1] ▢▢，字面意思"以后"，意"除非"。

▢，为方位词"▢"之词头。《金光明最胜王经》卷五"▢▢▢▢▢▢"意"南谟上方广聚德佛"，"▢▢▢▢▢▢"意"南谟下方明德佛"①。

▢，意"又"、"更"。《掌中珠》"▢▢▢▢"作"更卖田地"②。

[2] ▢▢，意"堑内"、"城内"。

▢，意"池"。夏译《孙子兵法》"▢▢▢▢▢▢▢▢▢▢▢▢▢▢▢▢▢▢▢▢▢▢▢▢▢"对应汉文本《孙子兵法》中"军行有险阻、潢井、葭苇、山林、蘙荟者，必谨覆索之，此伏奸之所处也"③，其中"▢▢ ▢▢"对应"潢井"。

▢，意"内"。夏译《孟子》"▢▢▢▢▢▢▢▢"对应汉文本"内则父子，外则君臣"④。

▢▢，意"堑内"、"城内"。"▢▢"常与"▢▢"连用，作"▢▢▢▢"（京师界内）。

[3] ▢▢，意"体工"、"笨工"。"体工"，音"▢▢"（孛工）⑤。

体，音"▢"（孛）。查《同音》4A5，"▢"与"▢"音同，《掌中珠》"▢▢"音即"孛囉"⑥。

---

① 王静如：《金光明最胜王经卷五夏藏汉合璧考释》，载王静如：《西夏研究》第二辑，中研院史语所，1933年，第222~223页。
② ［西夏］骨勒茂才：《番汉合时掌中珠》（乙种本），《俄藏黑水城文献》第10册，第32页。
③ 林英津：《夏译〈孙子兵法〉研究》，台北：中研院史语所，1994年，第3—77页。
④ 彭向前：《西夏文〈孟子〉整理研究》，上海：上海古籍出版社，2012年，第122页。
⑤ ［西夏］骨勒茂才：《番汉合时掌中珠》（乙种本），《俄藏黑水城文献》第10册，第30页。
⑥ ［西夏］骨勒茂才：《番汉合时掌中珠》（乙种本），《俄藏黑水城文献》第10册，第26页。

工，音"𘞌"（工），夏译《孟子》"𘞌𗙵𗏹"即"公孙丑"之音译①。

𗱲𗭚，意"体工"、"笨工"。《掌中珠》"𗱲𗭚"作"体工"②。

［4］𗼐𘊄，字面意思"税伸"，意"税收"、"摊派"。

𗼐，意"赋敛"。《六韬》中"𗼐𗣼𗫭"意"重赋敛"③。

𘊄，意"施"。《金光明最胜王经》卷六"𗾑𗾑𗠁𘝦𗪙𘜶𘊄"意"张施种种宝盖幢幡"④。

𗼐𘊄，意"税收"、"摊派"。该句"𗈜𗱲𗭚𗟭𗼐𘊄𗤙𗾑𘔼𗣴𗥃"，汉译本译作"又安排发笨工，催促种种物"⑤，不妥。现译为"又发笨工，催促种种摊派物"。

［5］𗾑𘔼，意"种种"。《类林》"𗧹𗧘𗢭𗟭𗙴𗾑𘔼𘝯𘝯𗈜𗧹𘋠𗣵"对应汉文本"为儿童时，种种经典，莫不暗记"⑥。西夏文《凉州重修护国寺感通塔碑铭》中有"𗱕𘊄𗯢𘉋𗙴𗾑𘔼𘍶"作"大小头监、种种匠人等"⑦。

［6］𘛁，意"慢"、"缓"。《掌中珠》"𘛁𗍫𗍫𘓐"作"不许留连"⑧。

［7］𗏁𘘥𘘥，意"三个月"。

𗏁，意"三"。《掌中珠》"𗏁𗀹𘎧𗭫"作"三界流转"⑨。

𘘥，意"月"。《掌中珠》"𗈴𘘥"作"日月"⑩。

𘘥，意"月"。西夏文《杂字》中"𘘥𗏿"意"满月"⑪。

𗏁𘘥𘘥，意"三个月"。《掌中珠》"𗡞𘘥𘘥"作"一个月"⑫。西夏文《经律异相》卷第十五"𗼕𗈜𘊴𗥧𗏁𘘥𘘥𘄜𘆿"⑬对应汉文本"王又留佛时三月"⑭。

汉译本：

徒三年，误三日徒五年，误四日徒十年，误自五日以上者，一律当绞杀。

① 彭向前：《西夏文〈孟子〉整理研究》，上海：上海古籍出版社，2012年，第143页。
② ［西夏］骨勒茂才：《番汉合时掌中珠》（乙种本），《俄藏黑水城文献》第10册，第30页。
③ 贾常业：《西夏文译本〈六韬〉解读》，《西夏研究》，2011年第2期。
④ 王静如：《金光明最胜王经卷六夏藏汉合璧考释》，载王静如《西夏研究》第三辑，中研院史语所，1933年，第16～17页。
⑤ 史金波、聂鸿音、白滨译注：《天盛改旧新定律令》，北京：法律出版社，2000年，第468页。
⑥ 史金波、黄振华、聂鸿音：《类林研究》，银川：宁夏人民出版社，1993年，第97页。
⑦ 陈炳应：《西夏文物研究》，银川：宁夏人民出版社，1985年，第112、171页。
⑧ ［西夏］骨勒茂才：《番汉合时掌中珠》（乙种本），《俄藏黑水城文献》第10册，第33页。
⑨ ［西夏］骨勒茂才：《番汉合时掌中珠》（乙种本），《俄藏黑水城文献》第10册，第36页。
⑩ ［西夏］骨勒茂才：《番汉合时掌中珠》（乙种本），《俄藏黑水城文献》第10册，第21页。
⑪ 李范文、中岛干起：《电脑处理西夏文〈杂字〉研究》，日本国立亚非语言文化研究所，1997年，第127、84页。
⑫ ［西夏］骨勒茂才：《番汉合时掌中珠》（甲种本），《俄藏黑水城文献》第10册，第6页。
⑬ 《经律异相》，史金波、陈育宁主编：《中国藏西夏文献》第5册，兰州：甘肃人民出版社、敦煌文艺出版社，2005年，第343页。
⑭ 杨志高：《西夏文〈经律异相〉整理研究》，北京：社会科学文献出版社，2014年，第96页。

一十恶中叛逃以上三种事以下,及【地边界内】①事有所告奏,又安排发笨工,催促种种物,依法派持符,在限期上不到来,延误者,自一日至三日徒三个月,自四日至七日徒六个月,自八日至十日徒一年,自十一日至十三日徒二年,自十四日至十七日徒三年,自十八日至二十一日徒四年,自二十二日至二十五

50—37右面:

日	至	五	年	二	十	六	日	自	二	十	八	日	至	六	年

二	十	九	日	自	三	十	一	日	至	八	年	三	十	二	日

自	三	十	六	日	至	十	年	三	十	七	日	自

三	十	九	日	至	十	二	年	四	十	日	自	以 上	一

律	无 期[1]	其	中	受 贿 者[2]	枉 法 贪 赃 罪[3]	与	比	〈 〉

重	上	判 断[4]

一	已	派	符	持	若	途 中	疾 病[5]	染	骑	上	堕	伤	言

实	是	则	期 限	上	不	到	来	者	误	期	中	勿	论

---

① "𗏩𘃡𘚢𘜶",汉译本第468页分别译作"地边、畿内",现译为"地边界内"。

𗫂	𗥃𗥿[6]	𗳉	𗋽	𗣼	𗤒𗳦[7]	𗏁	𘜶	𗤁𗥃
若	诈伪	则	何	所	滞缓	法	依	判断

注释：

[1] 𗥣𗥃，字面意思"备取"，意"注册"、"无期"。

𗥣，意"准备"。《掌中珠》"𗥣𗥦"作"三司"、"𗥣𗥣𗍫"作"皇城司"①、"𗥣𗥣𗥣𗧦"作"准备食馔"②、"𗥣𗥣𗥣𗧦"作"尽皆准备"③。

𗥃，意"取"、"设"。《掌中珠》"𗥵𗰣𗥃𗥃"作"万人取则"④，夏译《孙子兵法》附《孙子本传》"𗥃𗥃𗥃𗥃"即"乃设铁钺"⑤。

[2] 𗥿𗥃𗥃，字面意思"贿有者"，意"受贿者"。

[3] 𗥃𗥃𗥿𗥃，意"枉法贪赃罪"。《掌中珠》"𗥃𗥃𗥵𗥃"作"莫违条法"⑥。

[4] 𗤁𗥃，意"决断"、"判断"。

𗤁，意"决断"。《掌中珠》"𗤁𗥃"作"御史"⑦。

𗥃，意"判"。《掌中珠》"𗥃𗥃"作"通判"、"𗥃𗥃𗥃𗥃"作"案检判凭"⑧、"𗥃𗥃𗥃𗥃"作"都案判凭"⑨。

𗤁𗥃，意"决断"、"判断"。《类林》"𗥃𗥃𗤁𗥃𗥃𗥃𗥃"对应汉文本"决断政事多施恩惠"⑩。

[5] 𗥃𗥃，字面意思"路半"，意"中途"。

𗥃，意"道"。《掌中珠》"𗥃𗥃𗥃𗥃"作"立身行道"⑪。

𗥃，意"半"。《类林》"𗥃𗥃𗥃𗥃𗥃𗥝，𗥃𗥃𗥃�݃�݃�݃"对应汉文本"减半年租税，天下百姓皆利"⑫。

---

① [西夏]骨勒茂才：《番汉合时掌中珠》（乙种本），《俄藏黑水城文献》第10册，第33页。
② [西夏]骨勒茂才：《番汉合时掌中珠》（乙种本），《俄藏黑水城文献》第10册，第35页。
③ [西夏]骨勒茂才：《番汉合时掌中珠》（乙种本），《俄藏黑水城文献》第10册，第36页。
④ [西夏]骨勒茂才：《番汉合时掌中珠》（乙种本），《俄藏黑水城文献》第10册，第32页。
⑤ 林英津：《夏译〈孙子兵法〉研究》，台北：中研院史语所，1994年，第3—183页。
⑥ [西夏]骨勒茂才：《番汉合时掌中珠》（乙种本），《俄藏黑水城文献》第10册，第33页。
⑦ [西夏]骨勒茂才：《番汉合时掌中珠》（乙种本），《俄藏黑水城文献》第10册，第33页。
⑧ [西夏]骨勒茂才：《番汉合时掌中珠》（乙种本），《俄藏黑水城文献》第10册，第33页。
⑨ [西夏]骨勒茂才：《番汉合时掌中珠》（乙种本），《俄藏黑水城文献》第10册，第34页。
⑩ 史金波、黄振华、聂鸿音：《类林研究》，银川：宁夏人民出版社，1993年，第87~88页。
⑪ [西夏]骨勒茂才：《番汉合时掌中珠》（甲种本），《俄藏黑水城文献》第10册，第14页。
⑫ 史金波、黄振华、聂鸿音：《类林研究》，银川：宁夏人民出版社，1993年，第188页。

▢▢,意"中途"。夏译《孟子》"▢▢▢▢,▢▢▢▢▢▢"即"孟子去齐,充虞路问曰"[1]。

[6] ▢▢,意"欺骗"、"诈伪"。

▢,意"虚"、"诈"。《金光明最胜王经》卷八"▢▢▢▢▢"对应汉文本"奸诈日增多"[2]。

▢▢,意"欺骗"、"诈伪"。《西夏谚语》第一〇六条"▢▢▢▢▢▢▢▢▢▢▢▢"作"诈称有病寻欢乐,假遇蛆虫随母奔"[3]。《类林》"▢▢▢▢▢▢▢▢▢▢▢▢▢▢▢▢▢▢▢▢"对应汉文本"纣王叔父箕子谏而不从,乃佯作狂颠为之奴"[4]。

[7] ▢▢,意"缓停"、"滞缓"。

▢,意"慢"、"缓"。《掌中珠》"▢▢▢▢"作"不许留连"[5]。

▢,意"停"、"留"。夏译《孟子》"▢▢▢▢,▢▢▢▢"即"留于齐者,非我志也"[6]。夏译《孙子兵法》"▢▢▢▢"对应汉文本《孙子兵法》杜牧注中"不走何待"、"▢▢▢▢"对应汉文本《孙子兵法》李筌注中"不可留也"[7]。

该句"▢▢▢▢"意即"滞缓多少",汉译本作"计所误期"[8]。

汉译本:

日徒五年,自二十六日至二十八日徒六年,自二十九日至三十一日徒八年,自三十二日至三十六日徒十年,自三十七日至三十九日徒十二年,自四十日以上一律无期徒刑。其中受贿者,与枉法贪赃罪比较,从重者判断。

一已派持符,若中途染疾病,骑马堕伤,是实言,则于限期不到来者,勿以误期论。若诈伪,则计所误期,依法判断。

50—37 左面:

▢	▢	▢	▢	▢	▢ ▢[1]	▢	▢	▢	▢	▢	▢	▢	▢	▢	▢
一	符	持	所	派	沿 途	不	应	诸	人	之	畜	物	取	为	者

① 彭向前:《西夏文〈孟子〉整理研究》,上海:上海古籍出版社,2012年,第142页。
② 王静如:《金光明最胜王经卷八夏藏汉合璧考释》,载王静如《西夏研究》第三辑,中研院史语所,1933年,第214~215页。
③ 陈炳应:《西夏谚语》,太原:山西人民出版社,1993年,第11页。
④ 史金波、黄振华、聂鸿音:《类林研究》,银川:宁夏人民出版社,1993年,第48页。
⑤ [西夏]骨勒茂才:《番汉合时掌中珠》(乙种本),《俄藏黑水城文献》第10册,第33页。
⑥ 彭向前:《西夏文〈孟子〉整理研究》,上海:上海古籍出版社,2012年,第143页。
⑦ 林英津:《夏译〈孙子兵法〉研究》,台北:中研院史语所,1994年,第3—29页、45页。
⑧ 史金波、聂鸿音、白滨译注:《天盛改旧新定律令》,北京:法律出版社,2000年,第469页。

计	枉 法 贪 赃 罪			法	依	判 断

一	符	持	头	子[2]	上	骑	捕	数	除	以	外	骑	超	捕	者

有	时	一	人	超	引[3]	骑	超	捕	日	期	内	次	依	改

为	者	数[4]	已	捕	总 数[5]	勿	论	为	一	日	一	畜	捕

计	当	论	一	人	一	日	引	之	一	年	二	日	二	年

三	日	三	年	四	日	四	年	五	日	五	年	六	日	六

年	七	日	八	年	八	日	十	年	九	日	十	二	年	十

日	无	期	十	一	日	自	以	上	一	律	绞[6]	为	若

注释:

[1] 蔽绲,字面意思"路长",意"长路"、"沿途"。

蔽,意"道"。《掌中珠》"翁骇蔽祇"作"立身行道"①。

绲,意"长"。夏译《孟子》"蔹绲蠓"即"卧长桌"②。

---

① 〔西夏〕骨勒茂才:《番汉合时掌中珠》(乙种本),《俄藏黑水城文献》第 10 册,第 32 页。
② 彭向前:《西夏文〈孟子〉整理研究》,上海:上海古籍出版社,2012 年,第 139 页。

◇◇，意"长路"、"沿途"。《类林》"◇◇◇◇◇◇◇◇◇◇"对应汉文本"与诸小儿同嬉戏于道旁"①。夏译《孟子》"◇◇◇◇◇◇"即"往返齐滕之长路"②。俄藏 ИНВ. NO. 8185《黑水副将上书》中"◇◇◇◇◇◇◇◇◇"即"往沿途一驿驿准备接待"③。

［2］◇◇，字面意思"领字"，汉译本作"头字"④，应为"头子"。

◇，意"头领"。与"◇"音义相同。"◇"，《同音》丁种本 21A64 背注："◇◇◇◇◇◇◇"，即"领"，头领也，大勇持。"◇"，也作"领"讲，《同音》丁种本 21A65 背注："◇◇◇"，即"领"，衣服，《掌中珠》中"◇◇"即"领襟"⑤。

◇，意"字"。《掌中珠》中"◇◇◇◇"作"搜寻文字"⑥。

◇◇，意"头子"。《掌中珠》"◇◇◇◇"作"出与头子"⑦。《宋史》卷一五四："宋初，令枢密院给券，谓之'头子'。"⑧

［3］◇，意"率"、"引导"。夏译《孙子兵法》"◇◇◇◇◇◇◇◇◇◇"即对应汉文本《孙子兵法》杜牧注中"后汉曹公围邺"⑨、"◇◇◇◇◇◇◇◇"即对应汉文本《孙子兵法》李筌注中"使人导之以得地利"⑩。

［4］◇，意"若干"、"数"、"几何"、"许"、"余"等。《类林》"◇◇◇◇◇◇◇◇◇"对应汉文本"以侍者美女数百人围立"⑪、"◇◇◇◇◇◇"对应汉文本"吾限日而死也"⑫、"◇◇◇◇◇◇◇◇◇◇◇◇"对应汉文本"小儿能少许语，可与共论说"⑬、"◇◇◇◇"对应汉文本"复年几何"⑭。夏译《孟子》"◇◇◇，◇◇◇◇"即"之四方者，几千人矣"、"◇◇◇◇◇◇◇"译为"七百有余岁矣"⑮。

［5］◇◇，字面意思"多数"，意"总数"。

◇，意"数"。《掌中珠》"◇◇◇◇"作"财产无数"⑯。

① 史金波、黄振华、聂鸿音：《类林研究》，银川：宁夏人民出版社，1993 年，第 77 页。
② 彭向前：《西夏文〈孟子〉整理研究》，上海：上海古籍出版社，2012 年，第 130～131 页。
③ 聂鸿音：《西夏文献论稿》，上海：上海古籍出版社，2012 年，第 121 页。
④ 史金波、聂鸿音、白滨译注：《天盛改旧新定律令》，北京：法律出版社，2000 年，第 469 页。
⑤ ［西夏］骨勒茂才：《番汉合时掌中珠》（甲种本），《俄藏黑水城文献》第 10 册，第 13 页。
⑥ ［西夏］骨勒茂才：《番汉合时掌中珠》（乙种本），《俄藏黑水城文献》第 10 册，第 32 页。
⑦ ［西夏］骨勒茂才：《番汉合时掌中珠》（乙种本），《俄藏黑水城文献》第 10 册，第 34 页。
⑧ ［元］脱脱：《宋史》，北京：中华书局，1977 年，第 3594 页。
⑨ 林英津：《夏译〈孙子兵法〉研究》，台北：中研院史语所，1994 年，第 3—35 页。
⑩ 林英津：《夏译〈孙子兵法〉研究》，台北：中研院史语所，1994 年，第 3—15 页。
⑪ 史金波、黄振华、聂鸿音：《类林研究》，银川：宁夏人民出版社，1993 年，第 51 页。
⑫ 史金波、黄振华、聂鸿音：《类林研究》，银川：宁夏人民出版社，1993 年，第 67 页。
⑬ 史金波、黄振华、聂鸿音：《类林研究》，银川：宁夏人民出版社，1993 年，第 109 页。
⑭ 史金波、黄振华、聂鸿音：《类林研究》，银川：宁夏人民出版社，1993 年，第 117 页。
⑮ 彭向前：《西夏文〈孟子〉整理研究》，上海：上海古籍出版社，2012 年，第 127、143 页。
⑯ ［西夏］骨勒茂才：《番汉合时掌中珠》（甲种本），《俄藏黑水城文献》第 10 册，第 14 页。

緂羧,意"总数"。《六韬·军义用》中"羫絊緂絊絿緂羧緂"意"凡用兵之大数"[1]。

[6]蘠莃,字面意思"颈缚",意"绞"。

蘠,意"项"。《掌中珠》"蘠缓"作"项胸"[2]。

莃,意"绳缚",《掌中珠》"夊莃"作"腰绳"[3]。

蘠莃,意"绞"。《天盛律令》中常以"蘠莃羬赦羊蘨"作"绞死"。

汉译本:

一所派持符沿途无理取诸人之畜物者,计量,依枉法贪赃罪法判断。

一持符除【头子】[4]上捕骑数以外,有超捕骑者时,一人超引随从、超捕驮畜,日期内依次改之者,已捕多少勿论总数,当以一日捕一畜计之,一人引一日徒一年,二日徒二年,三日徒三年,四日徒四年,五日徒五年,六日徒六年,七日徒八年,八日徒十年,九日徒十二年,十日无期徒刑,自十一日以上一律绞。若

50—38右面:

十	一	人	超	同	时[1]	引	及	若	二	三	四	五	或	引	有

等	数	日	乃	引	一	人	一	日	一	骑	或	论	依

日	数	依	当	计	为	先	依	罪	状	显	法	判	断

所	引	人	超	各	自[3]	日	上	下[4]	何	乃	引	依	符

---

[1] 贾常业:《西夏文译本〈六韬〉解读》,《西夏研究》,2011年第2期。
[2] [西夏] 骨勒茂才:《番汉合时掌中珠》(甲种本),《俄藏黑水城文献》第10册,第10页。
[3] [西夏] 骨勒茂才:《番汉合时掌中珠》(乙种本),《俄藏黑水城文献》第10册,第31页。
[4] "屁飙",汉译本第469页译作"头字",现译为"头子"。下同。

[illegible]	[illegible]	[illegible]	[illegible]	[illegible]	[illegible]	[illegible][5]	[illegible]	[illegible]	[illegible]	[illegible]	[illegible]	[illegible]	[illegible]
持	者	之	从	法	若	他	所	放	则	放	者	从	罪

[illegible]	[illegible]	[illegible]	[illegible]	[illegible]	[illegible]	[illegible]	[illegible]	[illegible]	[illegible]	[illegible]	[illegible]	[illegible]	[illegible][6]
当	承	所	引	人	超	放	者	罪	比	一	等	当	减

[illegible]	[illegible]	[illegible]	[illegible]	[illegible]	[illegible]	[illegible]	[illegible]	[illegible]	[illegible]	[illegible]	[illegible]	[illegible]	[illegible]
为	若	符	持	者	人	超	虽	未	相	引	〈〉	卖	典

[illegible]	[illegible]	[illegible]	[illegible]	[illegible]	[illegible]	[illegible]	[illegible]	[illegible]	[illegible]	[illegible]
物	多	持	骑	超	捕	骑乘者	一日	一	畜	计

[illegible]	[illegible]	[illegible][7]	[illegible]	[illegible]	[illegible][8]	[illegible]	[illegible]	[illegible]	[illegible]	[illegible]	[illegible]	[illegible]
论	罪	加	为	〈〉	前述	与	使	同	人	超	骑	下	畜

注释：

[1] [illegible]，字面意思“等时”，意“同时”。

[illegible]，意“等”、“齐”。《掌中珠》“[illegible]”作“等觉妙觉”①。

[illegible]，意“时”。《掌中珠》“[illegible]”作“番汉合时掌中珠”②、“[illegible]”作“时节”③。

[illegible]，意“同时”。《类林》“[illegible]”对应汉文本“即令花叶同时而生”④。

[2] [illegible]，意“一日”。《掌中珠》“[illegible]”作“今日一日”⑤。

[3] [illegible]，意“各自”。

[illegible]，意“自己”，《掌中珠》“[illegible]”作“不累于己”⑥。

[illegible]，意“各”、“处”。西夏文《金光明最胜王经》卷九“[illegible]”对应汉文本“随是经王所在之处”⑦。

① [西夏] 骨勒茂才：《番汉合时掌中珠》(甲种本)，《俄藏黑水城文献》第 10 册，第 19 页。
② [西夏] 骨勒茂才：《番汉合时掌中珠》(甲种本)，《俄藏黑水城文献》第 10 册，第 1 页。
③ [西夏] 骨勒茂才：《番汉合时掌中珠》(乙种本)，《俄藏黑水城文献》第 10 册，第 24 页。
④ 史金波、黄振华、聂鸿音：《类林研究》，银川：宁夏人民出版社，1993 年，第 116 页。
⑤ [西夏] 骨勒茂才：《番汉合时掌中珠》(甲种本)，《俄藏黑水城文献》第 10 册，第 6 页。
⑥ [西夏] 骨勒茂才：《番汉合时掌中珠》(乙种本)，《俄藏黑水城文献》第 10 册，第 36 页。
⑦ 王静如：《金光明最胜王经卷九夏藏汉合璧考释》，载王静如《西夏研究》第三辑，中研院史语所，1933 年，第 242～243 页。

𗾟𗬩，意"各自"。《类林》"𗾟𗬩𘋨𗯟𗗻𗙴"对应汉文本"使各得安居"①、"𗫂𗥦𗏁𗽐𗾟𗬩𗥃𗢳"对应汉文本"人皆各自夜作"②。西夏文《新集慈孝传·兄弟章》"𗣼𗢳𗤶𗙟𗾟𗬩𗧓𗭴𗣋𘃉"，汉译"一日昼间各自心欲分居"③。

[4] 𗏆𗰔，意"高下"、"上下"。《掌中珠》"𗏆𗰔"作"高下"④。西夏宫廷诗《劝世歌》"𗾣𗺓𗙏𗰖𗏆𗰔"即"三界四天上下"⑤。

[5] 𗤴，意"他"、"他人"。《掌中珠》"𗤴𗸯𗗧𗬷"作"嫁与他人"⑥、"𗤴𗸯𗯨𘝿"作"伤害他人"⑦。

[6] 𗫨，字面意思"悔"、"退"，意"减"。《掌中珠》"𗧹𗾺𗾟𗫨"作"争如自悔"⑧。夏译《六韬·一战》"𗼃𗗙𗾟𗪅𗰖𗫨"即"军中唯进不退"⑨。《类林》"𘟙𗼃𗏁𗼃𗸯𘄿𗥃𗙴𘅋𗫨𘘚𗏖"对应汉文本"吾军当退避君军九十里"⑩。

[7] 𗁸，意"加"。《掌中珠》"𗲜𘍞𗌥𗁸"作"因此加官"⑪。《类林》"𗴿𗁸𘉍𗰖"对应汉文本"后迁太守"⑫。

[8] 𘗽𘟙𘕰，字面意思"先以明"，意"前述"。

𘗽，意"先"、"初"。《类林》"𗒘𗫸𘝵𘗽"译"汉末蜀初"⑬。

𘟙，意"依"、"以"。《掌中珠》"𗟭𘟙𗿻𗇋"作"依法行遣"⑭。

𘕰，意"分明"。《掌中珠》"𗊱𘕿𗼑𘕰"作"知证分白"⑮。

汉译本：

超十一人同时引，或有二、三、四、五引之等，引多少日，依一人一日一畜论，依日数计之，依前罪状法判断。所引人超，依各自日上下所引，以持符者之从法判断。若他人放之，则放

① 史金波、黄振华、聂鸿音：《类林研究》，银川：宁夏人民出版社，1993年，第43页。
② 史金波、黄振华、聂鸿音：《类林研究》，银川：宁夏人民出版社，1993年，第89页。
③ 聂鸿音：《西夏文〈新集慈孝传〉研究》，银川：宁夏人民出版社、黄河出版传媒集团，2009年，第134页。
④ [西夏] 骨勒茂才：《番汉合时掌中珠》（甲种本），《俄藏黑水城文献》第10册，第7页。
⑤ 聂鸿音：《西夏文献论稿》，上海：上海古籍出版社，2012年，第203~204页。
⑥ [西夏] 骨勒茂才：《番汉合时掌中珠》（乙种本），《俄藏黑水城文献》第10册，第36页。
⑦ [西夏] 骨勒茂才：《番汉合时掌中珠》（乙种本），《俄藏黑水城文献》第10册，第33页。
⑧ [西夏] 骨勒茂才：《番汉合时掌中珠》（甲种本），《俄藏黑水城文献》第10册，第19页。
⑨ 聂鸿音：《西夏文献论稿》，上海：上海古籍出版社，2012年，第162页。
⑩ 史金波、黄振华、聂鸿音：《类林研究》，银川：宁夏人民出版社，1993年，第36页。
⑪ [西夏] 骨勒茂才：《番汉合时掌中珠》（乙种本），《俄藏黑水城文献》第10册，第32页。
⑫ 史金波、黄振华、聂鸿音：《类林研究》，银川：宁夏人民出版社，1993年，第86页。
⑬ 史金波、黄振华、聂鸿音：《类林研究》，银川：宁夏人民出版社，1993年，第46页。
⑭ [西夏] 骨勒茂才：《番汉合时掌中珠》（乙种本），《俄藏黑水城文献》第10册，第33页。
⑮ [西夏] 骨勒茂才：《番汉合时掌中珠》（乙种本），《俄藏黑水城文献》第10册，第34页。

者当承从罪，所引人比超放者罪减一等。若持符之人虽超，然未引，持卖典物多，超捕畜骑乘者，以一日一畜计，加罪法与前述相同。超人骑乘杀伤畜

50—38 左面：

杀	伤	者	当	偿	为	一起[1]	诸	人	当	举	举	赏	短期[2]

一	年	之	十	缗	或	当	得	及	乃[3]	长	八	年	十	年	获

之	七	十	缗	十	二	年	无期	等	获	之	九	十	缗	死

之	一	百	缗	至	当	得	符	持	者	及	人	超	引	者	等

由	当	出	典	物	持	亦	举	赏	予	中	当	人	所	超	数

属	者	之	当	还	为	若	符	持	者	自己[4]	衣服[5]	行缘[6]

粮食[7]	价	等	所	应	几	取	持	以外[8]	彼	于	虚伪	卖	典	少

许[9]	持	畜	超	及	未	他	捕	〈　〉	各自	骑	下	置	为	许	不	违

犯[10]	时	六个月	举	赏	五	缗	钱	典	持	中	由	出	当	予

注释：

〔1〕□□，字面意思"一顺"，意"一起"。

□，意"一"。《掌中珠》"□□□□"作"一年二年"①。

□，意"顺"。《掌中珠》"□□□□"作"孝顺父母"②。

〔2〕□□，字面意思"期显"，意"短期"。

□，意"期"。《掌中珠》"□□"作"日限"③。

□，意"显"。《掌中珠》"□□□□"作"人有高下"④。

〔3〕□，意"长"、"增"。《掌中珠》"□□□□"作"男女长大"，"□□□□"作"室女长大"⑤。

〔4〕□□，意"自己"，复合词。《类林》"□□□□□□□□□□□□□"对应汉文本"楚王闻后大怒，责子玉，自杀"⑥。西夏文《夫子善仪歌》"□□□□□□□□□□□□"即"自己语言自己爱，各个文字各个敬"⑦。

〔5〕□□，意"衣服"。《掌中珠》"□□"作"衣服"⑧。《西夏谚语》第一七八条"□□□□□ □□□□□"汉译"衣服俱改小，显示人高"⑨。《天盛律令》卷十七《库局分转派门》载西夏三司下设十库，其中有"□□□"，即"衣服库"。

〔6〕□□，意"行缘"。

□，意"缘"、"行"。《类林》"□□□□□□□"对应汉文本"缘者见皆称赞"⑩、"□□□□□□□□□□□□□"对应汉文本"路中行者遗物无取者"⑪。

〔7〕□□，意"粮食"。

□，意"饮"、"食"。西夏文《十一面神咒心经》"□□□□□□□□□□□□□"即"若欲以饮食花果等供养佛时"⑫。

---

① 〔西夏〕骨勒茂才：《番汉合时掌中珠》（甲种本），《俄藏黑水城文献》第10册，第6页。
② 〔西夏〕骨勒茂才：《番汉合时掌中珠》（乙种本），《俄藏黑水城文献》第10册，第29页。
③ 〔西夏〕骨勒茂才：《番汉合时掌中珠》（乙种本），《俄藏黑水城文献》第10册，第24页。
④ 〔西夏〕骨勒茂才：《番汉合时掌中珠》（乙种本），《俄藏黑水城文献》第10册，第33页。
⑤ 〔西夏〕骨勒茂才：《番汉合时掌中珠》（乙种本），《俄藏黑水城文献》第10册，第36页。
⑥ 史金波、黄振华、聂鸿音：《类林研究》，银川：宁夏人民出版社，1993年，第36页。
⑦ 聂鸿音：《西夏文献论稿》，上海：上海古籍出版社，2012年，第208～209页。
⑧ 〔西夏〕骨勒茂才：《番汉合时掌中珠》（乙种本），《俄藏黑水城文献》第10册，第31页。
⑨ 陈炳应：《西夏谚语》，太原：山西人民出版社，1993年，第15页。
⑩ 史金波、黄振华、聂鸿音：《类林研究》，银川：宁夏人民出版社，1993年，第62页。
⑪ 史金波、黄振华、聂鸿音：《类林研究》，银川：宁夏人民出版社，1993年，第83页。
⑫ 聂鸿音：《西夏文献论稿》，上海：上海古籍出版社，2012年，第325～326页。

▢，意"粮"。《掌中珠》"▢▢▢▢"作"资粮加行"[1]。《类林》"▢▢▢▢▢▢"对应汉文本"以肉酪为粮"[2]。

[8] ▢▢，字面意思"不有"，意"除外"、"以外"。

▢，意"有"。《类林》"▢▢▢▢▢▢▢"对应汉文本"周文王四友有"[3]。

▢▢，意"除外"、"以外"、"不与"。夏译《孟子》"▢▢▢▢▢▢▢▢▢▢"即"巍巍乎有天下而不与焉"[4]。

[9] ▢▢，意"少许"。《类林》"▢▢▢▢▢▢▢▢▢▢▢"对应汉文本"臣以轻率部下，投归吴国"[5]、"▢▢▢▢▢▢"对应汉文本"我稍能诵读"[6]。

[10] ▢▢，意"违犯"。

▢，意"违"、"失"。夏译《孟子》"▢▢▢▢▢"即"无违夫子"[7]、《掌中珠》"▢▢▢▢"作"失其道故"[8]。

▢，意"犯"。《类林》"▢ ▢▢▢▢▢"对应汉文本"亦犯死罪"[9]。

汉译本：

者当偿，一起诸人当举。举赏：短期一年当得十缗，获长期八年、十年当得七十缗，获十二年、无期徒刑等当得九十缗，死罪当得至一百缗，当由持符者及引超人者出之。持典物亦当入予举赏中，所超数当还主人。若持符者自己之衣服、用品、口粮等所持取几何以外，不许于彼虚伪变卖，及虽未捕超之畜，然置自己骑下。违犯时徒六个月，举赏五缗钱，当由持典出予。

50—39 右面：

▢	▢	▢	▢	▢	▢	▢	▢	▢	▢	▢	▢	▢	▢[1]	▢	▢	▢
一	符	持	所	派	职	上	直	接	不	往	私	行	驿	骑	下	畜

① [西夏]骨勒茂才：《番汉合时掌中珠》（甲种本），《俄藏黑水城文献》第10册，第19页。
② 史金波、黄振华、聂鸿音：《类林研究》，银川：宁夏人民出版社，1993年，第103页。
③ 史金波、黄振华、聂鸿音：《类林研究》，银川：宁夏人民出版社，1993年，第48页。
④ 彭向前：《西夏文〈孟子〉整理研究》，上海：上海古籍出版社，2012年，第160页。
⑤ 史金波、黄振华、聂鸿音：《类林研究》，银川：宁夏人民出版社，1993年，第61页。
⑥ 史金波、黄振华、聂鸿音：《类林研究》，银川：宁夏人民出版社，1993年，第98页。
⑦ 彭向前：《西夏文〈孟子〉整理研究》，上海：上海古籍出版社，2012年，第168~169页。
⑧ [西夏]骨勒茂才：《番汉合时掌中珠》（乙种本），《俄藏黑水城文献》第10册，第33页。
⑨ 史金波、黄振华、聂鸿音：《类林研究》，银川：宁夏人民出版社，1993年，第42页。

杀	者	符	持	当	偿	私	行	驿	者	限	日[2]	已	计	次	依

一	日	一	畜	而	超	捕	变	以	论	骑	超	捕	之	罪	情[3]

前	依	所	与	当	同	他	人	举	时	畜	超	捕	法	依	举

赏	当	得

一	符	持	沿	途	畜	捕	往	时	家	主[4]	中	不	应	为	诸	人

与	争	斗[5]	殴	打[6]	许	不	倘	若	律	违	时	一	年	符

持	先	动	手[7]	又	〈 〉	他	人	后	动	手	符	持	打	者	符

持	之	畜	予	殴	打	法	依	判	断

注释:

[1] 菰戤，行驿。

菰，意"行"、"缘"。《类林》"菰孩骸㦬蘢靗賕"对应汉文本"缘者见皆称赞"①、"藏屙菰孩蘿巍㔃骹藏孩絅"对应汉文本"路中行者遗物无取者"②。

---

① 史金波、黄振华、聂鸿音:《类林研究》,银川:宁夏人民出版社,1993年,第62页。
② 史金波、黄振华、聂鸿音:《类林研究》,银川:宁夏人民出版社,1993年,第83页。

􀀀，意"驿"。《掌中珠》"􀀀􀀀"作"驿马"①。

[2] 􀀀􀀀，意"限日"。《类林》"􀀀􀀀􀀀􀀀􀀀"对应汉文本"吾限日而死也"②。

[3] 􀀀􀀀，字面意思"罪节"，意"罪情"。

􀀀，意"罪"。《类林》"􀀀􀀀􀀀􀀀􀀀"对应汉文本"因犯罪系狱"③。

􀀀，意"节"。《掌中珠》"􀀀􀀀"作"时节"④。

[4] 􀀀􀀀，意"家主"，对应藏文བདག་པོ，即"长者"。

􀀀，意"家"、"宅"等。《类林》"􀀀􀀀􀀀􀀀􀀀􀀀􀀀􀀀􀀀􀀀􀀀􀀀􀀀􀀀"对应汉文本"灵公生恶，乃阴使锄倪往赵盾家杀之"⑤。

􀀀，意"主"。《类林》"􀀀􀀀􀀀􀀀􀀀􀀀􀀀􀀀􀀀􀀀􀀀􀀀􀀀􀀀􀀀"对应汉文本"孟子又名轲，齐国人。自家东边邻舍主人杀猪"⑥。

􀀀􀀀，意"家主"、"家人"、"住户"。《黑水守将告近禀帖》"􀀀􀀀􀀀􀀀􀀀􀀀􀀀􀀀"即"远方鸣沙家主人也"，"􀀀􀀀􀀀􀀀􀀀􀀀􀀀􀀀􀀀􀀀􀀀􀀀􀀀"即"仁勇转运远方不同司院之鸣沙家主蓄粮"⑦。《类林》"􀀀􀀀􀀀􀀀􀀀􀀀􀀀􀀀􀀀􀀀􀀀"对应汉文本"洛阳家人男女纷纷至夏统住所"⑧，"􀀀􀀀􀀀􀀀􀀀􀀀􀀀􀀀􀀀􀀀"对应汉文本"昔因郡中住户多火"⑨。

[5] 􀀀􀀀，意"争斗"。《掌中珠》"􀀀􀀀􀀀􀀀"作"与人斗争"⑩。

[6] 􀀀􀀀，意"拷打"。《掌中珠》"􀀀􀀀􀀀􀀀"作"凌持打拷"，"􀀀􀀀􀀀􀀀"作"如此打拷"⑪。

[7] 􀀀􀀀，字面意思"手举"，意"动手"。

􀀀，意"手"。《掌中珠》"􀀀􀀀"作"手掌"⑫。

􀀀，意"举"。《类林》"􀀀􀀀􀀀􀀀􀀀􀀀􀀀"对应汉文本"举头见日，不见长安"⑬。

􀀀􀀀，意"动手"、"举手"。西夏文《经律异相》卷第十五"􀀀􀀀􀀀􀀀􀀀，􀀀􀀀􀀀􀀀"⑭对

① ［西夏］骨勒茂才：《番汉合时掌中珠》（甲种本），《俄藏黑水城文献》第10册，第4页。
② 史金波、黄振华、聂鸿音：《类林研究》，银川：宁夏人民出版社，1993年，第67页。
③ 史金波、黄振华、聂鸿音：《类林研究》，银川：宁夏人民出版社，1993年，第205页。
④ ［西夏］骨勒茂才：《番汉合时掌中珠》（乙种本），《俄藏黑水城文献》第10册，第24页。
⑤ 史金波、黄振华、聂鸿音：《类林研究》，银川：宁夏人民出版社，1993年，第38页。
⑥ 史金波、黄振华、聂鸿音：《类林研究》，银川：宁夏人民出版社，1993年，第35页。
⑦ 聂鸿音：《西夏文献论稿》，上海：上海古籍出版社，2012年，第118~119页。
⑧ 史金波、黄振华、聂鸿音：《类林研究》，银川：宁夏人民出版社，1993年，第66页。
⑨ 史金波、黄振华、聂鸿音：《类林研究》，银川：宁夏人民出版社，1993年，第88~89页。
⑩ ［西夏］骨勒茂才：《番汉合时掌中珠》（乙种本），《俄藏黑水城文献》第10册，第33页。
⑪ ［西夏］骨勒茂才：《番汉合时掌中珠》（乙种本），《俄藏黑水城文献》第10册，第34页。
⑫ ［西夏］骨勒茂才：《番汉合时掌中珠》（甲种本），《俄藏黑水城文献》第10册，第10页。
⑬ 史金波、黄振华、聂鸿音：《类林研究》，银川：宁夏人民出版社，1993年，第97页。
⑭ 《经律异相》，《中国藏西夏文献》第5册，第340页。

应汉文本"佛就坐方后,举手指曰"①。

汉译本:

一所派持符不直接往职上,因私出行而杀坐骑者,持符当偿。因私出行者计其日限,依次一日以多捕一畜论,与前述超捕之罪情相同。他人举时,依超捕法当得举赏。

一持符沿途往捕畜时,不许于家主中为无理,与诸人争斗殴打,若违律时徒一年。持符先动手,然后他人后动手打持符者,依予持符畜而殴打法判断。

50—39 左面:

敓	庞	牋	纞	燕俊	蕲	皶	龘	茆	敪 馫 敪 浒[1]	舵	姚
一	诸	人	符	铁箭	持	出	使	处	无 心 失 误	骑	跌

嘉	姚	纞	燕俊	㵒	乺[2]	辝 峀[3]	橉 纼[4]	㿘	敪	屄 飙	巍
自	颠	符	铁箭	折	损	书 子	锁 舌	畜	捕	头 子	失

鞁	叕	絴	繡	骹	㣟	縰	骹	燆	緻	叱	刿	觚	牋	佟	敨	蔘
等	时	心	轻	未	为	因	官	有	罚	马	一	庶	人	十	三	杖

敓	纞	燕俊	蕲	燖	伇 蔓	慨	膓	㣟	敺	敪	緻 緻[5]	觅 藲
一	符	铁箭	持	先	动 手	不	应	为	他	与	殴 打	争 斗

縭	纞	燕俊	燆	㵒	鞁	叕	纞	燕俊	蕲	彦	敨	緻
中	符	铁箭	折	损	等	时	符	铁箭	持	者	及	打

緻	荒	鞁	扬	㿉	槁	叕
打	相	等	一	律	二	年

敓	庞	舵	纞	蕲	纖	茈	叕	骏	觊	麤 橷[6]	纞	蕲	罸 肵	敪
一	诸	院	符	持	至	往	时	驿	行	巡 视	符	持	童 子	局

---

① 杨志高:《西夏文〈经律异相〉整理研究》,北京:社会科学文献出版社,2014 年,第 95 页。

𘃻	𗥃	𗸐𗙴[7]	𗂅	𗼨	𗗙	𗢸	𗦾	𗼨	𗟻𗃛[8]	𗗦	𗥃	𗦾	𗢸
分	人	派遣	所	畜	还	者	等	畜	纵放	贿	取	等	者

𗒟	𗫉	𗰖𗤋𗦳	𗗿	𗟲	𗥃	𗫂	𗗦	𗥦	𗪺𗰖𗥃[9]	𗟨[10]	𗨁
使	计	枉法贪赃	以	算	倘	若	贿	未	知闻者	说	为

注释：

[1] 𗒟𗰖𗫉𗗿，字面意思"不如不牢"，汉译本作"无心失误"①。

𗒟，意"不"。《掌中珠》"𗤋𗰖𗒟𗗿"作"不敢不听"②。

𗰖，意"如"。《掌中珠》"𗫂𗰖𗦾𗗿"作"争如自悔"③。

𗗿，意"审慎"、"牢"。夏译《孙子兵法》"𗤋𗰖𗫉𗦳𗫂𗰖𗗿𗫉𗗦"即对应汉文本《孙子兵法》杜牧注中"善者，计度审也"④。

[2] 𗏹，意"折"。西夏文《贤智者序》"𗫉𗏹𗫉𗫂"即"折骨断髓"⑤，《类林》"𗂅𗫉𗫉𗏹𗦾𗂅𗫉𗂅𗗦𗏹"对应汉文本"朱云不肯，乃扳折殿前木槛"⑥。

[3] 𗥗𗰖，音"束子"，汉译本作"留书子"，注"未知为何物"⑦。

𗥗，《同音》中归齿正音七品，与𗰯音同，《掌中珠》"𗰯𗦳"注音为"束[合]食"⑧，故"𗥗"音"束"，意"养"，《同音》35A3："𗏹𗥗"（畜养）。《类林》"𗤋𗒟𗫂𗙴𗃛𗫉𗏹𗥗"对应汉文本"又景公使颜烛养马"⑨。

𗰖，音"子"，意"小"、"亦"。《类林》"𗰖 𗃛𗫉𗫂𗤋𗙴𗃼𗰖𗥃"对应汉文本"于小道远见车头监"⑩、"𗫂𗗦𗤋𗰖 𗫂𗤋𗥃𗒟"对应汉文本"则臣死亦无怨"⑪。

𗥗𗰖，汉译本作"留书子"，存疑。

[4] 𗏹𗥦，字面意思"锁舌"。

---

① 史金波、聂鸿音、白滨译注：《天盛改旧新定律令》，北京：法律出版社，2000年，第470页。
② ［西夏］骨勒茂才：《番汉合时掌中珠》（乙种本）《俄藏黑水城文献》第10册，第33页。
③ ［西夏］骨勒茂才：《番汉合时掌中珠》（甲种本）《俄藏黑水城文献》第10册，第19页。
④ 林英津：《夏译〈孙子兵法〉研究》，台北：中研院史语所，1994年，第3～5页。
⑤ 聂鸿音：《西夏文献论稿》，上海：上海古籍出版社，2012年，第220页。
⑥ 史金波、黄振华、聂鸿音：《类林研究》，银川：宁夏人民出版社，1993年，第40页。
⑦ 史金波、聂鸿音、白滨译注：《天盛改旧新定律令》，北京：法律出版社，2000年，第470、477页。
⑧ ［西夏］骨勒茂才：《番汉合时掌中珠》（甲种本）《俄藏黑水城文献》第10册，第8页。
⑨ 史金波、黄振华、聂鸿音：《类林研究》，银川：宁夏人民出版社，1993年，第52～53页。
⑩ 史金波、黄振华、聂鸿音：《类林研究》，银川：宁夏人民出版社，1993年，第97页。
⑪ 史金波、黄振华、聂鸿音：《类林研究》，银川：宁夏人民出版社，1993年，第59页。

🔲，意"枷锁"，《同音》10A7"🔲🔲"。"🔲"与"🔲"意思相近。"🔲"，意"系"、"结"。夏译《孙子兵法》"🔲🔲🔲🔲🔲🔲🔲🔲🔲"即对应汉文本《孙子兵法》中"衢地，吾将固其结"[1]。（目得迦、聂Ⅰ263）🔲🔲🔲，转鸣锁。

🔲，意"舌"、"言"。《掌中珠》"🔲🔲"作"鼻舌"[2]，《类林》"🔲🔲🔲 🔲🔲🔲🔲🔲🔲🔲🔲"对应汉文本"大臣嚭谗子胥于夫差"[3]，"🔲🔲🔲🔲🔲🔲🔲🔲🔲🔲"对应汉文本"后靳尚等共谗屈原"[4]。

🔲🔲，汉译本直译为"锁舌"，注"未知为何物"[5]。"锁舌"疑即"密函"。

[5] 🔲🔲，意"殴打"、"拷打"。

🔲，意"打"。《掌中珠》"🔲🔲🔲🔲"作"凌持打拷"、"🔲🔲🔲🔲"作"如此打拷"[6]。

[6] 🔲🔲，意"巡视"。

🔲，意"视"。夏译《孟子》"🔲🔲🔲🔲🔲🔲🔲"即"以左右望而罔市利"[7]，《类林》"🔲🔲🔲🔲🔲"对应汉文本"夫妻各自望"[8]。

🔲，意"察"。《掌中珠》"🔲🔲🔲"作"巡检司"[9]，《类林》"🔲🔲🔲🔲🔲🔲🔲🔲🔲🔲"对应汉文本"因以采察地方官吏清浊"，"🔲🔲🔲🔲🔲🔲🔲🔲"对应汉文本"巡检逐之"[10]。

[7] 🔲🔲，意"派遣"。夏译《孙子兵法》"🔲🔲🔲🔲🔲🔲🔲🔲🔲🔲🔲🔲🔲🔲🔲🔲🔲🔲🔲"即对应汉文本《孙子兵法》中"卒未亲附而罚之，则不服，不服则难用也"[11]。

[8] 🔲🔲，字面意思"松放"，意"纵放"、"释"。夏译《孙子兵法》附《孙子本传》"🔲🔲🔲🔲🔲🔲🔲🔲"即"彼必释赵而自救"[12]。

[9] 🔲🔲🔲，字面意思"知闻者"，意"乡人"。汉译本作"相知闻"[13]。

🔲，音"习"。《掌中珠》"学习圣典"音"🔲🔲🔲🔲"[14]。

---

① 林英津：《夏译〈孙子兵法〉研究》，台北：中研院史语所，1994年，第3—150页。
② ［西夏］骨勒茂才：《番汉合时掌中珠》（甲种本），《俄藏黑水城文献》第10册，第10页。
③ 史金波、黄振华、聂鸿音：《类林研究》，银川：宁夏人民出版社，1993年，第54～55页。
④ 史金波、黄振华、聂鸿音：《类林研究》，银川：宁夏人民出版社，1993年，第55～56页。
⑤ 史金波、聂鸿音、白滨译注：《天盛改旧新定律令》，北京：法律出版社，2000年，第470、477页。
⑥ ［西夏］骨勒茂才：《番汉合时掌中珠》（乙种本），《俄藏黑水城文献》第10册，第34页。
⑦ 彭向前：《西夏文〈孟子〉整理研究》，上海：上海古籍出版社，2012年，第138～139页。
⑧ 史金波、黄振华、聂鸿音：《类林研究》，银川：宁夏人民出版社，1993年，第89页。
⑨ ［西夏］骨勒茂才：《番汉合时掌中珠》（乙种本），《俄藏黑水城文献》第10册，第33页。
⑩ 史金波、黄振华、聂鸿音：《类林研究》，银川：宁夏人民出版社，1993年，第42～43、237页。
⑪ 林英津：《夏译〈孙子兵法〉研究》，台北：中研院史语所，1994年，第3—97页。
⑫ 林英津：《夏译〈孙子兵法〉研究》，台北：中研院史语所，1994年，第3—199页。
⑬ 史金波、聂鸿音、白滨译注：《天盛改旧新定律令》，北京：法律出版社，2000年，第470页。
⑭ ［西夏］骨勒茂才：《番汉合时掌中珠》（乙种本），《俄藏黑水城文献》第10册，第32页。

𦘒，意"知"。《德行集》"𦘒𦘒、𦘒𦘒"即"道义知觉、安危觉悟"①。

𦘒，者，《类林》"𦘒𦘒𦘒𦘒𦘒 𦘒𦘒𦘒"对应汉文本"自家东边邻舍主人杀猪"②。

𦘒𦘒𦘒，意"乡人"。夏译《孙子兵法》"𦘒𦘒𦘒𦘒𦘒𦘒𦘒"即对应汉文本《孙子兵法》李靖注中"乡人盗笠"③。

[10] 𦘒，意"宣"、"说"。汉译本漏译。西夏文《仁王经》"𦘒𦘒𦘒𦘒𦘒𦘒"即"藉阐和性之究竟"④。

汉译本：

一诸人持符、铁箭出使处，无心失误而骑跌自颠，符、铁箭折损，失留书子、锁舌、捕畜【头子】等时，因大意，有官罚马一，庶人十三杖。

一持符、铁箭先动手无理与他人殴打争斗中折损符、铁箭等时，持符、铁箭者及相殴打者一律徒二年。

一诸院持符往至时，驿行巡视，持符所遣童子、局分人、还畜者等纵放畜、取贿等者，当计量，以枉法贪赃论。【倘若未受贿，知闻者称

50—40 右面：

𦘒	𦘒	𦘒	𦘒	𦘒	𦘒	𦘒	𦘒	𦘒	𦘒	𦘒	𦘒	𦘒[1]	𦘒
畜	纵	放	及	未	觉	人	之	畜	取	为	转	未	察	转

𦘒	𦘒	𦘒	𦘒	𦘒	𦘒	𦘒	𦘒	𦘒	𦘒	𦘒
等	时	庶	人	十	三	杖	官	有	罚	马	一

𦘒	𦘒	𦘒	𦘒	𦘒	𦘒	𦘒	𦘒	𦘒[2]	𦘒	𦘒	𦘒[3]	𦘒	𦘒[4]
一	诸	人	符	持	出	使	处	符	怀	中	有	符	面	上	纸

𦘒 𦘒[5]	𦘒	𦘒	𦘒[6]	𦘒	𦘒	𦘒	𦘒	刻	𦘒	𦘒	𦘒	𦘒
揉皱	为	符	裹	为	等	许	不	倘	若	律	违	符	怀

---

① 聂鸿音：《西夏文德行集研究》，兰州：甘肃文化出版社，2002 年，第 122、123 页。
② 史金波、黄振华、聂鸿音：《类林研究》，银川：宁夏人民出版社，1993 年，第 35 页。
③ 林英津：《夏译〈孙子兵法〉研究》，台北：中研院史语所，1994 年，第 3—120 页。
④ 聂鸿音：《西夏文献论稿》，上海：上海古籍出版社，2012 年，第 344 页。

(西夏文)														
中	有	又	面	上	纸	揉	皱	为	等	官	有	罚	马	一

(西夏文)													
庶人	十	三	杖	若	彼	〈〉	裹	为	时	一	年	其	中

(西夏文)[7]				(西夏文)[8]				(西夏文)[9]					
鎗	符	持	折	为	银	符	带	我	曰	语	僭	及	符	所

(西夏文)[10]	(西夏文)[11]											
领	腰	上	不	带	家	中	置	等	一	律	三	年

(西夏文)							(西夏文)[12]		(西夏文)[13]			
一	诸	人	已	差	符	已	领	言节	无	自己谋	家	中

注释:

[1] 蠽,意"察"、"观"、"计"、"量"。汉译本未释。夏译《孟子》"（西夏文）"即"由此观之,虽周亦助也"①。夏译《孙子兵法》"（西夏文）"即对应汉文本《孙子兵法》杜牧注中"不量事力"②、"（西夏文）"即对应汉文本《孙子兵法》中"在于顺详敌之意"③。

[2] 蠽,以"怀"。《掌中珠》"蠽"作"怀"④、西夏译《孟子·离娄下》征引《小雅·谷风》四句,西夏文作"（西夏文）",字面意思是"恐惧之时,置我怀内。将安将乐,弃我如遗"⑤。

[3] 蕤,意"面"。《掌中珠》"（西夏文）"作"此掌中珠者三十七面内更新添十句"⑥,"（西夏文）"作"面额"⑦。《类林》"（西夏文）"对应汉文本

① 彭向前:《西夏文〈孟子〉整理研究》,上海:上海古籍出版社,2012年,第150页。
② 林英津:《夏译〈孙子兵法〉研究》,台北:中研院史语所,1994年,第3—61页。
③ 林英津:《夏译〈孙子兵法〉研究》,台北:中研院史语所,1994年,第3—162页。
④ [西夏]骨勒茂才:《番汉合时掌中珠》(甲种本),《俄藏黑水城文献》第10册,第13页。
⑤ 聂鸿音:《西夏文献论稿》,上海:上海古籍出版社,2012年,第5页。
⑥ [西夏]骨勒茂才:《番汉合时掌中珠》(甲种本),《俄藏黑水城文献》第10册,第4页。
⑦ [西夏]骨勒茂才:《番汉合时掌中珠》(甲种本),《俄藏黑水城文献》第10册,第10页。

"遂以头触殿前，血流被面"①。

[4] 𗱕，意"纸"。《掌中珠》"𗱕𗦫𗷓𗰔"作"纸笔墨砚"②。《天盛律令》卷十《司序行文门》载西夏末等司下设"𗱕𗤻𗱱"，即"纸工院"。《类林》"𗾊𗲟𗷓𗆼𗱕𗵜𗥃𗗾𗐫𗫂𗙴𗫻𗁾𗩾𗄛𗀔𗫌𗥃𗱰𗤁𗗙𗙴𗫻"对应汉文本"曹操乃于器纸盖上书一'合'字，赐群臣，皆莫敢开"③。

[5] 𗷏𗣼，字面意思"熟连"，意"揉皱"。

𗷏，意"熟"。《同音》34B4："𗷏𗷏"（熟皮子、揉搓皮子）。

𗣼，意"连"。《同音》丁种本背注 19B71："𗣼𗤻𗵀𗣼𗫻"（连：胶中使连）。

[6] 𗿷，意"裹"、"折叠"。《类林》"𗷏𗳔𗵀𗥃𗿷𗗾𗨁𗰜"对应汉文本"以衣服裹雪而吞"④。

[7] 𗇃𗲟，意"鍮符"。

𗇃，意"鍮"。《掌中珠》"𗇃𗇃"作"铜鍮"⑤。

𗇃𗲟，意"鍮符"。此处"鍮符"当指铜质信牌"敕燃马牌"。

[8] 𗩾𗲟，意"银牌"。

𗩾，意"银"。《掌中珠》"𗗙𗩾"作"金银"⑥。《类林》"𗽽𗨁𗵀𗗙𗩾𗵜𗫡𗦫𗷓𗷓"对应汉文本"其国中不仅多有金银明珠"⑦。

𗩾𗲟，意"银牌"。西夏"银牌"见于 инв. № 2736《黑水守将告近禀帖》中，"𗢳𗄽𗤻𗗙𗲟𗦫𗗾𗩾𗲟𗤻𗁾𗫡𗣼𗀀𗆠𗦫𗗾𗰔𗥃𗓽𗕪𗜈"即"黑水守城管勾执银牌都尚内宫走马没年仁勇禀"、"𗓽𗕪𗩾𗲟𗤻𗽽𗄽𗤻𗗙𗲟𗦫𗗾𗷓𗗙𗾊"即"故仁勇执银牌为黑水守城管勾"。инв. № 8185《黑水副将上书》中"𗇃𗲟𗤻𗀔𗱱𗷓𗗾�𗵀𗄽𗤝𗓽𗏹𗩾𗲟𗤻𗈜𗩾𗃛𗀭𗥃𗤱"，即"执金牌出使敌国大人启程，随从执银牌及下属使人计议"⑧。

[9] 𗃛，意"僭"。《类林》"𗽤𗥃𗦫𗣯𗜈𗱰𗷓𗲟𗆼𗤁𗫡𗃛"对应汉文本"公孙述僭号于蜀地也"⑨。

[10] 𗭂𗷏，意"已请"、"已领"。

𗷏，请、召，夏译《孟子》"𗷏𗨁𗥃𗱱𗷓𗒀𗗾"即"不敢请，固愿若是也"⑩。夏译《孙子兵

① 史金波、黄振华、聂鸿音：《类林研究》，银川：宁夏人民出版社，1993 年，第 41～42 页。
② [西夏] 骨勒茂才：《番汉合时掌中珠》（乙种本），《俄藏黑水城文献》第 10 册，第 32 页。
③ 史金波、黄振华、聂鸿音：《类林研究》，银川：宁夏人民出版社，1993 年，第 75～76 页。
④ 史金波、黄振华、聂鸿音：《类林研究》，银川：宁夏人民出版社，1993 年，第 44～45 页。
⑤ [西夏] 骨勒茂才：《番汉合时掌中珠》（甲种本），《俄藏黑水城文献》第 10 册，第 7 页。
⑥ [西夏] 骨勒茂才：《番汉合时掌中珠》（甲种本），《俄藏黑水城文献》第 10 册，第 7 页。
⑦ 史金波、黄振华、聂鸿音：《类林研究》，银川：宁夏人民出版社，1993 年，第 104 页。
⑧ 聂鸿音：《西夏文献论稿》，上海：上海古籍出版社，2012 年，第 118～119、121 页。
⑨ 史金波、黄振华、聂鸿音：《类林研究》，银川：宁夏人民出版社，1993 年，第 57 页。
⑩ 彭向前：《西夏文〈孟子〉整理研究》，上海：上海古籍出版社，2012 年，第 137 页。

法》附《孙子本传》"◻◻◻◻◻◻◻◻"即"乃阴使召孙膑"[1]。

[11]◻◻,意"腰上"。

◻,意"腰"。《掌中珠》"◻◻"作"腰膝"[2]、"◻◻"作"腰绳"[3]。

◻◻,意"腰上"。西夏文《孔子和坛记》"◻◻◻◻,◻◻◻◻,◻◻◻◻"即"身长九尺,腰悬宝剑,垂手过膝"[4]。《类林》"◻◻◻◻◻◻◻◻◻"对应汉文本"疑陈平腰有金"[5]。

[12]◻◻,字面意思"言节",意"谕文"。

◻,意"言"、"学"。夏译《孟子》"◻◻"即"辞曰"。《类林》"◻◻◻◻◻◻◻◻◻"对应汉文本"此益州学士也"[6]。西夏文《孝经传序》"◻◻◻◻◻◻"即"资政殿大学士"[7]。

◻,意"节"。《掌中珠》"◻◻"作"八节"[8]、"◻◻"作"骨节"[9]。

◻◻,意"谕文"。инв. № 8185《黑水副将上书》"◻◻◻◻◻◻◻◻◻◻◻◻◻◻◻◻"即"接肃州执金牌边事管勾大人谕文"、"◻◻◻◻"即"接谕文时"、"◻◻◻◻◻◻◻◻◻◻◻◻"即"一并告乞执金牌大人计议并赐谕文"[10]。

[13]◻◻◻,字面意思"自己谋",意"擅自"。

◻◻,意"自己"。《类林》"◻◻◻◻◻◻◻◻◻◻◻◻"对应汉文本"自谓我等是太伯之子孙"[11]。

◻,意"谋"、"争"。《掌中珠》"◻◻◻◻"作"争名趋利"[12]。

◻◻◻,意"擅自"。夏译汉籍中常作"◻◻",夏译《孙子兵法》"◻◻◻◻◻◻"即对应汉文本《孙子兵法》黄石公注中"勇者好行其志"[13]、夏译《孙子兵法》"◻◻◻◻◻◻"即对应汉文本《孙子兵法》杜牧注中"将在自专"[14]。

① 林英津:《夏译〈孙子兵法〉研究》,台北:中研院史语所,1994 年,第 3—191 页。
② [西夏]骨勒茂才:《番汉合时掌中珠》(甲种本),《俄藏黑水城文献》第 10 册,第 10 页。
③ [西夏]骨勒茂才:《番汉合时掌中珠》(乙种本),《俄藏黑水城文献》第 10 册,第 31 页。
④ [俄]克恰诺夫、聂鸿音:《西夏文〈孔子和坛记〉研究》,北京:民族出版社,2009 年,第 138~139 页。
⑤ 史金波、黄振华、聂鸿音:《类林研究》,银川:宁夏人民出版社,1993 年,第 72~73 页。
⑥ 史金波、黄振华、聂鸿音:《类林研究》,银川:宁夏人民出版社,1993 年,第 106~107 页。
⑦ 聂鸿音:《西夏文献论稿》,上海:上海古籍出版社,2012 年,第 23~24 页。
⑧ [西夏]骨勒茂才:《番汉合时掌中珠》(乙种本),《俄藏黑水城文献》第 10 册,第 24 页。
⑨ [西夏]骨勒茂才:《番汉合时掌中珠》(甲种本),《俄藏黑水城文献》第 10 册,第 10 页。
⑩ 聂鸿音:《西夏文献论稿》,上海:上海古籍出版社,2012 年,第 121 页。
⑪ 史金波、黄振华、聂鸿音:《类林研究》,银川:宁夏人民出版社,1993 年,第 103 页。
⑫ [西夏]骨勒茂才:《番汉合时掌中珠》(甲种本),《俄藏黑水城文献》第 10 册,第 18 页。
⑬ 林英津:《夏译〈孙子兵法〉研究》,台北:中研院史语所,1994 年,第 3—57 页。
⑭ 林英津:《夏译〈孙子兵法〉研究》,台北:中研院史语所,1994 年,第 3—115 页。

汉译本：

纵放畜】①，及取未觉人之畜，转而未【察】②转等时，庶人十三杖，有官罚马一。

一诸人持符出使处，不许藏符于怀中，致符面上纸揉皱折叠。倘若违律藏符于怀中，又揉皱面上纸等，有官罚马一，庶人十三杖。若继而折叠时，徒一年。其中持鎗符而折之，曰"我带银符"语及所领符不带腰上而置家中等，一律徒三年。

一诸人已差，已领符，无谕文不许擅自在家中。

50—40 左面：

在	许	不	若	律	违	时	家	中	略	期	于	在	地 边

界 内	笨 工	之	发	放	物	种 种	催 促	者	符	持

派	日	限	延 误	罪	承	〈 〉	明	相 同[1]	令	判 断

一	符	持	及	诸	大 人[2]	旨 待 者[3]	等	诸	城 市 场[4]	过 各

处	唇 哺[5]	马 吃 草[6]	等	家 主	于	摊 派	许	不	倘

若	律	违	时	价	计	枉 法 贪 赃	以	论	何 所 总 计[7]

数	属	者	之	当	还	为	食	者	造 意[8] 收 取 者[9] 从

---

① "刻𤤩𧹟𨁀𧃲𦟖𧋞𩾀𤗉𨁉𧋇𧹒"，汉译本第 470 页译作"倘若未受贿，相知闻而放畜"，现译为"倘若未受贿，知闻者称纵放畜"。

② "𧋞"，汉译本第 470 页未识，作"□"，现译作"察"。

◻	◻	◻	◻	◻	◻	◻	◻	◻	◻	◻	◻	◻
当	为	若	收	取	者	自	食	则	自	若	已	食	及

◻	◻	◻	◻	◻	◻	◻	◻	◻	◻	◻
他	之	予	从	罪	等	何	所	重	上	判	断

注释:

[1] ◻◻,意"相同"。

◻,意"与"、"相"。《类林》"◻◻◻◻◻◻"对应汉文本"吴起与友人期共饮食"①。

◻,意"同"。夏译《孟子》"◻◻◻◻◻◻◻"即"麻缕丝絮轻重同"②。

◻◻,意"相同"。《六韬》"◻◻◻◻◻◻:◻◻◻,◻◻◻,◻◻◻"即"钓有三权:禄等以权,死等以权,官等以权"③。

[2] ◻◻,字面意思"大大",意"大人"。

◻,意"大"、"大人"。《掌中珠》"◻◻◻◻"作"大人指挥"④。如《天盛律令》卷十《司序行文门》载西夏上等司"◻◻"(中书)、"◻◻"(枢密)下均置有"◻◻"(大人六)⑤。

[3] ◻◻◻,字面意思"旨待者",意"待命者"。

◻,意"旨"。《掌中珠》"◻◻"作"承旨"⑥。

◻,意"待"。《类林》"◻◻◻◻◻◻◻"对应汉文本"植梧桐者,以待凤凰"⑦。

◻◻◻,意"待命者"。据《天盛律令·内宫待命等头项门》载,西夏内宫设有待命者十种:"◻◻◻◻、◻◻、◻◻◻◻、◻◻、◻◻、◻◻◻、◻◻◻、◻◻、◻◻◻、◻◻◻◻"⑧,即"内宿承旨、医人、帐门末宿、内宿、神策、官守护、外内侍、阁门、前内侍、内侍承旨"。"◻◻◻◻"(内宿待命)、"◻◻◻◻"(防守待命)、"◻◻◻◻◻◻"(帐门后寝待命)即西夏内宫待命者所持符牌,均刻有"◻◻"(待命)二字。

---

① 史金波、黄振华、聂鸿音:《类林研究》,银川:宁夏人民出版社,1993年,第34页。
② 彭向前:《西夏文〈孟子〉整理研究》,上海:上海古籍出版社,2012年,第162页。
③ 贾常业:《西夏文译本〈六韬〉解读》,《西夏研究》,2011年第2期,第61页。
④ [西夏]骨勒茂才:《番汉合时掌中珠》(乙种本),《俄藏黑水城文献》第10册,第34页。
⑤ 《俄藏黑水城文献》第8册,第221页。
⑥ [西夏]骨勒茂才:《番汉合时掌中珠》(乙种本),《俄藏黑水城文献》第10册,第33页。
⑦ 史金波、黄振华、聂鸿音:《类林研究》,银川:宁夏人民出版社,1993年,第108页。
⑧ 《俄藏黑水城文献》第8册,第260页。

[4] □□，意"市场"。《西夏谚语》第四条中"□□□□□□□"即"想要有钱汉商场"①。《类林》"□□□□□□□□□□□□"对应汉文本"时长安市人遇盗"②。

[5] □□，字面意思"唇哺"，意"食粮"。

□，意"唇"。《掌中珠》"□□"作"口唇"③。

□，意"喉"、"哺"。《掌中珠》"□□"作"咽喉"④。

□□，意"食粮"。俄藏 инв. № 8185《黑水副将上书》"□□□□□□□□□"即"令准备粮草"⑤。

[6] □□□，字面意思"马吃草"，意"草料"。

□，意"马"。《掌中珠》"□□"作"马牛"⑥，"□□"作"驿马"⑦。

□，意"食"。《类林》"□□□□□"对应汉文本"饥食羊肉"⑧。

□，意"草"。《掌中珠》"□□□"作"萱草花"⑨，"□□"作"灯草"⑩。

[7] □□，意"总计"、"集合"。《类林》"□□□□□□□□□□□□□□□□□"对应汉文本"此字者，'人'、'一'、'口'三字结合成字也"⑪。夏译《孙子兵法》"□□□□□□□□□□□□□□□□□"即对应汉文本《孙子兵法》"孙子曰凡用兵之法，将受命于君，合军聚众"⑫。

[8] □□，字面意思"心生"，意"造意"。

□，意"心"。《掌中珠》"□□□□"作"心不思惟"⑬。

□，意"生"、"起"。《掌中珠》"□□□□"作"起贪嗔痴"⑭。

□□，意"造意"。西夏文《观弥勒菩萨上生兜率天经》卷尾有乾祐二十年仁宗皇帝施经发愿文中"□□□□□□□□，□□□□□□□□□"即"发无上不退坚固心，超九十亿劫

① 陈炳应：《西夏谚语》，太原：山西人民出版社，1993年，第7页。
② 史金波、黄振华、聂鸿音：《类林研究》，银川：宁夏人民出版社，1993年，第82页。
③ [西夏]骨勒茂才：《番汉合时掌中珠》(甲种本)，《俄藏黑水城文献》第10册，第10页。
④ [西夏]骨勒茂才：《番汉合时掌中珠》(甲种本)，《俄藏黑水城文献》第10册，第10页。
⑤ 聂鸿音：《西夏文献论稿》，上海：上海古籍出版社，2012年，第121页。
⑥ [西夏]骨勒茂才：《番汉合时掌中珠》(乙种本)，《俄藏黑水城文献》第10册，第27页。
⑦ [西夏]骨勒茂才：《番汉合时掌中珠》(甲种本)，《俄藏黑水城文献》第10册，第4页。
⑧ 史金波、黄振华、聂鸿音：《类林研究》，银川：宁夏人民出版社，1993年，第44~45页。
⑨ [西夏]骨勒茂才：《番汉合时掌中珠》(乙种本)，《俄藏黑水城文献》第10册，第25页。
⑩ [西夏]骨勒茂才：《番汉合时掌中珠》(乙种本)，《俄藏黑水城文献》第10册，第30页。
⑪ 史金波、黄振华、聂鸿音：《类林研究》，银川：宁夏人民出版社，1993年，第75~76页。
⑫ 林英津：《夏译〈孙子兵法〉研究》，台北：中研院史语所，1994年，第3—44页。
⑬ [西夏]骨勒茂才：《番汉合时掌中珠》(乙种本)，《俄藏黑水城文献》第10册，第34页。
⑭ [西夏]骨勒茂才：《番汉合时掌中珠》(乙种本)，《俄藏黑水城文献》第10册，第36页。

生死罪"[1]。

　　[9] 𗱲𗥤𗢸,字面意思"集合者",意"收取者"。

汉译本：

若违律时,在家中日期判断同于地边界内发放笨工、催促种种物所派之持符者延误日期罪行。

　　一持符及诸大人、待命者等经诸城市场处,不许于家主摊派食粮、马草等。倘若违律时,计其价,以枉法贪赃论,所计总数当还属者,食者为造意,收取者为从犯。若收取者自食,则以亲自食之及予他人之从犯罪等比较,从重者判断。

50—41 右面：

一	符	持	骑	乘	之	捕	者	至	往	处	畜还者	符	持	等

一	处	在	畜	失盗[1]	执	时	畜还者	当	偿	主人	者

已	指挥[2]	畜	见	中	有	则	畜还者	与	共	当	偿

一	他	国	使[3]	来	者	监军司[4]	驿馆[5]	头监[6]	当	指挥	人

马	口粮[7]	近	便	官	谷物	钱物[8]	中	当	拨	当	予	好

好[9]	当	侍奉[10]	使	原先[11]	言节	有	京师	来	可	者	当

---

① 聂鸿音：《西夏文献论稿》,上海：上海古籍出版社,2012 年,第 232～233 页。

慌	慌	忱	移	敨	巍	姘	缒	努	靰	羆	叕	辍	丝	岌嵐
来	来	不	应	及	退	回	我	曰	等	其	处	当	住	京师

努	孩	蔽	巍庇	牧	移	忱	岌嵐	慌	移	弭庇移[12]	纖
当	告	奏	言节	以	待	又	京师	来	者	使人送者	符

鞯	移	絳	纖	祝	努	庇	纖	鞯	忱	移	纏	蕕翁阶	叕
持	应	则	符	以	当	送	符	持	不	应	者	监军司	税

注释：

[1] 巍齟，意"失盗"。

巍，意"失"、"舍"。夏译《孙子兵法》"菠巍瓶骇叕癒"即对应汉文本《孙子兵法》杜牧注中"不能舍短从长"①。

齟，意"盗"，《类林》"齟牧稐缏移巍移缒缏缒努"对应汉文本"盗者诬物主，言物属我"②。

该句"骶巍齟蕕癒"，汉译本作"而畜亡逸、失盗时"。《类林》"纖庇 缒叕庇 癒蕕癒"即对应汉文本"今王捉我送王处"③，"蕕"作谓语。

[2] 骇羆，意"指挥"。《掌中珠》"缯骇羆移"作"大人指挥"，"叕孩骇羆"作"指挥局分"④。《类林》"孩菠阶纖祢骇羆纏孩缒稐孩蕕祉"对应汉文本"指挥吏下往住户觅钱"⑤。

[3] 弭，意"使"，汉语借词。《掌中珠》"翁弭祝移"作"遣将媒人"⑥。《类林》"弭敨纖叕祢骇蕕祉"对应汉文本"遣使往求苏武"⑦。夏译《孙子兵法》"弭移庇蕕忱牧叕叕繛纖骇娴"即对应汉文本《孙子兵法》杜牧注中"敢问杀其使而降其城，何也"⑧。

[4] 蕕翁阶，意"监军司"。

蕕，意"军"。《掌中珠》"蕕缤阶"作"统军司"⑨。

---

① 林英津：《夏译〈孙子兵法〉研究》，台北：中研院史语所，1994年，第3—61页。
② 史金波、黄振华、聂鸿音：《类林研究》，银川：宁夏人民出版社，1993年，第82页。
③ 史金波、黄振华、聂鸿音：《类林研究》，银川：宁夏人民出版社，1993年，第71～72页。
④ [西夏]骨勒茂才：《番汉合时掌中珠》(乙种本)《俄藏黑水城文献》第10册，第34页。
⑤ 史金波、黄振华、聂鸿音：《类林研究》，银川：宁夏人民出版社，1993年，第91～92页。
⑥ [西夏]骨勒茂才：《番汉合时掌中珠》(乙种本)《俄藏黑水城文献》第10册，第36页。
⑦ 史金波、黄振华、聂鸿音：《类林研究》，银川：宁夏人民出版社，1993年，第45页。
⑧ 林英津：《夏译〈孙子兵法〉研究》，台北：中研院史语所，1994年，第3—115页。
⑨ [西夏]骨勒茂才：《番汉合时掌中珠》(乙种本)《俄藏黑水城文献》第10册，第33页。

𘔷，意"主"。《掌中珠》"𘔷𘔷"作"州主"①，夏译《孟子》"𘔷𘔷𘔷𘔷𘔷𘔷𘔷𘔷"即"不得已而宿于景丑氏处"②。

𘔷𘔷𘔷，意"监军司"。《掌中珠》"𘔷𘔷𘔷"作"监军司"③。《天盛律令》卷十《司序行文门》中等司中载有十七监军司，"十二种监军司当全部派二正、一副、二同判、四习判等九人：石州、东院、西寿、韦州、卓啰、南院、西院、沙州、啰庞岭、官黑山、北院、年斜。五种监军司均一正、一副、二同判、三习判等遣七人：肃州、瓜州、黑水、北地中、南地中"④。

[5] 𘔷𘔷，意"驿馆"。

𘔷，意"驿"。《掌中珠》"𘔷𘔷"作"驿马"⑤。

𘔷，意"宫"、"家"、"宅"。《掌中珠》"𘔷𘔷𘔷𘔷"作"十二星宫"⑥、"𘔷𘔷𘔷𘔷"作"畜养家宅"⑦。

[6] 𘔷𘔷，意"头监"、"队长"、"总管"等。

𘔷，意"头"。《掌中珠》"𘔷𘔷"作"头目"、"𘔷𘔷"作"头发"⑧。

𘔷，意"监"。《类林》卷七朱亥条"𘔷𘔷𘔷𘔷"译"守门监"⑨。

𘔷𘔷，意"头监"、"队长"、"总管"。《类林》卷四杨修条"𘔷𘔷𘔷"即"簿头监"，薛安条"𘔷𘔷𘔷𘔷"即"监狱头监"，应奉条"𘔷𘔷𘔷"即"车头监"⑩。俄藏инв. № 5130经卷的尾部有西夏光定六年译经题记14行，其中"𘔷𘔷𘔷𘔷"(都大勾当)，聂鸿音先生认为其就是"都案头监"⑪。《凉州重修护国寺感通塔碑》西夏文碑铭中药乜永铨官衔有"𘔷𘔷𘔷𘔷"即对应汉文碑铭中"都大勾当"⑫。"𘔷𘔷"又作"队长"讲，夏译《孙子兵法》附《孙子本传》"𘔷𘔷𘔷𘔷𘔷𘔷𘔷𘔷𘔷𘔷𘔷𘔷𘔷𘔷𘔷𘔷𘔷，□𘔷𘔷𘔷"即对应汉文本"孙子分为二队，以王之宠姬二人各为队长，皆令持戟"⑬。在西夏文《孝经传》序中"𘔷𘔷𘔷𘔷𘔷𘔷𘔷"即"马步军都总管"⑭，该官职又见《宋史》卷一〇《仁宗纪二》，"以夏竦知泾州兼泾原秦凤路沿边经

① [西夏]骨勒茂才：《番汉合时掌中珠》(乙种本)，《俄藏黑水城文献》第10册，第33页。
② 彭向前：《西夏文〈孟子〉整理研究》，上海：上海古籍出版社，2012年，第122页。
③ [西夏]骨勒茂才：《番汉合时掌中珠》(乙种本)，《俄藏黑水城文献》第10册，第33页。
④ 史金波、聂鸿音、白滨译注：《天盛改旧新定律令》，北京：法律出版社，2000年，第369~370页。
⑤ [西夏]骨勒茂才：《番汉合时掌中珠》(乙种本)，《俄藏黑水城文献》第10册，第36页。
⑥ [西夏]骨勒茂才：《番汉合时掌中珠》(甲种本)，《俄藏黑水城文献》第10册，第6页。
⑦ [西夏]骨勒茂才：《番汉合时掌中珠》(乙种本)，《俄藏黑水城文献》第10册，第29页。
⑧ [西夏]骨勒茂才：《番汉合时掌中珠》(甲种本)，《俄藏黑水城文献》第10册，第10页。
⑨ 史金波、黄振华、聂鸿音：《类林研究》，银川：宁夏人民出版社，1993年，第165~166页。
⑩ 史金波、黄振华、聂鸿音：《类林研究》，银川：宁夏人民出版社，1993年，第75、93、97、165页。
⑪ 聂鸿音：《西夏文献论稿》，上海：上海古籍出版社，2012年，第270页。
⑫ 陈炳应：《西夏文物研究》，银川：宁夏人民出版社，1985年，第173、110页。
⑬ 林英津：《夏译〈孙子兵法〉研究》，台北：中研院史语所，1994年，第3~181页。
⑭ 聂鸿音：《西夏文献论稿》，上海：上海古籍出版社，2012年，第23、25页。

略安抚使、泾原路马步军都总管"①，可知"◇◇"有"总管"意。

[7]◇◇，意"食粮"、"口粮"。

◇，意"食"。《类林》"◇◇◇◇◇◇夏译《孙子兵法》"◇◇◇◇"即对应汉文本《孙子兵法》中"粟马肉食"②。

◇，意"粮"。《掌中珠》"◇◇◇◇"作"资粮加行"③。

[8]◇◇，意"斛豆"、"谷物"。

◇，意"谷"。《掌中珠》"◇◇◇◇"作"准备食馔"④。

◇，意"谷"。《掌中珠》中"◇◇"作"五谷"⑤。

◇◇，意"斛豆"、"谷物"。《掌中珠》中"◇◇"作"斛豆"⑥。《凉州重修护国寺感通塔碑》西夏文碑铭"◇◇◇◇◇◇◇◇"对应汉文碑铭"钱千缗，谷千斛"⑦。

[9]◇◇，意"好好"、"甚好"。"◇"字重叠有"甚"、"极"、"大"等意，表示程度的加深。《类林》"◇◇◇◇◇◇"对应汉文本"侍母甚孝"，"◇◇◇◇◇"对应汉文本"极欢"，"◇◇◇◇◇◇◇"对应汉文本"帝大怒曰"⑧。

[10]◇◇，意"侍奉"。《类林》"◇◇◇◇◇◇◇◇◇◇"对应汉文本"无甘食美酒以奉"，"◇◇◇◇"对应汉文本"事之如前"，"◇◇◇◇◇◇"对应汉文本"初事袁绍"⑨。

[11]◇◇，意"原先"、"先前"。《类林》"◇◇◇◇◇◇◇，◇◇◇◇◇◇◇◇◇，◇◇◇◇◇◇◇◇◇◇◇◇◇，◇◇◇◇◇◇◇◇◇◇◇◇◇"对应汉文本"晋帝造凌云阁，令韦诞书匾名，而匠人误先钉其牌悬于楼上，韦诞乃出木梯上另写匾文"⑩。

[12]◇◇◇，字面意思"传送者"，汉译本作"送使人者"⑪。

◇，意"使"。夏译《孙子兵法》附《孙子本传》"◇◇◇◇◇◇◇◇◇"即"齐使者如梁"⑫。

◇，意"送"。《掌中珠》"◇◇◇◇"作"奉送宾客"⑬。《类林》"◇◇◇◇◇◇"对应汉

① [元]脱脱：《宋史》，北京：中华书局，1977年，第205页。
② 林英津：《夏译〈孙子兵法〉研究》，台北：中研院史语所，1994年，第3—91页。
③ [西夏]骨勒茂才：《番汉合时掌中珠》(甲种本)，《俄藏黑水城文献》第10册，第19页。
④ [西夏]骨勒茂才：《番汉合时掌中珠》(乙种本)，《俄藏黑水城文献》第10册，第35页。
⑤ [西夏]骨勒茂才：《番汉合时掌中珠》(甲种本)，《俄藏黑水城文献》第10册，第8页。
⑥ [西夏]骨勒茂才：《番汉合时掌中珠》(甲种本)，《俄藏黑水城文献》第10册，第8页。
⑦ 陈炳应：《西夏文物研究》，银川：宁夏人民出版社，1985年，第170、109页。
⑧ 史金波、黄振华、聂鸿音：《类林研究》，银川：宁夏人民出版社，1993年，第33、37~38、40页。
⑨ 史金波、黄振华、聂鸿音：《类林研究》，银川：宁夏人民出版社，1993年，第117、62、111页。
⑩ 史金波、黄振华、聂鸿音：《类林研究》，银川：宁夏人民出版社，1993年，第206页。
⑪ 史金波、聂鸿音、白滨译注：《天盛改旧新定律令》，北京：法律出版社，2000年，第471页。
⑫ 林英津：《夏译〈孙子兵法〉研究》，台北：中研院史语所，1994年，第3—192页。
⑬ [西夏]骨勒茂才：《番汉合时掌中珠》(乙种本)，《俄藏黑水城文献》第10册，第36页。

文本"蹇叔哭而送之"①。

汉译本:

　　一持符捕骑乘者往至处,还畜者,持符等同在,而畜亡逸、失盗时,还畜者当偿,主人已指挥而见其畜时,则当与还畜者共偿之。

　　一他国使来者,监军司、驿馆小监当指挥,人马口粮当于近便官谷物、钱物中分拨予之,好好侍奉。使人原有上谕可来京师者当来,不应到来及曰"我退回"等,当住其处,奏报京师以待上谕。又来京师者,送使人者应持符,则送以符,不应持符者,监军司

50—41 左面:

骑	上	当	送	其	使	不	侍	奉	时	官	有	罚	马	一	庶

人	十	三	杖

一	诸	边	敌	军	已	动	我	方	愿	头	向	堂	堂[1]	言	实	及

军	大	动	力	不	堪任[2]	援兵[3]	索[4]	敌	人	族类[5]	城

地	人	引导[6]	头归[7]	又	其	人	之	迎承[8]	者	兵	须	他	国

使	来	我	方	之	摄[9]	头归	者	旧	新	等	一	部	部	自

---

① 史金波、黄振华、聂鸿音:《类林研究》,银川:宁夏人民出版社,1993 年,第 50 页。

𗾸	𗨝	𗴼	𗨨	𗢤	𗴾	𗒀	𗴼	𗟭	𗉘 𗼑	𗣼	𗾔	𗕑
结	集	叛	逃	又	十	恶	中	亦	叛 自	以 上	三	种 事

𗫂	𗯨	𗐫	𗜓	𗆧	𘎑	𘃡	𗢤	𘝰	𗵒	𗢤	𗣼	𘝵	𗣙	𗆫
疑	心	未	觉	敌	军	我	方	土	领	内	地	种	水	草 牧

𗣬	𗢤	𗗙	𗾇	𗘰[10]	𗂰[11]	𘞵	𗣬	𗨨	𗴼 𗷓[12]	𘎑	𗣼	𗦳	𘄒	𗗙	𗨨
者	已	出	边	城	溜	持	者	不	全 集	中	三	日	而	外	又

注释：

[1] 𗼑𗼑，意"真实"、"堂堂"。

𗼑，意"谛"。《同音》丁种本背注 14B44 释𗼑"𘂪𗷓"（谛：真实）。

𗼑𗼑，意"真实"、"堂堂"。夏译《孙子兵法》"𘖒𗑗𗑗𗟭𗢤𘃡𗼑𗼑𗟭𗢤𗕑𗖰𘃡𗳠𘝰𘎑𗴺"即对应汉文本《孙子兵法》中"无邀正正之旗，勿击堂堂之阵，此治变者也"、"𗼑𗼑𘍏𗨨𗝠𗾇𘝰"即对应汉文本《孙子兵法》杜牧注中"堂堂者，无惧也"①。

[2] 𗂰𗂰，字面意思"牢牢"，意"堪任"。

𗂰，意"牢"。夏译《孙子兵法》"𗥦𗢤𘄷𘍏𗳛𗂰𗂰𗴺"即对应汉文本《孙子兵法》杜牧注中"山涧迫狭，可以绝人，谓之天牢"②。

[3] 𗆧𘎑，字面意思"兵增"，意"援军"。

𗆧，意"军"、"兵"。《掌中珠》"𗆧𗵒𗨨"作"统军司"③。

𘎑，意"增加"。《掌中珠》"𘕕𗆧𗤓𘎑"作"资粮加行"④。《类林》"𘝾𘍏𗁅𗨨𘎑𘈧𘕕𗨨𘂊"对应汉文本"何不增粪添火"⑤。

[4] 𗟆，意"索"。《掌中珠》"𗫂𗯨𗟆𘕕"作"索与妻眷"⑥。《类林》"𗤓𘕕𗤆𘄒𘃥𗢤𗑗𗟆𗵒"对应汉文本"徐君欲索季札宝剑"⑦。

[5] 𘈛𗘸，意"族类"。

① 林英津：《夏译〈孙子兵法〉研究》，台北：中研院史语所，1994 年，第 3—34、35 页。
② 林英津：《夏译〈孙子兵法〉研究》，台北：中研院史语所，1994 年，第 3—75 页。
③ ［西夏］骨勒茂才：《番汉合时掌中珠》（乙种本），《俄藏黑水城文献》第 10 册，第 33 页。
④ ［西夏］骨勒茂才：《番汉合时掌中珠》（甲种本），《俄藏黑水城文献》第 10 册，第 19 页。
⑤ 史金波、黄振华、聂鸿音：《类林研究》，银川：宁夏人民出版社，1993 年，第 93 页。
⑥ ［西夏］骨勒茂才：《番汉合时掌中珠》（乙种本），《俄藏黑水城文献》第 10 册，第 36 页。
⑦ 史金波、黄振华、聂鸿音：《类林研究》，银川：宁夏人民出版社，1993 年，第 35 页。

▢，意"姓"、"族"。《类林》"▢▢▢▢▢▢▢▢"对应汉文本"屈原与楚国同姓"[1]。

▢，意"类"。《掌中珠》"▢▢□□"作"三类□□"[2]。

[6] ▢▢，意"引导"。《类林》"▢▢▢▢▢▢▢▢▢▢▢▢▢"对应汉文本"臣以轻率部下，投归吴国"[3]、"▢▢▢▢▢▢▢▢▢"对应汉文本"与魏王俱往至汝南"[4]、"▢▢▢▢▢▢▢▢▢▢▢▢"对应汉文本"以随从奔河北与曹操争强"[5]。

[7] ▢▢，字面意思"头归"，意"投诚"、"归降"。

▢，意"头"。《掌中珠》"▢▢"作"头目"、"▢▢"作"头发"[6]。

▢，意"降"。"▢▢▢▢▢▢▢▢▢▢▢▢▢"对应汉文本"张婴等开门出迎张刚投降"[7]。

▢▢，意"投诚"、"归降"。《类林》"▢▢▢▢▢▢▢▢▢▢"对应汉文本"刘璋便出投降刘备"[8]、"▢▢▢▢▢▢▢▢▢▢▢▢▢▢▢▢▢▢▢▢▢"对应汉文本"晋国来伐孙皓，孙皓降晋，晋武帝封孙皓为归命侯"[9]。

[8] ▢▢，意"迎承"。

▢，意"迎"。《类林》"▢▢▢▢▢▢▢▢▢▢"对应汉文本"数小儿皆乘竹马来迎"[10]。

▢，意"承"、"取"。《掌中珠》"▢▢"作"承旨"[11]、"▢▢▢▢"作"取乐饮酒"[12]。

▢▢，意"迎承"。《类林》"▢▢▢▢"对应汉文本"楚王迎承"[13]，"▢▢▢▢▢▢▢▢▢▢▢▢▢▢▢"对应汉文本"张婴等开门出迎张刚投降"[14]，"▢▢▢▢▢▢▢▢"对应汉文本"遣人迎晏婴"[15]。

[9] ▢，意"摄"、"凌"、"纳"。《类林》"▢▢▢▢"对应汉文本"以弱凌强"[16]，"▢▢▢

① 史金波、黄振华、聂鸿音：《类林研究》，银川：宁夏人民出版社，1993年，第55～56页。
② [西夏]骨勒茂才：《番汉合时掌中珠》(甲种本)，《俄藏黑水城文献》第10册，第19页。
③ 史金波、黄振华、聂鸿音：《类林研究》，银川：宁夏人民出版社，1993年，第61页。
④ 史金波、黄振华、聂鸿音：《类林研究》，银川：宁夏人民出版社，1993年，第98～99页。
⑤ 史金波、黄振华、聂鸿音：《类林研究》，银川：宁夏人民出版社，1993年，第111页。
⑥ [西夏]骨勒茂才：《番汉合时掌中珠》(甲种本)，《俄藏黑水城文献》第10册，第10页。
⑦ 史金波、黄振华、聂鸿音：《类林研究》，银川：宁夏人民出版社，1993年，第43页。
⑧ 史金波、黄振华、聂鸿音：《类林研究》，银川：宁夏人民出版社，1993年，第46页。
⑨ 史金波、黄振华、聂鸿音：《类林研究》，银川：宁夏人民出版社，1993年，第110页。
⑩ 史金波、黄振华、聂鸿音：《类林研究》，银川：宁夏人民出版社，1993年，第37页。
⑪ [西夏]骨勒茂才：《番汉合时掌中珠》(乙种本)，《俄藏黑水城文献》第10册，第33页。
⑫ [西夏]骨勒茂才：《番汉合时掌中珠》(乙种本)，《俄藏黑水城文献》第10册，第35页。
⑬ 史金波、黄振华、聂鸿音：《类林研究》，银川：宁夏人民出版社，1993年，第35～36页。
⑭ 史金波、黄振华、聂鸿音：《类林研究》，银川：宁夏人民出版社，1993年，第43页。
⑮ 史金波、黄振华、聂鸿音：《类林研究》，银川：宁夏人民出版社，1993年，第51～53页。
⑯ 史金波、黄振华、聂鸿音：《类林研究》，银川：宁夏人民出版社，1993年，第60～61页。

𘜶"对应汉文本"纳众贤"①。

[10] 𗾝𗏇，意"边城"、"边邑"。《类林》"𗾂 𗄼𘆖𘜶𗘟𗤋𗑠𗧅𗗙𘟣𗄼𗔴𗟲𗑑𘉞𘏞𘎆𗗙𘜶𗋕 𗾂 𗄼𘟣𗳦𗾝𗏇𗃬𘄡𗣼𗣞𘏞𘎆𗨁𘄱𘉞𗹙𘜶𘝞"对应汉文本"伍员又名子胥。因其父及兄等被楚平王枉加杀害，伍员外逃。至边邑，为候人捕获，欲送于王"②。

[11] 𗜓，意"溜"、"条"、"篇"、"佐"、"吏"、"将"等。《将苑》"𗜓𘐆𘒏𘏋"对应汉文本"兵多将少"③。《续资治通鉴长编》载：宋仁宗庆历元年五月，北宋边臣田况上奏："西贼首领，各将种落之兵，谓之一溜，少长服习，盖如臂之使指，既成行列，举手掩口，然后敢食，虑酋长遥见，疑其语言，其肃整如此。"④《天盛律令》卷五《季校门》等均有"𗏇𗜓"（城溜）⑤。

[12] 𗗙𘈬，意"聚集"、"齐正"。

𗗙，意"全"。《西夏谚语》第二一〇条"𗰣𘇂𗗙𘄡𘂚𘆚𘕢𘕣𗴡𘂷𘂡"即"喜衣全集，宝物已聚，无不借债"⑥。

𘈬，意"集"。《掌中珠》"𘘖𘉞𘋩𘈬"作"尽皆聚集"⑦。

𗗙𘈬，意"聚集"、"齐正"。夏译《孙子兵法》"𗊬𘆚𘐁𘏞𗁤𗗙𘈬𘏞𗧯𗙠𘎆𘏞𘄱𘘎𗤋𘏞𗙉𘒏𘞽"即对应汉文本《孙子兵法》中"是故其兵不修而戒，不求而得，不约而亲，不令而信"，"𗋕𗡞𘏞𘒂𘜶𘇂𗗙𘈬"对应汉文本《孙子兵法》杜牧注中"不待修整而自戒惧"，"𘎆𘆖𗗙𘈬𘏚𘝐𗺂𗹙𗧟"对应汉文本《孙子兵法》杜牧注中"齐正勇敢，三军如一"⑧。

汉译本：

当送以骑乘。不侍奉使人时，有官罚马一，庶人十三杖。

一诸边敌军已动，我方确实情势危急，及大军动、力不堪任而索援兵，引导敌人族类、城地之人投降，又迎承其人者须兵，他国使来，我方摄之而投降者，新旧等一部部结伙叛逃，又十恶中自背叛以上三种事，疑心未觉，敌军于我领土内种地、放牧者已出，任边城溜者不聚集时，三日以外

---

① 史金波、黄振华、聂鸿音：《类林研究》，银川：宁夏人民出版社，1993 年，第 233 页。
② 史金波、黄振华、聂鸿音：《类林研究》，银川：宁夏人民出版社，1993 年，第 71～72 页。
③ 《将苑》，西北第二民族学院、上海古籍出版社、英国国家图书馆编：《英藏黑水城文献》第 2 册，上海：上海古籍出版社，2005 年，第 217 页。
④ ［宋］李焘：《续资治通鉴长编》卷一三二，北京：中华书局，1985 年，第 3136 页。
⑤ 史金波、聂鸿音、白滨译注：《天盛改旧新定律令》，北京：法律出版社，2000 年，第 237 页。
⑥ 陈炳应：《西夏谚语》，太原：山西人民出版社，1993 年，第 18 页。
⑦ ［西夏］骨勒茂才：《番汉合时掌中珠》（乙种本），《俄藏黑水城文献》第 10 册，第 36 页。
⑧ 林英津：《夏译〈孙子兵法〉研究》，台北：中研院史语所，1994 年，第 3—132、133、140 页。

50—42 右面：

一	堡	城[1]	内	三	十	以	上	无	又	他	国	军	往	处

有	则	地	程[2]	近	远	当	明	使	又	唐 徕[3]	汉 延[4]	余

渠	大	等	沿	水	落	水	涨	渠	坏[5]	修理	当	出	又

事	草 工[6]	笨 工	催 促[7]	者	监 夫[8]	派	及	另	情	新

贤 旨[9]	出	等	时	符	持	法	依	仰	派	外	有	而 后[10]	事

小	大	之	急	有	者	神 策[11]	使 军[12]	骑	强	坐	当	遣	倘	若

律	违	不	应	符	持	令	时	符	持	令	者	大	正	副	边	检

校[13]	习 判[14]	旨 承[15]	城 主[16]	通 判[17]	城 守[18]	城	内	行 主[19]	等[20]	一

律	五	年	以	下[20]	局 分	都 案 案 头[21]	司 吏[22]	其	比	一

注释：

[1] 堡城，意"堡城"。

𗊊，音"堡"，汉语借词。"𗊊"与"𘊆"音同，同为重唇音平声第四十九品韵。《掌中珠》"𘊆𗥼𗎯𗣼"作"菩提涅磐"，"𘊆"注音为"播"[①]。

𗊫，意"城"、"宇"。《掌中珠》"𗙴𗊫𗷉𘄡"作"修造舍物"[②]。

𗊊𗊫，意"堡城"。夏译《孙子兵法》"𘛠𗊫𗲠𗤉𗴢𗴽𗆷𗊊𗊫𗡞，𗊊�013𘕿𗣀𗷖𘎑𗗙𗗙𗹏𗣼𘄿"对应汉文本《孙子兵法》杜牧注中"河上堡因先有任子在胡者，皆听两属"[③]。

[2] 𗆊𘃡，字面意思"地程"，意"境"、"道里"。

𗆊，意"地"。《掌中珠》"𗆊𗿳"作"地坤"、"𗗝𗆊"作"大地"[④]。

𘃡，意"程"、"领"。《掌中珠》"𗆊𘃡"作"地程"[⑤]、"𘃡𗣓"作"领襟"[⑥]。

𗆊𘃡，意"境"、"道里"。夏译《孙子兵法》"𗴣𗳤𗋽𗆊𘃡𗤉𗋽"对应汉文本《孙子兵法》李筌注中"入敌境"、"𗆊𘃡𗰜𗊫𗧓𗊫𗿳𗺓"对应汉文本《孙子兵法》杜牧注中"道里之远近，城郭之大小"[⑦]。

[3] 𗚀𘕅，音"唐徕"。

𗚀，音"滩"。《同音》12B2"𗚀𗣳"（滩坻）。

𘕅，音"腊"、"老"。《同音》47A1"𗚝𘕅"[乌腊]。

[4] 𗊖𗤼，音"汉延"。

𗊖，音"汉"。《掌中珠》"汉萝葡"中"汉"[⑧]、"汗衫"中"汗"[⑨]，均以"𗊖"标音。

𗤼，音"筵"，《掌中珠》"烟脂"中"烟"[⑩]、"设筵已毕"中"筵"[⑪]、"燕子"中"燕"[⑫]，均以"𗤼"标音。《类林》"𗽴𗤼𗾁𗭾𗆺𘗠𗰜𗏁𗤉𗤙𘓺𘝵𗊊𗆉𗤣"对应汉文本"故燕昭王遣大夫乐毅将兵伐齐国"[⑬]，"𗤼𗾁"即"燕昭"之音译。

《天盛律令》卷十五《渠水门》、《桥道门》、《地水杂罪门》等多次出现"唐徕"、"汉延"两渠名。

① ［西夏］骨勒茂才：《番汉合时掌中珠》（甲种本），《俄藏黑水城文献》第10册，第19页。
② ［西夏］骨勒茂才：《番汉合时掌中珠》（乙种本），《俄藏黑水城文献》第10册，第29页。
③ 林英津：《夏译〈孙子兵法〉研究》，台北：中研院史语所，1994年，第3—132、133、140页。
④ ［西夏］骨勒茂才：《番汉合时掌中珠》（甲种本），《俄藏黑水城文献》第10册，第6页。
⑤ ［西夏］骨勒茂才：《番汉合时掌中珠》（乙种本），《俄藏黑水城文献》第10册，第25页。
⑥ ［西夏］骨勒茂才：《番汉合时掌中珠》（甲种本），《俄藏黑水城文献》第10册，第13页。
⑦ 林英津：《夏译〈孙子兵法〉研究》，台北：中研院史语所，1994年，第3—14、15页。
⑧ ［西夏］骨勒茂才：《番汉合时掌中珠》（甲种本），《俄藏黑水城文献》第10册，第8页。
⑨ ［西夏］骨勒茂才：《番汉合时掌中珠》（乙种本），《俄藏黑水城文献》第10册，第31页。
⑩ ［西夏］骨勒茂才：《番汉合时掌中珠》（乙种本），《俄藏黑水城文献》第10册，第31页。
⑪ ［西夏］骨勒茂才：《番汉合时掌中珠》（乙种本），《俄藏黑水城文献》第10册，第35页。
⑫ ［西夏］骨勒茂才：《番汉合时掌中珠》（乙种本），《俄藏黑水城文献》第10册，第27页。
⑬ 史金波、黄振华、聂鸿音：《类林研究》，银川：宁夏人民出版社，1993年，第77～79页。

[5] ⬚⬚，意"修理"、"修造"。

⬚，意"修造"。《掌中珠》"⬚⬚⬚⬚"作"修盖寺舍"，"⬚⬚⬚⬚"作"修盖寺舍"①。

⬚，意"修理"，通"⬚"。《类林》"⬚⬚⬚⬚⬚⬚"对应汉文本"左右来修殿"②。

⬚⬚，意"修理"、"修造"。《类林》"⬚⬚⬚⬚"对应汉文本"修造船橹"③、"⬚⬚⬚⬚⬚⬚⬚⬚⬚⬚"对应汉文本"修整舍宇墙院牀帐"④。

[6] ⬚⬚，意"草工"。

⬚，意"草"。《掌中珠》"⬚⬚⬚"作"萱草花"、"⬚⬚"作"灯草"，"⬚"音"石"、"识"⑤。

⬚，意"匠"、"工"。《掌中珠》"⬚⬚"作"泥匠"、"⬚⬚"作"木匠"⑥、"⬚⬚"作"工院"⑦。

查《杂字·诸匠部》，列有"银匠"、"鞍匠"、"花匠"、"甲匠"、"石匠"等共二十九种匠计⑧，无"草工"。疑"⬚⬚"为"石匠"。另，《凉州重修护国寺感通塔碑》西夏文碑铭"⬚⬚⬚⬚"即对应汉文碑铭"石匠人员"⑨。

[7] ⬚⬚，意"逼迫"、"催促"。

⬚，意"逼"。《文海》"⬚⬚⬚⬚⬚⬚⬚⬚⬚"⑩，"⬚"与"⬚"意思相通。

⬚，意"逼"、"驱"。《类林》"⬚⬚⬚⬚⬚"对应汉文本"驱风而济"⑪。

⬚⬚，意"逼迫"、"催促"。"⬚⬚⬚"即"催促者"。

[8] ⬚⬚，音"监伏"。

⬚，音"贾"、"嘉"、"驾"等。《掌中珠》"夜间"中"间"⑫、"畜养家宅"中"家"⑬、"因此加官"中"加"⑭、"司吏都监"中"监"⑮、"枷在狱里"中"枷"⑯、"嫁与他人"中"嫁"⑰，均注音为

① [西夏] 骨勒茂才：《番汉合时掌中珠》(乙种本)，《俄藏黑水城文献》第 10 册，第 29 页。
② 史金波、黄振华、聂鸿音：《类林研究》，银川：宁夏人民出版社，1993 年，第 40 页。
③ 史金波、黄振华、聂鸿音：《类林研究》，银川：宁夏人民出版社，1993 年，第 66 页。
④ 史金波、黄振华、聂鸿音：《类林研究》，银川：宁夏人民出版社，1993 年，第 87 页。
⑤ [西夏] 骨勒茂才：《番汉合时掌中珠》(乙种本)，《俄藏黑水城文献》第 10 册，第 25、30 页。
⑥ [西夏] 骨勒茂才：《番汉合时掌中珠》(乙种本)，《俄藏黑水城文献》第 10 册，第 30 页。
⑦ [西夏] 骨勒茂才：《番汉合时掌中珠》(乙种本)，《俄藏黑水城文献》第 10 册，第 33 页。
⑧ 《杂字》，俄罗斯科学院东方研究所圣彼得堡分所、中国社会科学院民族研究所、上海古籍出版社编：《俄藏黑水城文献》第 6 册，上海：上海古籍出版社，2000 年，第 140 页。
⑨ 陈炳应：《西夏文物研究》，银川：宁夏人民出版社，1985 年，第 175、110 页。
⑩ 《文海宝韵》(甲种本)，俄罗斯科学院东方研究所圣彼得堡分所、中国社会科学院民族研究所、上海古籍出版社编：《俄藏黑水城文献》第 7 册，上海：上海古籍出版社，1997 年，第 154 页。
⑪ 史金波、黄振华、聂鸿音：《类林研究》，银川：宁夏人民出版社，1993 年，第 116 页。
⑫ [西夏] 骨勒茂才：《番汉合时掌中珠》(乙种本)，《俄藏黑水城文献》第 10 册，第 24 页。
⑬ [西夏] 骨勒茂才：《番汉合时掌中珠》(乙种本)，《俄藏黑水城文献》第 10 册，第 29 页。
⑭ [西夏] 骨勒茂才：《番汉合时掌中珠》(乙种本)，《俄藏黑水城文献》第 10 册，第 32 页。
⑮ [西夏] 骨勒茂才：《番汉合时掌中珠》(乙种本)，《俄藏黑水城文献》第 10 册，第 33 页。
⑯ [西夏] 骨勒茂才：《番汉合时掌中珠》(乙种本)，《俄藏黑水城文献》第 10 册，第 34 页。
⑰ [西夏] 骨勒茂才：《番汉合时掌中珠》(乙种本)，《俄藏黑水城文献》第 10 册，第 36 页。

"㭊"。查《同音》21A2，"㭊"与"蒵"、"䡄"同音。蒵，《掌中珠》"蒵絼"中注音为"贾"[1]。䡄，《掌中珠》"䡄䘑"中同样注音为"贾"[2]。《类林》中"㭊訹"即"贾充"、"㭊纞"即"嘉温"、"䰜㭊"即"别驾"、"恾㭊"即"王嘉"[3]。

䍐，音"富"、"夫"。《掌中珠》"孝顺父母"中"父"[4]、"富贵具足"中"富"[5]等，均注音为"䍐"。《类林》中"䘑絼䘑䍐"即"大中大夫"、"䍐絽"即"苻坚"[6]。

[9] 纹禨，意"贤旨"、"圣旨"。

纹，意"贤"。《掌中珠》"纹籿"作"贤人"[7]。俄藏 инв. No 2311《维摩诘所说经》印有三行题款，其中第一行"𣥚甪纁祓 扬糤"即"沙门广智所译"，第二行"谳㤹毷纞纞祁禝纞颀祹禰纞鞪荦鍬 纹糤"最后七个字是"皇太后梁氏御译"，第三行"纰纞纈殁絤皭芯 祹㑈鞪纹纴继 纹糤"[8]最后六个字是"皇帝嵬名御译"，这种"某某皇帝御译"得题款在西夏佛经中较为常见，其中"御"字往往以"纹"(贤)字来表示。

禨，意"旨"、"指"。《掌中珠》"禨纞"中"承旨"、"祔祛禨灖"中"尽皆指挥"[9]。

[10] 殑㤹，字面意思"而后"，意"仍"、"又"。《类林》"殑㤹纛祓鑯懴祁糤纰齾祔蘦蒅䡄纴匥"对应汉文本"仍放兵引九万戴甲兵"[10]。

[11] 纹糤，字面意思"御使"，汉译本作"神策"[11]。

纹，意"贤"。《掌中珠》"纹籿"作"贤人"[12]。

糤，意"使"。夏译《孟子》"䡄㤹祔糤纞鞼纹纾"即"吾欲使子问于孟子"[13]。

"纹糤"又见于《凉州重修护国寺感通塔碑》西夏文碑铭"䰓纞纹糤禨纞"，陈炳应先生译作"内宿神策承旨"[14]。

[12] 纛糤，字面意思"军使"，汉译本作"使军"[15]。《天盛律令》中"使军"一词西夏文通

① [西夏]骨勒茂才：《番汉合时掌中珠》(甲种本)，《俄藏黑水城文献》第 10 册，第 8 页。
② [西夏]骨勒茂才：《番汉合时掌中珠》(乙种本)，《俄藏黑水城文献》第 10 册，第 30 页。
③ 史金波、黄振华、聂鸿音：《类林研究》，银川：宁夏人民出版社，1993 年，第 66、67、108、114 页。
④ [西夏]骨勒茂才：《番汉合时掌中珠》(乙种本)，《俄藏黑水城文献》第 10 册，第 29 页。
⑤ [西夏]骨勒茂才：《番汉合时掌中珠》(甲种本)，《俄藏黑水城文献》第 10 册，第 17 页。
⑥ 史金波、黄振华、聂鸿音：《类林研究》，银川：宁夏人民出版社，1993 年，第 57、69 页。
⑦ [西夏]骨勒茂才：《番汉合时掌中珠》(乙种本)，《俄藏黑水城文献》第 10 册，第 27 页。
⑧ 聂鸿音：《西夏文献论稿》，上海：上海古籍出版社，2012 年，第 335 页。
⑨ [西夏]骨勒茂才：《番汉合时掌中珠》(乙种本)，《俄藏黑水城文献》第 10 册，第 33 页。
⑩ 史金波、黄振华、聂鸿音：《类林研究》，银川：宁夏人民出版社，1993 年，第 59 页。
⑪ 史金波、聂鸿音、白滨译注：《天盛改旧新定律令》，北京：法律出版社，2000 年，第 472 页。
⑫ [西夏]骨勒茂才：《番汉合时掌中珠》(乙种本)，《俄藏黑水城文献》第 10 册，第 27 页。
⑬ 彭向前：《西夏文〈孟子〉整理研究》，上海：上海古籍出版社，2012 年，第 146 页。
⑭ 陈炳应：《西夏文物研究》，银川：宁夏人民出版社，1985 年，第 165、110 页。
⑮ 史金波、聂鸿音、白滨译注：《天盛改旧新定律令》，北京：法律出版社，2000 年，第 472 页。

常为"𗥃𘉞"①。

[13] 𗦀𗹢𘘚,意"边检校"。

𗦀,意"界"、"边"。《类林》"𘝞𗹢𗦀𗤁𘒣"对应汉文本"至西河界"、"𗍳𘌌𗤁𗦀𘖑𘏲𘗂"对应汉文本"今与吴为连边国"②。

𗹢,意"口"。《掌中珠》"𗹢𗤻"作"口唇"③。

𘘚,意"使"。《德行集》"𘝞𗎭𘘚𘏅𘞪𗗙"即"吾人使视往令"④。

𗹢𘘚,又作"行令",与"检校"同义。夏译《孙子兵法》"𗥃𗉘𘔭𗹢𘘚𗀹𗋽"对应汉文本《孙子兵法》杜牧注中"未能行令"⑤。

[14] 𘕿𗪚,意"习判"。

𘕿,意"习"。《掌中珠》"𘃜𗝢𘕘𘕿"作"学习圣典"⑥。

𗪚,意"判"。《掌中珠》"𗏇𗪚"作"通判"、"𘃐𗏵𗪚𘃎"作"案检判凭"⑦。

𘕿𗪚,意"习判"。据《天盛律令》卷十《司序行文门》载,西夏中等司中十七种监军司、四种军中均置有"习判",其地位低于正、副同判。

[15] 𗀪𘏔,意"承旨"。

𗀪,意"指挥"。《掌中珠》"𗙫𗙏𗀪𘌰"作"尽皆指挥"、"𗵒𗉘𗀪𘌰"作"指挥局分"⑧。

𘏔,意"取"。《掌中珠》"𗰖𘏔𘊐𘌰"作"取乐饮酒"⑨。

𗀪𘏔,意"承旨"、"受教"。《掌中珠》"𗀪𘏔"作"承旨"⑩。夏译《孟子》"𗀪𗉛𗤊𘔼,𗀪𘏔𗀹𗤊𘊨𗫵𘘓"即"好臣其所教,而不好臣其所受教故也"⑪。据《天盛律令》卷十《司序行文门》载,除末等司外,西夏大部分司属中均置有"承旨"。

[16] 𗱠𘚢,意"城主"、"州主"、"太守"、"郡守"。

𗱠,意"城"。《类林》"𘓓𗱠𗊰𘏃𘃸𗄹"对应汉文本"而不进城门"⑫。

---

① 《俄藏黑水城文献》第 8 册,第 50 页。
② 史金波、黄振华、聂鸿音:《类林研究》,银川:宁夏人民出版社,1993 年,第 36~37、61 页。
③ [西夏]骨勒茂才:《番汉合时掌中珠》(甲种本),《俄藏黑水城文献》第 10 册,第 10 页。
④ 聂鸿音:《西夏文德行集研究》,兰州:甘肃文化出版社,2002 年,第 124~125 页。
⑤ 林英津:《夏译〈孙子兵法〉研究》,台北:中研院史语所,1994 年,第 3—109 页。
⑥ [西夏]骨勒茂才:《番汉合时掌中珠》(乙种本),《俄藏黑水城文献》第 10 册,第 32 页。
⑦ [西夏]骨勒茂才:《番汉合时掌中珠》(乙种本),《俄藏黑水城文献》第 10 册,第 33 页。
⑧ [西夏]骨勒茂才:《番汉合时掌中珠》(乙种本),《俄藏黑水城文献》第 10 册,第 33、34 页。
⑨ [西夏]骨勒茂才:《番汉合时掌中珠》(乙种本),《俄藏黑水城文献》第 10 册,第 35 页。
⑩ [西夏]骨勒茂才:《番汉合时掌中珠》(乙种本),《俄藏黑水城文献》第 10 册,第 33 页。
⑪ 彭向前:《西夏文〈孟子〉整理研究》,上海:上海古籍出版社,2012 年,第 124 页。
⑫ 史金波、黄振华、聂鸿音:《类林研究》,银川:宁夏人民出版社,1993 年,第 37 页。

　　▢，意"将"。《将苑》中"▢▢▢▢"①对应汉文本"敕不将令"。

　　▢▢，意"城主"、"州主"、"太守"、"郡守"。《掌中珠》"▢▢"作"州主"②。《类林》"▢▢▢▢"对应汉文本"巴郡太守"，"▢▢▢▢▢▢▢▢"对应汉文本"郡守不能判断"③。据《天盛律令》卷十《司序行文门》载，西夏中等司中的鸣沙城司、五原郡、下等司中的二十三种地边城司、西院城司、五种郡县、末等司中宥州城司均置有"城主"一职。

　　[17] ▢▢，意"通判"。

　　▢，意"通"、"同"。《掌中珠》"▢▢"作"同云"④、《类林》"▢▢▢▢▢▢"对应汉文本"风俗颇同"⑤。

　　▢，意"判"。《掌中珠》"▢▢▢▢"作"案检判凭"⑥，"▢▢▢▢"作"立便断止"⑦。

　　▢▢，意"通判"。《掌中珠》"▢▢"作"通判"⑧。据《天盛律令》卷十《司序行文门》载，西夏中等司中的鸣沙城司、五原郡、下等司中的二十三种地边城司、五种郡县均置有"通判"一职，其地位低于城主、副。

　　[18] ▢▢，意"城守"。

　　▢，意"巡"、"守"。《文海》58.272"▢▢▢▢▢▢▢▢▢▢▢▢▢▢▢"即"巡：行左秤右；巡者巡检也，军守也，看守者也"，《同音》丁种本 8A16 背注"▢▢▢▢▢▢"（巡：军检看守者）。

　　"▢▢"，意"城守"。"城守"与《天盛律令》中"▢▢"（巡检）职责不同，"▢▢"类似于"守军"。据《天盛律令》卷十《司序行文门》载，西夏中等司中的鸣沙城司、五原郡、下等司中的西院城司均置有"城守"一职，其地位低于通判。

　　[19] ▢▢，意"行主"。

　　▢，意"行"。《掌中珠》"▢▢▢▢"作"行行禀德"⑨、"▢▢▢▢"作"司吏行遣"⑩。

　　▢，意"主"、"监"。《掌中珠》"▢▢"作"州主"⑪、"▢▢▢"作"监军司"⑫。

① 《将苑》,《英藏黑水城文献》第 2 册,第 217 页。
② [西夏] 骨勒茂才：《番汉合时掌中珠》(乙种本)，《俄藏黑水城文献》第 10 册,第 33 页。
③ 史金波、黄振华、聂鸿音：《类林研究》,银川：宁夏人民出版社,1993 年,第 46、80 页。
④ [西夏] 骨勒茂才：《番汉合时掌中珠》(乙种本)，《俄藏黑水城文献》第 10 册,第 24 页。
⑤ 史金波、黄振华、聂鸿音：《类林研究》,银川：宁夏人民出版社,1993 年,第 104 页。
⑥ [西夏] 骨勒茂才：《番汉合时掌中珠》(乙种本)，《俄藏黑水城文献》第 10 册,第 33 页。
⑦ [西夏] 骨勒茂才：《番汉合时掌中珠》(甲种本)，《俄藏黑水城文献》第 10 册,第 17 页。
⑧ [西夏] 骨勒茂才：《番汉合时掌中珠》(乙种本)，《俄藏黑水城文献》第 10 册,第 33 页。
⑨ [西夏] 骨勒茂才：《番汉合时掌中珠》(乙种本)，《俄藏黑水城文献》第 10 册,第 32 页。
⑩ [西夏] 骨勒茂才：《番汉合时掌中珠》(乙种本)，《俄藏黑水城文献》第 10 册,第 34 页。
⑪ [西夏] 骨勒茂才：《番汉合时掌中珠》(乙种本)，《俄藏黑水城文献》第 10 册,第 33 页。
⑫ [西夏] 骨勒茂才：《番汉合时掌中珠》(乙种本)，《俄藏黑水城文献》第 10 册,第 33 页。

𗅻𗿒，意"行主"。《天盛律令》汉译本中又作"行监"，《天盛律令》卷六有"𗅻𗿒𗿳𗿲𗗙𗗚𗿒𗙏𗦻"[1]一门，即"行监溜首领舍监等派遣"。据《天盛律令》卷十《司序行文门》载，西夏中等司中的四种军、下等司中的二十三种地边城司、末等司中得九种寨，均置有"行主"，地位低于习判、通判。

[20] 𗥃𗏇，意"下"、"以下"。

𗥃，表方向。夏译《孙子兵法》"𗥃𗏇𗦐𗤁𗥃"对应汉文本《孙子兵法》李筌注中"下五种事也"[2]，"𗥃𗏇"即"以下"。

𗏇，意"下"。《掌中珠》"𗗙𗏇𗦻𗦍"作"心下思惟"[3]。

𗥃𗏇，意"下"、"以下"。《类林》"𗥃𗏇𗅲𗤍𗔅𗣊𗫼𗥃𗮔𗤁𗦏𗲲𗩾"对应汉文本"指挥吏下往住户觅钱"[4]。

[21] 𗤒𗦳𗫼𗥆，意"都案案头"。

𗤒𗦳，意"都案"。《掌中珠》"𗤒𗦳𗤁𗑆"作"都案判凭"[5]。

𗥆，意"头"。《掌中珠》"𗢳𗥆"作"馒头"[6]。

《掌中珠》"𗤒𗦳𗫼𗥆"作"都案案头"[7]。

[22] 𗅲𗤍，意"司吏"。

𗅲，意"司"。《掌中珠》"𗦐𗤍𗅲"作"阁门司"、"𗳕𗿒𗅲"作"监军司"[8]。

𗤍，意"吏"。"𗅲𗤍𗤘𗗱"作"司吏都监"、"𗅲𗤍𗤗𗅻"作"司吏行遣"[9]。

𗅲𗤍，意"司吏"。《类林》"𗥃𗏇𗅲𗤍𗔅𗣊𗫼𗥃𗮔𗤁𗦏𗲲𗩾"对应汉文本"指挥吏下往住户觅钱"[10]。

汉译本：

一城堡内无三十以上，又有他国军往处，则当明其地程远近，又沿唐徕、汉延、其余大渠等水落水涨，渠坏当行修理，又催促草工、笨工者派监佚及另有新情、圣旨出等时，除依法派

① 《俄藏黑水城文献》第 8 册，第 8 页。
② 林英津：《夏译〈孙子兵法〉研究》，台北：中研院史语所，1994 年，第 3—57 页。
③ ［西夏］骨勒茂才：《番汉合时掌中珠》（甲种本），《俄藏黑水城文献》第 10 册，第 16 页。
④ 史金波、黄振华、聂鸿音：《类林研究》，银川：宁夏人民出版社，1993 年，第 92 页。
⑤ ［西夏］骨勒茂才：《番汉合时掌中珠》（乙种本），《俄藏黑水城文献》第 10 册，第 34 页。
⑥ ［西夏］骨勒茂才：《番汉合时掌中珠》（乙种本），《俄藏黑水城文献》第 10 册，第 35 页。
⑦ ［西夏］骨勒茂才：《番汉合时掌中珠》（乙种本），《俄藏黑水城文献》第 10 册，第 33 页。
⑧ ［西夏］骨勒茂才：《番汉合时掌中珠》（乙种本），《俄藏黑水城文献》第 10 册，第 33 页。
⑨ ［西夏］骨勒茂才：《番汉合时掌中珠》（乙种本），《俄藏黑水城文献》第 10 册，第 33～34 页。
⑩ 史金波、黄振华、聂鸿音：《类林研究》，银川：宁夏人民出版社，1993 年，第 91～92 页。

持符以外,事大小有急者,当遣神策使军、强坐骑。倘若违律不合令持符时,令持符者大人正、副、边检校、习判、承旨、城主、通判、城守、城内行主等,一律徒五年,以下局分都案、案头、司吏当比之减一

50—42 左面:

| 等 | 当 | 减 | 为 | 又 | 京师 | 司 | 数 | 者 | 本 | 司 | 符 | 不 | 置 | 职 |

| 事过法[1] | 符 | 持 | 派遣[2] | 应 | 不 | 中 | 语 | 头遮[3] | 为 | 以 | 奏 |

| 中 | 入 | 符 | 持 | 派 | 时 | 边中 | 诸 | 司 | 不 | 应 | 符 | 持 | 派 | 因 |

| 局分 | 小 | 大 | 之 | 罪 | 状 | 明 | 如 | 自己 | 二 | 等 | 各 | 当 | 减 |

| 为 | 又 | 符 | 持 | 派遣 | 应 | 中 | 正副统[4] | 州府使[5] | 刺史[6] |

| 监军司 | 等 | 一 | 处 | 在 | 语 | 原 | 同 | 则 | 彼 | 亦 | 符 | 持 | 分 |

| 别[7] | 勿 | 派 | 当 | 总合 | 一 | 处 | 仰 | 派 | 若 | 律 | 违 | 不 | 总合 |

| 一 | 处 | 不 | 派 | 时 | 官 | 有 | 罚 | 马 | 一 | 庶人 | 十 | 三 | 杖 |

| 一 | 诸 | 人 | 官 | 事 | 上 | 非 | 私 | 因 | 自谋 | 符 | 持 | 令 | 者 | 派 |

注释：

［1］▢▢▢▢，意"过职事法"。《天盛律令·名略》卷九《事过问典迟门》载"▢▢▢▢▢▢"，即"边中执事过法"。

［2］▢▢，意"派遣"。

▢，意"遣"。《类林》"▢▢▢▢▢▢▢▢▢▢"对应汉文本"遣左右于洛阳下伺之"①。

▢，意"使"、"放"。《类林》"▢▢▢▢▢▢▢▢▢▢▢▢▢▢▢"对应汉文本"汉武帝时令持节出使北方匈奴"②、"▢▢▢▢"对应汉文本"放火烧舍"③。

［3］▢▢，字面意思"头遮"，意"遮掩"。

▢，意"头"、"上"。《掌中珠》"▢▢"作"头目"、"▢▢"作"头发"④，夏译《孙子兵法》"▢▢▢▢▢▢▢▢▢"对应汉文本《孙子兵法》李筌注中"城上有鸟，师其遁也"⑤。

▢，意"遮"。夏译《孙子兵法》"▢▢▢▢▢▢▢▢▢▢"对应汉文本《孙子兵法》杜牧注中"韩信因而袭之"⑥。

▢▢，意"遮掩"。"▢"常与"▢"连用，修饰所掩，意思与"▢▢"相同。夏译《孙子兵法》"▢▢▢▢▢▢▢▢▢▢▢▢▢"对应汉文本《孙子兵法》杜牧注中"盖敌人来袭我壘，不得已而与之战"⑦。

［4］▢▢▢，意"正副统"。

▢，意"统"、"将"。《掌中珠》"▢▢"作"将星"⑧、"▢▢▢"作"正统司"⑨。

▢，意"正"。《掌中珠》"▢▢"作"正听"⑩。

▢，意"副"、"助"。《掌中珠》"▢▢▢▢"作"诸天祐助"⑪。

▢▢▢，意"正副统"。《贞观玉镜将》"▢▢▢▢▢▢▢▢▢▢▢▢▢"即"一正副将军一起战斗，若挫敌军锋"⑫。

［5］▢▢▢，音"州府使"。

---

① 史金波、黄振华、聂鸿音：《类林研究》，银川：宁夏人民出版社，1993 年，第 41～42 页。
② 史金波、黄振华、聂鸿音：《类林研究》，银川：宁夏人民出版社，1993 年，第 44～45 页。
③ 史金波、黄振华、聂鸿音：《类林研究》，银川：宁夏人民出版社，1993 年，第 81 页。
④ ［西夏］骨勒茂才：《番汉合时掌中珠》（甲种本），《俄藏黑水城文献》第 10 册，第 10 页。
⑤ 林英津：《夏译〈孙子兵法〉研究》，台北：中研院史语所，1994 年，第 3—89 页。
⑥ 林英津：《夏译〈孙子兵法〉研究》，台北：中研院史语所，1994 年，第 3—177 页。
⑦ 林英津：《夏译〈孙子兵法〉研究》，台北：中研院史语所，1994 年，第 3—24 页。
⑧ ［西夏］骨勒茂才：《番汉合时掌中珠》（甲种本），《俄藏黑水城文献》第 10 册，第 4 页。
⑨ ［西夏］骨勒茂才：《番汉合时掌中珠》（乙种本），《俄藏黑水城文献》第 10 册，第 32 页。
⑩ ［西夏］骨勒茂才：《番汉合时掌中珠》（乙种本），《俄藏黑水城文献》第 10 册，第 33 页。
⑪ ［西夏］骨勒茂才：《番汉合时掌中珠》（甲种本），《俄藏黑水城文献》第 10 册，第 17 页。
⑫ 陈炳应：《贞观玉镜将研究》，银川：宁夏人民出版社，1995 年，第 76 页。

　　𗥤，音"州"，《掌中珠》"州主"注音为"𗥤𗓽"①，《类林》"𗥤𗼃𗉈"对应汉文本"周襄王"、"𗉘𗥤𗋽𗍫𗦀"对应汉文本"并州大群牧司"②。

　　𗲰，音"腹"、"府"，《掌中珠》"腹肚"中"腹"③、"父母发身"中"父"④、"伏罪入状"中"伏"⑤等，均以"𗲰"注音。《类林》"𗲰𗤊"对应汉文本"夫差"、"𗴺𗲰"对应汉文本"太傅"、"𗲰𗓽"对应汉文本"苻主"⑤等。

　　𗴺，音"史"、"使"，《掌中珠》"御史"中"史"⑥、"事务参差"中"事"⑦等，均以"𗴺"注音。《类林》"𗤶𗤊𗴺"对应汉文本"八道使"⑧。

　　𗥤𗲰𗴺，音"州府使"。另外，在俄藏 инв. No 5130 西夏文佛经题记中"𗴺𗤊𗴺𗘁𗦀𗣼𗲰𗴺"，聂鸿音先生译作"出家功德司正副使"⑨，将"𗲰"译作"副"，存疑。

　　[6] 𗼇𗴺，音"刺史"。

　　𗼇，音"自"、"此"，《掌中珠》"修盖寺舍"中"寺"⑩、"搜寻文字"中"字"⑪、"如此打拷"中"此"⑫、"自受用佛"中"自"⑬等，均以"𗼇"注音。《类林》"𗼇𗰖"对应汉文本"次房"、"𗼇𗦻"对应汉文本"次公"、"𗴾𗼇"对应汉文本"左慈"⑭，"次"、"慈"均作"𗼇"。

　　𗴺，音"史"、"使"，《掌中珠》"御史"中"史"⑮、"事务参差"中"事"⑯等，均以"𗴺"注音。

　　𗼇𗴺，音"刺史"。《类林》"𗩈𗴾𗼇𗴺"对应汉文本"廷尉刺史"、"𗾅𗫨𗼇𗴺"对应汉文本"临内刺史"、"𗈁𗥤𗼇𗴺"对应汉文本"青州刺史"⑰等。据《天盛律令》卷十《司序行文门》载，西夏除边中置刺史外，中等司中"东院、五原郡、韦州、大都督府、鸣沙郡、西寿、卓啰、南院、西院、肃州、瓜州、沙州、黑水、啰庞岭、官黑山、北院、年斜、南北二地中、石州"二十种均置刺史一人，末等司中则"二十种刺史处一人"。

① 〔西夏〕骨勒茂才：《番汉合时掌中珠》(乙种本)，《俄藏黑水城文献》第10册，第33页。
② 史金波、黄振华、聂鸿音：《类林研究》，银川：宁夏人民出版社，1993年，第36~37页。
③ 〔西夏〕骨勒茂才：《番汉合时掌中珠》(甲种本)，《俄藏黑水城文献》第10册，第10页。
④ 〔西夏〕骨勒茂才：《番汉合时掌中珠》(乙种本)，《俄藏黑水城文献》第10册，第34页。
⑤ 史金波、黄振华、聂鸿音：《类林研究》，银川：宁夏人民出版社，1993年，第54~55、57、59页。
⑥ 〔西夏〕骨勒茂才：《番汉合时掌中珠》(乙种本)，《俄藏黑水城文献》第10册，第33页。
⑦ 〔西夏〕骨勒茂才：《番汉合时掌中珠》(乙种本)，《俄藏黑水城文献》第10册，第34页。
⑧ 史金波、黄振华、聂鸿音：《类林研究》，银川：宁夏人民出版社，1993年，第42~43页。
⑨ 聂鸿音：《西夏文献论稿》，上海：上海古籍出版社，2012年，第268页。
⑩ 〔西夏〕骨勒茂才：《番汉合时掌中珠》(乙种本)，《俄藏黑水城文献》第10册，第29页。
⑪ 〔西夏〕骨勒茂才：《番汉合时掌中珠》(乙种本)，《俄藏黑水城文献》第10册，第32页。
⑫ 〔西夏〕骨勒茂才：《番汉合时掌中珠》(乙种本)，《俄藏黑水城文献》第10册，第34页。
⑬ 〔西夏〕骨勒茂才：《番汉合时掌中珠》(甲种本)，《俄藏黑水城文献》第10册，第19页。
⑭ 史金波、黄振华、聂鸿音：《类林研究》，银川：宁夏人民出版社，1993年，第38~39、80~81、116~117页。
⑮ 〔西夏〕骨勒茂才：《番汉合时掌中珠》(乙种本)，《俄藏黑水城文献》第10册，第33页。
⑯ 〔西夏〕骨勒茂才：《番汉合时掌中珠》(乙种本)，《俄藏黑水城文献》第10册，第34页。
⑰ 史金波、黄振华、聂鸿音：《类林研究》，银川：宁夏人民出版社，1993年，第87页。

[7] 虣虣，意"差异"、"不同"。

虣，意"异"、"殊"。《掌中珠》"级赦茭飙纖芟 蘸赣绛虣譆茭冉泼狲"即"番汉文字者，论末则殊，考本则同"①。《类林》"虪藐绣虣绿赣羸芴"对应汉文本"父子岂有异姓乎"，"紩妾绡虣槭泼饚狲"对应汉文本"谷则异室，死则同穴"②。

虣虣，意"差异"、"不同"。《金光明经》卷十"羅纵缴虣虣蕤虪殷"对应汉文本"见其骨骸随处交横"③。《西夏谚语》第七一条"讹形赣麗骎虣虣"即"扦毡吹床天不同"④。

汉译本：

等。又京师各司者，本司不置符，过职事法：不应派遣持符，以遮掩语奏往而派持符时，【边中】⑤诸司因不应派持符，当比局分大小之罪状各减二等。又应派遣持符中，正副统、州府使、刺史、监军司等俱在，原语同，则彼亦勿分别派持符，当总合一齐派之。若违律不总合一齐派之时，有官罚马一，庶人十三杖。

一诸人非以官事，因私擅自令持符者，派

50—43 右面：

者	项	缚	为	以	当	杀	符	持	者	及	头子	行	者

司吏	等	符	持	派	罪	比	二	等	当	减	为	判断

一	节亲[1]	宰相[2]	臣僚[3]	小	大	命待者	及	童子	他

诸	人	等	符	铁箭	不	持	骑	捕	许	不	倘	若	律

---

① ［西夏］骨勒茂才：《番汉合时掌中珠》(乙种本)，《俄藏黑水城文献》第10册，第20页。
② 史金波、黄振华、聂鸿音：《类林研究》，银川：宁夏人民出版社，1993年，第107、121页。
③ 王静如：《金光明最胜王经卷十夏藏汉合璧考释》，载王静如《西夏研究》第三辑，中研院史语所，1933年，第344页。
④ 陈炳应：《西夏谚语》，太原：山西人民出版社，1993年，第10页。
⑤ "死齸"，汉译本第472页译作"边境"，现译为"边中"。

[illegible]	[illegible]	[illegible]	[illegible]	[illegible]	[illegible]	[illegible]	[illegible]	[illegible]	[illegible]	[illegible]	[illegible]	[illegible]	[illegible]
违	骑	捕	时	多	少	一	律	项	缚	为	以	当	杀

[illegible]	[illegible]	[illegible]	[illegible]	[illegible]	[illegible]	[illegible]	[illegible]	[illegible]	[illegible]	[illegible]	[illegible]	[illegible]	[illegible]	[illegible]	[illegible]
一	诸	司	官	事	小	大	因	符	持	派	应	符	确	置	中

[illegible]	[illegible]	[illegible]	[illegible]	[illegible]	[illegible]	[illegible]	[illegible]	[illegible]	[illegible]	[illegible]	[illegible]
符	不	持	令	捕 畜 头 子	行	许	不	倘	若	律	违

[illegible]	[illegible]	[illegible]	[illegible]	[illegible]	[illegible]	[illegible]	[illegible]	[illegible]
捕 畜 头 子	行	时	行	者	一	年	其	中	捕 畜 头

[illegible]	[illegible]	[illegible]	[illegible]	[illegible]	[illegible]	[illegible]	[illegible]	[illegible]	[illegible]	[illegible]	[illegible]	[illegible]	[illegible]
子	持	令	私	因	使	有	时	私	因	使	者	及	畜

注释：

［1］[illegible]，意“节亲”。

[illegible]，意“节”。《掌中珠》“[illegible]”作“八节”、“[illegible]”作“时节”①、“[illegible]”作“骨节”②。

[illegible]，意“亲”。《掌中珠》“[illegible]”作“六亲和合”、“[illegible]”作“亲戚大小”③、“[illegible]”作“并诸亲戚”④。

[illegible]，意“节亲”。《天盛律令》卷二有“[illegible]”一门，即“亲节门”，详细记载各种亲戚关系。史金波先生认为“西夏人的亲属以‘节’（音“则”）区分辈分高低和亲疏等次。节分同节、节上和节下。同节即同辈，节上、节下分别类似汉族的长辈和晚辈。节上、节下又依据亲疏远近分为一节、二节、三节……。一节较自身直接的亲属远一层，如一节伯叔不是本身的亲伯叔，而是父亲的伯叔兄弟”⑤。夏译《贞观政要》中“[illegible]”对应汉文本“懿亲”⑥，聂

① ［西夏］骨勒茂才：《番汉合时掌中珠》（乙种本），《俄藏黑水城文献》第10册，第24页。
② ［西夏］骨勒茂才：《番汉合时掌中珠》（甲种本），《俄藏黑水城文献》第10册，第10页。
③ ［西夏］骨勒茂才：《番汉合时掌中珠》（乙种本），《俄藏黑水城文献》第10册，第29页。
④ ［西夏］骨勒茂才：《番汉合时掌中珠》（乙种本），《俄藏黑水城文献》第10册，第36页。
⑤ 史金波：《西夏社会》，上海：上海人民出版社，2007年，第239页。
⑥ 俄罗斯科学院东方研究所圣彼得堡分所、中国社会科学院民族研究所、上海古籍出版社编：《俄藏黑水城文献》第9册，上海：上海古籍出版社，1999年，第133页。

鸿音先生据此认为"'节亲主'就是皇族各部的长老"①。

　　[2]□□,字面意思"议判",意"宰相"、"上卿"、"丞相"。

　　□,意"译"、"谋"。夏译《孙子兵法》"□□□□□□□□□□□□□□□□"对应汉文本《孙子兵法》杜牧注中"诸将议众寡不敌"、"□□□□□□□□"对应汉文本《孙子兵法》杜牧注中"吴王惧,乃合大夫而谋"②。

　　□,意"判"。《掌中珠》"□□"作"通判"、"□□□□"作"案检判凭"③、"□□□□"作"都案判凭"④。

　　□□,意"宰相"、"上卿"、"丞相"。《类林》"□□□□□□□□□□□"对应汉文本"再封任座为上卿"、"□□□□□□□□□"对应汉文本"秦王苻主时为大丞相"、"□□□□□□□"对应汉文本"于齐桓公处为卿"⑤。

　　[3]□□,意"臣相"。

　　□,意"臣"。《类林》"□□□□"对应汉文本"陈国大夫"、"□□□□□□□□□□"对应汉文本"公与大臣戏曰"⑥。

　　□□,意"臣相"。《金光明最胜王经》卷三"□□□□□□□□□□□□□□"对应汉文本"于其国中大臣辅相有四种益"⑦。

汉译本：

者当绞杀,持符者及行【头子】者、司吏等判断比派持符罪当减二等。

　　一节亲、宰相、大小臣僚、待命者及童子、其他诸人等,不持符、铁箭不许捕坐骑。倘若违律捕坐骑时,多少一律当绞杀。

　　一诸司因大小官事应派持符,符确有时,不许不令持符而行捕坐骑【头子】。如果违律行捕坐骑【头子】时,行者徒一年。其中令持捕坐骑【头子】,有因私使之时,因私使者及行捕坐骑

① 聂鸿音:《西夏文献论稿》,上海:上海古籍出版社,2012年,第142页。
② 林英津:《夏译〈孙子兵法〉研究》,台北:中研院史语所,1994年,第3～65、83页。
③ [西夏]骨勒茂才:《番汉合时掌中珠》(乙种本),《俄藏黑水城文献》第10册,第33页。
④ [西夏]骨勒茂才:《番汉合时掌中珠》(乙种本),《俄藏黑水城文献》第10册,第34页。
⑤ 史金波、黄振华、聂鸿音:《类林研究》,银川:宁夏人民出版社,1993年,第44、58～59、71页。
⑥ 史金波、黄振华、聂鸿音:《类林研究》,银川:宁夏人民出版社,1993年,第50～51页。
⑦ 《金光明最胜王经》,史金波、陈育宁主编:《中国藏西夏文献》第3册,兰州:甘肃人民出版社、敦煌文艺出版社,2005年,第122页。

50—43 左面：

捕头子			行	者	局分		又	所	使	人	等	私	因

自谋[1]		符	持	遣	之	罪	情	高下		明	与	当	同

又	囚[2]	送	所	有	者[3]	牛	驴[4]		当	捕	令	头子	

当	予	骆驼[5]		马	勿	捕	骆驼		马	捕	时	庶人[6]	

十	三	杖	官	有	罚	马	一	其	中	符	持	派	应

实	是	然	符	实	不	置	捕畜头子			行	者	罪	

局分		官	事	小	大	符	持	派	不	相	应	处	畜

捕谕文			行	者	言	微	因	不	应	符	持	派	法

依	判断												

注释：

[1] 嘉纖，字面意思"自谋"，意"擅自"。夏译《孙子兵法》"旅纖嘉纖緳形"即对应汉文

本《孙子兵法》黄石公注中"勇者好行其志"、"□□□□□□"即对应汉文本《孙子兵法》杜牧注中"将在自专"①。

[2]□，意"监"、"囚"、"狱"。《掌中珠》"□□□□"作"司吏都监"②。《类林》"□□□□□□□□□"对应汉文本"匈奴囚苏武置深窖中"③、"□□□□□□"对应汉文本"因犯罪而入狱"④。

[3]□，意"牛"。

□，与"□"意思相同。《掌中珠》"□□"作"马牛"、"□□"作"犛牛"⑤。《类林》"□□□□□□□□□□□□□□"对应汉文本"后田单暗取牛千头，悉以彩绢衣之"⑥。

[4]□□，意"驴"。

□，意"兔"、"驴"。《西夏谚语》第二四五条"□□□□□□"即"兔子逃，人语躲"⑦、《掌中珠》"□□"作"兔"⑧。

□，意"驴"。《类林》"□□□□"对应汉文本"驴骡不智"⑨。

□□，意"驴"。《掌中珠》"□□"作"驴"⑩。

[5]□□，意"骆驼"。《掌中珠》"□□"作"骆驼"⑪。

[6]□□，意"庶人"、"凡人"。《类林》"□□□□□□"对应汉文本"天子与白衣同"、"□□□□□□□□□□"对应汉文本"我望不作凡人妻"⑫。《天圣令·杂令》唐十五条中"诸司流外非长上者，总名'番官'。其习驭、掌闲、翼驭、执驭、驭士、驾士、幕士、称长、门仆、主膳、供膳、典食、主酪、兽医、典钟、典鼓、价人、大理问事，总名'庶士'"⑬，这十八种人不属流外，亦非"番官"，为服务于百官、兼及百姓的一种人，不知两者有无联系。

① 林英津：《夏译〈孙子兵法〉研究》，台北：中研院史语所，1994 年，第 3—57、115 页。
② ［西夏］骨勒茂才：《番汉合时掌中珠》（乙种本），《俄藏黑水城文献》第 10 册，第 33 页。
③ 史金波、黄振华、聂鸿音：《类林研究》，银川：宁夏人民出版社，1993 年，第 44～45 页。
④ 史金波、黄振华、聂鸿音：《类林研究》，银川：宁夏人民出版社，1993 年，第 160 页。
⑤ ［西夏］骨勒茂才：《番汉合时掌中珠》（乙种本），《俄藏黑水城文献》第 10 册，第 27 页。
⑥ 史金波、黄振华、聂鸿音：《类林研究》，银川：宁夏人民出版社，1993 年，第 78～79 页。
⑦ 陈炳应：《西夏谚语》，太原：山西人民出版社，1993 年，第 21 页。
⑧ ［西夏］骨勒茂才：《番汉合时掌中珠》（乙种本），《俄藏黑水城文献》第 10 册，第 27 页。
⑨ 史金波、黄振华、聂鸿音：《类林研究》，银川：宁夏人民出版社，1993 年，第 108 页。
⑩ ［西夏］骨勒茂才：《番汉合时掌中珠》（乙种本），《俄藏黑水城文献》第 10 册，第 27 页。
⑪ ［西夏］骨勒茂才：《番汉合时掌中珠》（乙种本），《俄藏黑水城文献》第 10 册，第 27 页。
⑫ 史金波、黄振华、聂鸿音：《类林研究》，银川：宁夏人民出版社，1993 年，第 42、152～153 页。
⑬ 天一阁博物馆、中国社会科学院历史研究所天圣令整理课题组校证：《天一阁藏明钞本天圣令校证》，北京：中华书局，2006 年，第 433 页。

汉译本：

【头子】者之局分所使人等，与因私擅自遣持符之高低罪情相同。又有送囚者，当令捕牛、驴，予之【头子】，勿捕骆驼、马。捕骆驼、马时，庶人十三杖，有官罚马一。其中虽应派持符，然符实不在，而行捕坐骑【头子】者之罪，依局分大小官事不应派持符处行捕坐骑论文者，因言微而不应派持符法判断。

50—44 右面：

一	符	持	及	诸	臣僚	大人	等	已	派	未	派	诸	家

主	中	强	以	他	妾[1]	差[2]	为	不	义	为	者	人	夫婿[3]

告	则	符	持	等	三	年	若	妇人[4]	愿	则	一	年

不	愿	罪	不	治	人	夫婿	不	告	擅自	符	持

等	捕	缚[5]	打	符	失	为	则	三	年	若	未	捕	缚

符	未	失	为	彼顺[6]	争斗	殴打	者	符	已	伤	则

二	年	未	伤	则	一	年

一	符	持	不应[7]	为	殴打	争斗	中	争	相	他	人	等

▯	▯	▯	▯	▯	▯	▯	▯	▯	▯[8]	▯	▯	▯	▯	▯
符	持	之	罪	当	获	贿	符	上	意	伤	为	令	者	五

注释：

[1] ▯，意"妾"。汉译本作"妻"①。

▯与▯意思相同，《同音》45A2"▯▯"，西夏文佛经《现在贤劫千佛名经》有"▯▯▯▯▯▯▯▯▯▯▯"对应汉文本"或通人妻妾夺他妇女"②，"▯"作"妾"。《掌中珠》"▯▯▯▯"作"索与妻眷"③。《西夏谚语》第一二七条"▯▯▯▯▯▯▯▯▯▯▯▯▯"即"地程无限骑瘦马，畜岸无测赎人妾"，陈炳应先生作"不量地程骑弱马，不测畜高搜□它"④。

[2] ▯，意"参差"。《掌中珠》"▯▯▯▯"作"事物参差"⑤。

[3] ▯▯，字面意思"夫妻"，此处引申为"夫婿"。

▯，意"夫"。夏译《孟子》"▯▯▯▯，▯▯▯▯，▯▯▯▯▯"即"往之女家，必敬必戒，无违夫子"⑥。《类林》"▯▯▯▯▯▯▯"对应汉文本"时有一女杀夫"⑦。

▯，意"妻"。《掌中珠》"▯▯▯▯"作"索与妻眷"、"▯▯▯▯"作"索与妻眷"⑧。

▯▯，意"夫婿"，《类林》"▯▯▯▯▯▯▯"对应汉文本"妇先聘婿"⑨。西夏文《经律异相》卷第十五"▯▯▯▯▯▯▯"⑩对应汉文本"丈夫得道（而）妻子不得"⑪。

[4] ▯▯，意"女人"、"妇人"。

▯，音"媳"，汉语借词。《掌中珠》"▯▯▯▯"作"送与沿房"，"▯"标音为"息"⑫。

▯▯，意"女人"、"妇人"。《类林》"▯▯▯▯▯▯▯▯▯▯"对应汉文本"尾生与一女子期于桥下"、"▯▯▯▯▯▯▯▯▯"对应汉文本"又令妇人登城上"⑬。

① 史金波、聂鸿音、白滨译注：《天盛改旧新定律令》，北京：法律出版社，2000年，第473页。
② 王静如：《〈现在贤劫千佛名经〉卷下残卷考释》，载王静如《西夏研究》第三辑，中研院史语所，1932年，第96～97页。
③ ［西夏］骨勒茂才：《番汉合时掌中珠》（乙种本），《俄藏黑水城文献》第10册，第36页。
④ 陈炳应：《西夏谚语》，太原：山西人民出版社，1993年，第12页。
⑤ ［西夏］骨勒茂才：《番汉合时掌中珠》（乙种本），《俄藏黑水城文献》第10册，第34页。
⑥ 彭向前：《西夏文〈孟子〉整理研究》，上海：上海古籍出版社，2012年，第168～169页。
⑦ 史金波、黄振华、聂鸿音：《类林研究》，银川：宁夏人民出版社，1993年，第81页。
⑧ ［西夏］骨勒茂才：《番汉合时掌中珠》（乙种本），《俄藏黑水城文献》第10册，第29、36页。
⑨ 史金波、黄振华、聂鸿音：《类林研究》，银川：宁夏人民出版社，1993年，第105页。
⑩ 《经律异相》，《中国藏西夏文献》第5册，第334页。
⑪ 杨志高：《西夏文〈经律异相〉整理研究》，北京：社会科学文献出版社，2014年，第82页。
⑫ ［西夏］骨勒茂才：《番汉合时掌中珠》（乙种本），《俄藏黑水城文献》第10册，第36页。
⑬ 史金波、黄振华、聂鸿音：《类林研究》，银川：宁夏人民出版社，1993年，第35、78～79页。

　　[5] ▨，意"缚"，汉译本未译。《掌中珠》"▨▨▨▨"作"烦恼缠缚"①。《类林》"▨▨▨▨▨▨"对应汉文本"母被贼缚持走"、"▨▨▨▨▨▨▨▨▨▨"对应汉文本"捕张裔缚送吴国"②。

　　[6] ▨▨，字面意思"彼顺"，意"仅"、"而"、"偶然"等。

　　▨，意"彼"。《掌中珠》"▨▨▨▨"作"彼人分析"③。

　　▨，意"顺"。《掌中珠》"▨▨▨▨"作"孝顺父母"④。

　　▨▨，意"仅"、"而"、"偶然"等。夏译《孟子》"▨▨▨▨□□▨▨"即"抑亦立而视〔其死〕与"⑤，《类林》"▨▨▨"对应汉文本"偶然尔"⑥。《掌中珠》"▨▨▨▨▨▨▨▨　▨▨▨▨▨▨▨▨▨▨"作"愚稍学番汉文字，何敢默而弗言以避惭怍"⑦。

　　[7] ▨▨，字面意思"不应"，意"枉"、"无理"。

　　▨，意"不"。《掌中珠》"▨▨▨▨"作"性气不同"⑧。

　　▨，意"可"、"应"。《掌中珠》"▨▨▨▨"作"可谓孝子"⑨。《类林》"▨▨▨▨▨▨▨▨▨"对应汉文本"应令君之弟主"。

　　▨▨，意"枉"、"无理"。《维摩诘所说经》"▨▨▨▨▨▨▨▨▨▨，▨▨▨▨▨▨，▨▨▨▨，▨▨▨▨▨▨"对应汉文本"我今声闻者人根不观，法说不应念因，是故彼处疾问往不能谓"⑩，《现在贤劫千佛名经》"▨▨▨▨▨▨▨▨"即"破他梵行逼迫无道"⑪。《类林》"▨▨▨▨▨▨▨▨▨▨"对应汉文本"四年内，枉杀万人"⑫。

　　[8] ▨，意"愿"、"意"、"箭"、"发"等。《类林》"▨▨▨▨▨▨▨▨"对应汉文本"射杨叶，百发百中"⑬。夏译《孙子兵法》"▨▨▨▨▨▨▨▨▨"即对应汉文本中"是故屈诸侯者以害"，"▨▨▨▨▨▨▨▨▨"即对应汉文本《孙子兵法》李筌注中"众人不得知其情"⑭。

① 〔西夏〕骨勒茂才：《番汉合时掌中珠》（乙种本），《俄藏黑水城文献》第10册，第36页。
② 史金波、黄振华、聂鸿音：《类林研究》，银川：宁夏人民出版社，1993年，第33、106页。
③ 〔西夏〕骨勒茂才：《番汉合时掌中珠》（乙种本），《俄藏黑水城文献》第10册，第34页。
④ 〔西夏〕骨勒茂才：《番汉合时掌中珠》（乙种本），《俄藏黑水城文献》第10册，第29页。
⑤ 彭向前：《西夏文〈孟子〉整理研究》，上海：上海古籍出版社，2012年，第128页。
⑥ 史金波、黄振华、聂鸿音：《类林研究》，银川：宁夏人民出版社，1993年，第83～84页。
⑦ 〔西夏〕骨勒茂才：《番汉合时掌中珠》（乙种本），《俄藏黑水城文献》第10册，第20页。
⑧ 〔西夏〕骨勒茂才：《番汉合时掌中珠》（乙种本），《俄藏黑水城文献》第10册，第29页。
⑨ 〔西夏〕骨勒茂才：《番汉合时掌中珠》（乙种本），《俄藏黑水城文献》第10册，第34页。
⑩ 王培培：《西夏文〈维摩诘所说经〉研究》［博士学位论文］，北京：中国社会科学院，2010年，第38～39页。
⑪ 王静如：《〈现在贤劫千佛名经〉卷下残卷考释》，载王静如《西夏研究》第一辑，中研院史语所，1932年，第96～97页。
⑫ 史金波、黄振华、聂鸿音：《类林研究》，银川：宁夏人民出版社，1993年，第92页。
⑬ 史金波、黄振华、聂鸿音：《类林研究》，银川：宁夏人民出版社，1993年，第210页。
⑭ 林英津：《夏译〈孙子兵法〉研究》，台北：中研院史语所，1994年，第3—55、144页。

汉译本：

一持符及诸臣僚大人等已派或未派，于诸家主中强徵他人妻以为不义者，其丈夫告则持符等徒三年，若妇人情愿则徒一年，不情愿则不治罪。其丈夫不告，擅自捕打持符等而失符，则徒三年。【若未捕缚】①，未失符，仅争斗殴打者，伤符则徒二年，未伤则徒一年。

一持符无理殴打争斗时，相争之他人当获持符之罪，受贿而有意伤符者徒五

50—44 左面：

年	倘	若	符	持	争斗	相	罪	当	获	贿	己	符	

自	伤	者	符	伤	者	与	罪	同	判断	

一	符	持	无理[1]	为	他	与	争斗	他	人	动手	手上

符	持	杀	符	持	动手	手上	争斗	相	杀	等 一

律	项	缚	为	以	当	杀

一	军统[2]	不	有	诸	符	持	饮酒[3]	许	不	若	律 违 酒

饮	时	住滞[4]	已	生	者	罪	状	分	明	不 有 住滞

---

① "𗈷𘜶𗈷𘜶"，汉译本第473页译作"若未捕打"，现译为"若未捕缚"。

𗦼	𗦝	𗧍	𗥃	𗤋	𗧸	𗤻	𗶷	𗆎	𗼓	𗥃	𗧤	𗦉	𗴚	𗥃
未	出	则	饮	酒	因	官	有	罚	马	一	庶	人	十	三	杖

𗤋	𗶷	𗵍	𗵃	𗶷	𗥃	𗤻	𗶷	𗴚	𗦝	𗧤	𗧍	𗥃	𗴚	𗥃
一	符	持	派	期	限	有	为	者	遣	者	人	地	程	近	远	之

注释：

[1] 𗦼𗦝，意"不义"、"无理"、"枉"。

𗦝，意"义"。《掌中珠》"𗣼𗦝𗣤𗤋"作"仁义忠信"①。

𗦼𗦝，意"不义"、"无理"、"枉"。夏译《孟子》"𗤺𗣿𗦼𗦝𗤚𗧮"即"岂不义而曾子言之"②，《类林》"𗤺𗥃𗧌𗣤𗣤𗣼𗣥𗧮𗧋𗦼𗦝𗴚𗣻"对应汉文本"因其父及兄等被楚平王枉加杀害"③。另外，黑水城所出"黑水守将告近禀帖"、"黑水副将上书"两件西夏文书中末尾均有"𗦝𗦼𗦝"④、"可否"之意。

[2] 𗧸𗦉，意"统军"、"将军"。

𗧸，意"军"。《掌中珠》"𗧸𗣤𗶷"作"监军司"⑤。

𗦉，意"将"、"统"。《掌中珠》"𗦉𗧸"作"将星"⑥、"𗤻𗦉𗶷"作"正统司"⑦。

𗧸𗦉，意"统军"、"将军"。《掌中珠》"𗧸𗦉𗶷"作"统军司"⑧，夏译《孙子兵法》"𗧸𗦉𗤘𗵃𗧮"即对应汉文本《孙子兵法》杜牧注中"将在自专"⑨，《类林》"𗤺𗴚𗧸𗦉"对应汉文本"隗嚣将军"、"𗣭𗤳𗧸𗦉𗤚𗴚𗤉𗧍𗧸𗴚𗦼𗧤"对应汉文本"刘备遣将军张飞攻巴郡城"⑩。

[3] 𗥃𗥃，意"饮酒"。《掌中珠》"𗤻𗵃𗥃𗥃"作"取乐饮酒"⑪。《类林》"𗤺𗣻𗧐𗥃𗥃𗤻𗵃"对应汉文本"齐景公饮酒而乐"⑫。

[4] 𗶷𗧸，意"住滞"、"停滞"。

---

① [西夏] 骨勒茂才：《番汉合时掌中珠》(乙种本)，《俄藏黑水城文献》第10册，第29页。
② 彭向前：《西夏文〈孟子〉整理研究》，上海：上海古籍出版社，2012年，第124页。
③ 史金波、黄振华、聂鸿音：《类林研究》，银川：宁夏人民出版社，1993年，第72页。
④ 《俄藏黑水城文献》第13册，第103页；《俄藏黑水城文献》第14册，第256页。
⑤ [西夏] 骨勒茂才：《番汉合时掌中珠》(乙种本)，《俄藏黑水城文献》第10册，第33页。
⑥ [西夏] 骨勒茂才：《番汉合时掌中珠》(甲种本)，《俄藏黑水城文献》第10册，第4页。
⑦ [西夏] 骨勒茂才：《番汉合时掌中珠》(乙种本)，《俄藏黑水城文献》第10册，第32页。
⑧ [西夏] 骨勒茂才：《番汉合时掌中珠》(乙种本)，《俄藏黑水城文献》第10册，第33页。
⑨ 林英津：《夏译〈孙子兵法〉研究》，台北：中研院史语所，1994年，第3—115页。
⑩ 史金波、黄振华、聂鸿音：《类林研究》，银川：宁夏人民出版社，1993年，第38～39、46页。
⑪ [西夏] 骨勒茂才：《番汉合时掌中珠》(乙种本)，《俄藏黑水城文献》第10册，第35页。
⑫ 史金波、黄振华、聂鸿音：《类林研究》，银川：宁夏人民出版社，1993年，第51～53页。

□，意"停"，常与"□"连用，《文海》29.111"□□□□□□□□□□□□"即"做者办也，办事也，做造不停止之谓"。

□，意"迟"、"遗"。《类林》"□□□□□□□□□□□□□"对应汉文本"盗者迟而被擒获罪"、"□□□□□□□□□□"对应汉文本"日蚀之余如月之初"[1]。

□□，意"住滞"、"停滞"。《掌中珠》"□□□□"作"莫要住滞"[2]。

汉译本：

年。倘若持符争斗之罪，受贿而自伤己符者，与伤者之罪同等判断。

一持符无理与他人争斗，他人动手杀持符，持符动手杀相争等，一律当绞杀。

一除统军以外，诸持符不许饮酒。若违律饮酒时，已生住滞者罪状分明以外，未出住滞则因饮酒，有官罚马一，庶人十三杖。

一派持符有期限者，派遣者当计地程远近，

50—45 右面：

当	计	应	时	期	限	使	有	为	若	地程	近	远	不

计	期	限	短[1]	有	为	误	者	至	往	处	符	持	当	分析[2]	地

程	期	限	重[3]	计量[4]	符	持	迟	实	则	前	所	定	依

罪	当	承	遣	者	地程	远	不	计	期	限	短	有	为	则

符	持	罪	勿	坐	遣	者	人	地程	计量	失	误	期

---

[1] 史金波、黄振华、聂鸿音：《类林研究》，银川：宁夏人民出版社，1993年，第 82、100 页。

[2] ［西夏］骨勒茂才：《番汉合时掌中珠》（乙种本），《俄藏黑水城文献》第 10 册，第 33 页。

[illegible]	[illegible]	[illegible]	[illegible]	[illegible]	[illegible]	[illegible]	[illegible]	[illegible]	[illegible]	[illegible]	[illegible]	[illegible]	[illegible]	[illegible]
限	短	有	为	因	限	期	所	短	为	言	急	缓	二	种

[illegible]	[illegible]	[illegible]	[illegible]	[illegible]	[illegible]	[illegible]	[illegible]	[illegible]	
符	持	迟	罪	状	明	相同	令	判断	

[illegible]	[illegible]	[illegible]	[illegible]	[illegible]	[illegible]	[illegible][5]	[illegible]	[illegible]	[illegible]	[illegible]	[illegible]	[illegible]	[illegible]	[illegible]	[illegible]
一	诸	人	符	不	持	文书	持	官	因	出	使	期	限	有	途

[illegible]	[illegible]	[illegible]	[illegible]	[illegible]	[illegible]	[illegible]	[illegible]	[illegible]	[illegible]	[illegible]	[illegible]	[illegible]	[illegible]	[illegible]
中	符	持	与	遇	骑	捕	为	时	骑	当	予	彼	人	迟

注释：

［1］[illegible]，意“短”。夏译《孙子兵法》“[illegible]”即对应汉文本《孙子兵法》杜牧注中“不能舍短从长”①。

［2］[illegible]，意“分析”。《掌中珠》“[illegible]”作“彼人分析”②。

［3］[illegible]，意“复”、“又”、“再”、“更”、“重”等。夏译《孟子》“[illegible]”即“其复满时”、“[illegible]□[illegible]”即“又从［为之］辞”③。《类林》“[illegible]”对应汉文本“复老妪亦被捕驱”、“[illegible]”对应汉文本“再封任座为上卿”、“[illegible]”对应汉文本“何时更来治下民”、“[illegible]”对应汉文本“重又获安定”④。[illegible]，意“屡屡”、“重叠”、“重复”、“频频”等。《类林》“[illegible]”对应汉文本“今比干屡屡进谏”、“[illegible]”对应汉文本“灵公下席再拜”⑤。

［4］[illegible]，意“计量”、“测量”。

[illegible]，意“量”。《掌中珠》“[illegible]”作“苦报无量”⑥。

[illegible]，意“度”、“测”、“量”、“计”。夏译《孙子兵法》“[illegible]”即对应汉文

① 林英津：《夏译〈孙子兵法〉研究》，台北：中研院史语所，1994年，第3—61页。
② ［西夏］骨勒茂才：《番汉合时掌中珠》(乙种本)，《俄藏黑水城文献》第10册，第34页。
③ 彭向前：《西夏文〈孟子〉整理研究》，上海：上海古籍出版社，2012年，第136～137页。
④ 史金波、黄振华、聂鸿音：《类林研究》，银川：宁夏人民出版社，1993年，第33、44、88、89页。
⑤ 史金波、黄振华、聂鸿音：《类林研究》，银川：宁夏人民出版社，1993年，第47～48、51页。
⑥ ［西夏］骨勒茂才：《番汉合时掌中珠》(乙种本)，《俄藏黑水城文献》第10册，第34页。

本《孙子兵法》杜牧注中"不度远近,不量事力"、"𗼎𗟰𗤙𗒛"对应汉文本《孙子兵法》李筌注中"不量力也"、"𗢭𗰗𗟰𘊝𗜈𘟢𗟷𗄊𗤙"对应汉文本《孙子兵法》"计险阨远近,上将之道也"[1]。

𗢭𗟰,意"计量"、"测量"。夏译《孙子兵法》"𗵒𗉛𗰖𗢭𗟰𘕘𘜶𗴢𗰜𗑠"即对应汉文本《孙子兵法》杜牧注中"如衡悬权,秤量已定"[2]。

[5] 𗒛𗗿,意"文字"。

𗒛,意"文"。《掌中珠》"𗒛𗭪𗄽𗆧"作"学习文业"[3]。

𗗿,意"字"。《类林》"𗢳𗭪𘃡𗊬𗗿𗒹𗗟"对应汉文本"碑头有八字云"[4]。

𗒛𗗿,意"文字"。《掌中珠》"𘉋𗺄𗒛𗗿𘕘𗴫𘕿𗿒𗍫𗮅𗥦𗒛𗽀𘟣𗢭"即"番汉文字者,论末则殊,考本则同"、"𗒛𗗿𗒴𗄊"作"搜寻文字"[5]。

汉译本:

以为期限。若不计地程远近,限期短而致延误者,往至处持符当分析,重行计量地程、期限。持符实误,则依前所定承罪。派遣者不计地程之远而限期短,则持符勿坐罪。派遣者因计量地程失误而限期短,所短限期与情急缓二种持符延误罪状同样判断。

一诸人不持符而持文书,因官出使,有限期,途中与持符相遇而捕骑时,当予之骑。彼人延误

50—45 左面:

𗼗	𗥃	𗣼	𗣿	𘊝	𗰗	𗒛	𗮉	𗭴	𗸈	𘎑	𗄊	𗟰	𗄜
时	当	分析	畜	〈〉	取	为	言	实	是	他	未	停	则

𗄜	𘟢	𗄽	𗣁	𗰗	𗾞	𘝵	𘊝	𗄊	𗒛	𗮉	𗴫	𗒛	𗮉	𘈩
罪	勿	治	彼	于	虚	诈	畜	未	取	为	〈〉	取	为	我

---

① 林英津:《夏译〈孙子兵法〉研究》,台北:中研院史语所,1994 年,第 3—61、105、114 页。
② 林英津:《夏译〈孙子兵法〉研究》,台北:中研院史语所,1994 年,第 3—20 页。
③ [西夏]骨勒茂才:《番汉合时掌中珠》(乙种本),《俄藏黑水城文献》第 10 册,第 28 页。
④ 史金波、黄振华、聂鸿音:《类林研究》,银川:宁夏人民出版社,1993 年,第 98~99 页。
⑤ [西夏]骨勒茂才:《番汉合时掌中珠》(乙种本),《俄藏黑水城文献》第 10 册,第 20、32 页。

[illegible]	[illegible]	[illegible]	[illegible][1]	[illegible]	[illegible]	[illegible]	[illegible]	[illegible]	[illegible]	[illegible]	[illegible]	[illegible]	[illegible]	[illegible]
曰	期	超	从	缓	停	期	逾	者	何	日	已	误	依	罪

[illegible]	[illegible]	[illegible]	[illegible]	[illegible]	[illegible]	[illegible]	[illegible]	[illegible]	[illegible]	[illegible]	[illegible]	[illegible]	[illegible]
当	承	若	符	持	之	坐	骑	不	予	争斗	符	持	亦

[illegible]	[illegible]	[illegible]	[illegible]	[illegible]	[illegible]	[illegible]	[illegible]	[illegible]	[illegible]	[illegible]	[illegible]	[illegible]	[illegible]	[illegible]
停	自	亦	期	逾	则	符	持	误	期	及	自	所	误	期

[illegible]	[illegible]	[illegible]	[illegible]	[illegible]	[illegible]					
等	比	从	重	上	判断					

[illegible]	[illegible]	[illegible]	[illegible]	[illegible]	[illegible][2]	[illegible]	[illegible][3]	[illegible]	[illegible]	[illegible][4]	[illegible]
一	诸	监军司	所	属	印	符	显合	等	当	记	监军

[illegible]	[illegible]	[illegible]	[illegible]	[illegible]	[illegible]	[illegible]	[illegible]	[illegible]	[illegible]	[illegible]	[illegible]
司	大	中	何	所	官	大	处	当	置	发兵言节	送

[illegible]	[illegible]	[illegible]	[illegible]	[illegible]	[illegible]	[illegible]	[illegible]	[illegible]	[illegible]	[illegible]	[illegible]	[illegible]
时	司	本	内	局分	小	大	刺史	等	众	眼	前	当

注释：

[1] [illegible]，意“随从”。《文海》54.241“[illegible]”即“随：随左随右：随者跟也，随也，因随使从之谓”。

[2] [illegible]，意“印”。西夏文《频那夜迦经》“[illegible]”对应宋代法贤汉译本中“左第一手作奇克印”（《大正藏》第21册第310页中栏）①。《类林》“[illegible]”即“刻字司印”②。[illegible]，印，《天盛律令》卷五《季校门》“[illegible]”③即“一律当印从驹至有齿之良马”④。

① 聂鸿音：《西夏文献论稿》，上海：上海古籍出版社，2012年，第306页。
② 史金波、黄振华、聂鸿音：《类林研究》，银川：宁夏人民出版社，1993年，第105页。
③《天盛改旧新定律令》（甲种本），《俄藏黑水城文献》第8册，第129页。
④ 史金波、聂鸿音、白滨译注：《天盛改旧新定律令》，北京：法律出版社，2000年，第238页。

[3] ▢▢，字面意思"显合"，意"节"。

▢，意"明"、"显"、"别"、"匾"、"牌"。《掌中珠》"▢▢▢▢"作"知证分白"[1]，夏译《孟子》"▢▢▢▢▢▢"即"皆所以明人伦也"、"▢▢▢▢"即"夫妇有别"、"▢▢▢▢▢▢"即"不直则道不显"[2]。《类林》"▢▢▢▢▢▢▢，▢▢▢▢▢▢▢▢▢▢，▢▢▢▢▢▢▢▢▢▢，▢▢▢▢▢▢▢▢▢▢▢▢"对应汉文本"晋帝造凌云阁，令韦诞书写匾名，而匠人误先钉其牌悬于楼上，韦诞乃出木梯上另写匾文"[3]。

▢，意"和"、"合"。《掌中珠》"▢▢▢▢"作"六亲和合"[4]。

▢▢，意"节"。《类林》"▢▢▢▢▢▢▢▢▢▢▢▢▢▢"对应汉文本"汉武帝时令持节出使北方匈奴"、"▢▢▢▢▢▢▢▢"对应汉文本"苏武持节而牧羊"、"▢▢▢▢▢▢▢▢▢▢▢▢▢"对应汉文本"得还，至汉国，犹持原汉节烂"[5]。

[4] ▢，意"记"。《文海》89.241"▢▢▢▢"。"▢"与"▢"意思相同。"▢"，意"记"、"传"。《类林》"▢▢▢"对应汉文本"孝子传"、"▢▢▢▢▢▢▢▢"对应汉文本"种种经典，莫不暗记"[6]。《天盛律令》卷十二《内宫待命等头项门》有"▢▢"一词，即"门记"[7]。

汉译本：

时当分析，取畜之言是实，他事未住滞，则勿治罪。于彼虚诈，未取其畜而曰"我取之"，滞缓而逾期者，依已误何限期，当承罪。若不予持符坐骑而争斗，持符亦住滞，自亦逾期，则以持符误期及自之误期比较，从重者判断。

一诸监军司所属印、符牌、兵符等当记之，当置监军司大人中之官大者处。送发兵谕文时当于本司局分大小刺史等众面前开而合符。

50—46 右面：

▢[1]	▢	▢							
开	当	合							

① [西夏]骨勒茂才：《番汉合时掌中珠》(乙种本)，《俄藏黑水城文献》第10册，第34页。
② 彭向前：《西夏文〈孟子〉整理研究》，上海：上海古籍出版社，2012年，第151、159、163～164页。
③ 史金波、黄振华、聂鸿音：《类林研究》，银川：宁夏人民出版社，1993年，第206页。
④ [西夏]骨勒茂才：《番汉合时掌中珠》(乙种本)，《俄藏黑水城文献》第10册，第29页。
⑤ 史金波、黄振华、聂鸿音：《类林研究》，银川：宁夏人民出版社，1993年，第44～45页。
⑥ 史金波、黄振华、聂鸿音：《类林研究》，银川：宁夏人民出版社，1993年，第33、97页。
⑦ 《天盛改旧新定律令》(甲种本)，《俄藏黑水城文献》第8册，第269页。

𘚱	𘔼	𘃚	𘞌𘝚	𘀅𘝶[2]	𘛥𘟪[3]	𘊝	𘐭𘏲[4]	𘕕	𘞜	𘞫	𘞉
一	诸	人	贵 言	印 信	旌 羽	等	名 记	中	一	种	失

𘕅	𘚱𘜶𘝘	𘈷	𘚱	𘓠	𘊗 𘞏	𘞜	𘎈	𘞜	𘙌	𘞉	𘕕	𘓜
时	三 个 月	二	种	自	以 上	一	律	一	年	其	中	火

𘗟[5]	𘞘𘇀[6]	𘐫𘞉[7]	𘈙	𘊝	𘜉	𘕅	𘍔	𘙌𘜶𘝘	𘃳	𘍆	𘕅
起	漂 水	盗 军	夺	等	罪	勿	治	六 个 月	期	间	局

�#	𘍒	𘞒	𘟶	𘞳	𘖈	𘚱	𘞌𘝚[8]	𘌭𘝛𘍷[9]	𘕘	𘚱	𘝓
分	处	当	告	已	失	实	是	担 保	只 关 者	当	寻	令

𘞜	𘝢	𘎈	𘞒	𘌭	𘜉	𘞉	𘟴	𘍆	𘚱	𘍆	𘚱	𘞒	𘞜
已	〈 〉	新	可	换	期	逾	则	官	有	罚	马	一	庶 人	十

𘚱	𘜞
三	杖

𘚱	𘍆	𘞱	𘞳	𘜉	𘍒	𘈯	𘞳	𘚱 𘝓 𘞉 𘝶[10]	𘍆	𘕕	�	𘜉	𘔼	𘔼
一	符	持	出	使	处	心 轻 不 为			符	失	者	项	缚	为	以

�#	𘈙	𘞒𘍷	𘍆	𘎈	�#	𘍒	𘞜	𘈯	𘍔	𘞒	𘞜	𘞒𘍷
当	杀	判 断	未	至	此	之	得	则	五	年	已	判 断

注释:

　　[1] �＃，意"开"。《掌中珠》"𘍔𘕅"作"开渠"①,《类林》"𘀅𘞘𘊝𘃳𘀅𘛯𘀅𘅂�♯𘗘𘒀𘙌𘞜𘜶𘈯𘝲"对应汉文本"张婴等开门出迎张刚投降"、"𘅂𘌲𘙌�♯𘝲�𘝰��♯𘙌𘄀�♯𘊝𘝅𘞉𘈙𘞏𘈯�♯𘀅�𘜉������♯"对应汉文本"曹操乃于器纸盖上书一'合'字,赐群臣,皆莫敢开"②。

① [西夏] 骨勒茂才:《番汉合时掌中珠》(乙种本),《俄藏黑水城文献》第10册,第25页。
② 史金波、黄振华、聂鸿音:《类林研究》,银川:宁夏人民出版社,1993年,第43、75~76页。

[2] ▨▨，意"印信"。

▨，意"信"。《掌中珠》"▨▨▨▨"作"仁义忠信"[1]，《类林》"▨▨▨▨▨▨▨▨"对应汉文本"欲明不失信故也"、"▨▨▨▨▨▨▨▨▨▨▨▨"对应汉文本"愿大王行德施义，赐以信归"[2]。

▨，意"印"。《类林》"▨▨▨▨"即"刻字司印"[3]。

[3] ▨▨，意"旌羽"、"旌旗"。

▨，意"旌旗"。夏译《孙子兵法》"▨▨▨▨▨▨▨▨▨▨▨"对应汉文本《孙子兵法》杜牧注中"故烽火莫若谨而审，旌旗莫若齐而一"[4]。《德行集》"▨▨▨▨，▨▨▨▨"即"善说旗举，诽谤木植"[5]。夏译《六韬》"▨▨▨▨▨"对应汉文本"车上立旗鼓"，西夏文以"枪"代替"鼓"[6]。夏译《孟子》"▨▨▨▨▨▨▨，▨▨▨▨▨▨，▨▨，▨▨▨▨"对应汉文本"昔齐景公往猎，招虞人以旌，不至，将杀之"[7]。

▨，意"翼"、"羽"。《类林》"▨▨▨▨▨▨▨▨"对应汉文本"少时梦见身上生翼"[8]。

[4] ▨▨，字面意思"名计"，意"登记"、"著籍"，汉译本作"记名"。

▨，意"名"。《掌中珠》"▨▨▨▨"作"世间扬名"、"▨▨▨▨"作"争名趋利"[9]。

▨，意"陈"、"接"。《掌中珠》"▨▨"作"勺陈"[10]，《类林》"▨▨▨▨▨▨▨▨▨▨▨"对应汉文本"南接鲜卑，北接弱水"[11]。

▨▨，意"登记"、"著籍"。《天盛律令》卷五《季校门》31—14右面"▨▨▨▨▨▨▨▨▨，▨▨▨▨▨▨▨ ▨▨▨▨▨▨▨"即"正军、辅主、当事人之罪，使与校验短缺罪状高低相同判断"[12]，"▨▨▨"即"当事人"，俄译本作"责任者"[13]。31—20左面"▨▨▨▨▨▨"即"徒三个月。前著籍"[14]，俄译本作"前三个月已配给定主"[15]，"▨▨"作"配给"。《天盛律

① [西夏]骨勒茂才：《番汉合时掌中珠》（乙种本），《俄藏黑水城文献》第 10 册，第 29 页。
② 史金波、黄振华、聂鸿音：《类林研究》，银川：宁夏人民出版社，1993 年，第 35、61 页。
③ 史金波、黄振华、聂鸿音：《类林研究》，银川：宁夏人民出版社，1993 年，第 105 页。
④ 林英津：《夏译〈孙子兵法〉研究》，台北：中研院史语所，1994 年，第 3～16 页。
⑤ 聂鸿音：《西夏文德行集研究》，兰州：甘肃文化出版社，2002 年，第 50、51 页。
⑥ 贾常业：《西夏文译本〈六韬〉解读》，《西夏研究》，2011 年第 2 期，第 73～76 页。
⑦ 彭向前：《西夏文〈孟子〉整理研究》，上海：上海古籍出版社，2012 年，第 167 页。
⑧ 史金波、黄振华、聂鸿音：《类林研究》，银川：宁夏人民出版社，1993 年，第 143 页。
⑨ [西夏]骨勒茂才：《番汉合时掌中珠》（乙种本），《俄藏黑水城文献》第 10 册，第 32、36 页。
⑩ [西夏]骨勒茂才：《番汉合时掌中珠》（乙种本），《俄藏黑水城文献》第 10 册，第 23 页。
⑪ 史金波、黄振华、聂鸿音：《类林研究》，银川：宁夏人民出版社，1993 年，第 101 页。
⑫ 史金波、聂鸿音、白滨译注：《天盛改旧新定律令》，北京：法律出版社，2000 年，第 233 页。
⑬ [俄]克恰诺夫俄译，李仲三汉译，罗矛昆校订：《西夏法典——天盛改旧新定律令》（1—7 章），银川：宁夏人民出版社，1988 年，第 139 页。
⑭ 史金波、聂鸿音、白滨译注：《天盛改旧新定律令》，北京：法律出版社，2000 年，第 238 页。
⑮ [俄]克恰诺夫俄译，李仲三汉译，罗矛昆校订：《西夏法典——天盛改旧新定律令》（1—7 章），银川：宁夏人民出版社，1988 年，第 144 页。

令》卷十二《内宫待命等头项门》39—18 左面"𗊋𗇈𗧤𗴊𗈼𗵤𗔉𗊱𗋑𗮂𗈜𗊱𗋈"即"待命者、记名、刀显等新佈名字"①。

[5] 𗊋𗇘，意"起火"。《类林》"𗌺𗵡𗡔𗶿𗵐𗗿𗊋𗈢𗇘𗩾"对应汉文本"昔因郡中住户多火"、"𗌐𗡔𗈢𗶷𗊋𗑠𗇘𗮿"对应汉文本"蜀地火起"②。

[6] 𗵡𗵤，意"流水"、"水漂"。

𗵡，意"水"。《掌中珠》"𗵡𗋔"作"水涨"、"𗵡𗗔"作"洪水"③。

𗵤，意"流"。夏译《孟子》"𗵡𗩾𗤙𗵤"对应汉文本"洪水横流"④，《类林》"𗵡𗩾𗵤𗵢"对应汉文本"大水流过"、"𗈜𗤖𗡰𗧏𗊱𗵤"对应汉文本"长安市中为之流血"⑤。

[7] 𗺌𗤛，意"盗军"、"贼兵"、"贼"。

𗺌，意"盗"、"贼"。《类林》"𗺌𗈐𗦡𗵢𗤤𗨁𗵤𗵜𗵢𗵜𗵕"对应汉文本"盗者诬物主，言物属我"、"𗺌𗑠𗈋𗹭𗨁"对应汉文本"灭贼以成功"⑥。

𗤛，意"军"。《掌中珠》"𗤛𗋑𗈜"作"统军司"⑦。

𗺌𗤛，意"盗军"、"贼兵"、"贼"。夏译《孙子兵法》"𗥃𗺌𗤛𗇘𗿉𗰣𗴛𗴢"、"𗌺𗺌𗤛𗰣𗵡𗿉𗴢"即对应汉文本《孙子兵法》杜牧注中"凡是贼徒，好相掩袭"、"先知有贼至者"⑧。

[8] 𗔇𗇑，汉译本作"担保"，音为"勃斡"⑨。

𗔇，意"卜"、"测"。夏译《孙子兵法》"𗤛𗵢𗩽𗿉𗔇𗗿𗵜𗡔𗵣𗵜𗤖𗧏𗴄𗵢"对应汉文本《孙子兵法》杜牧注中"禁巫祝不得为吏士卜问军之吉凶"⑩。

𗔇𗇑，《天盛律令》卷十一《为僧道修寺庙门》(49—32)"𗔇𗇑𗰔𗴄𗤙𗧡𗴛𗇑𗘰𗄭𗥤𗿉𗴠"⑪，汉译本作"令寻担保只关者。推寻于册"⑫，此处汉译本将"𗘰𗄭𗥤𗿉𗴠"(推寻于册)误断为下一句。卷十二《内宫待命等头项门》(39—39)"𗔇𗇑𗰔𗴄𗤙𗧡𗴛𗇑𗘰𗵡𗙼"⑬，汉译本作"当令寻担保只关者注册"⑭。

① 史金波、聂鸿音、白滨译注：《天盛改旧新定律令》，北京：法律出版社，2000 年，第 428 页。
② 史金波、黄振华、聂鸿音：《类林研究》，银川：宁夏人民出版社，1993 年，第 88～89、115～116 页。
③ [西夏] 骨勒茂才：《番汉合时掌中珠》(甲种本)，《俄藏黑水城文献》第 10 册，第 7 页。
④ 彭向前：《西夏文〈孟子〉整理研究》，上海：上海古籍出版社，2012 年，第 158 页。
⑤ 史金波、黄振华、聂鸿音：《类林研究》，银川：宁夏人民出版社，1993 年，第 35、91 页。
⑥ 史金波、黄振华、聂鸿音：《类林研究》，银川：宁夏人民出版社，1993 年，第 82、112～113 页。
⑦ [西夏] 骨勒茂才：《番汉合时掌中珠》(乙种本)，《俄藏黑水城文献》第 10 册，第 33 页。
⑧ 林英津：《夏译〈孙子兵法〉研究》，台北：中研院史语所，1994 年，第 3～15、25 页。
⑨ 史金波、聂鸿音、白滨译注：《天盛改旧新定律令》，北京：法律出版社，2000 年，第 623 页。
⑩ 林英津：《夏译〈孙子兵法〉研究》，台北：中研院史语所，1994 年，第 3～134 页。
⑪ 《天盛改旧新定律令》(甲种本)，《俄藏黑水城文献》第 8 册，第 244 页。
⑫ 史金波、聂鸿音、白滨译注：《天盛改旧新定律令》，北京：法律出版社，2000 年，第 402 页。
⑬ 《天盛改旧新定律令》(甲种本)，《俄藏黑水城文献》第 8 册，第 272 页。
⑭ 史金波、聂鸿音、白滨译注：《天盛改旧新定律令》，北京：法律出版社，2000 年，第 442 页。

[9] 𘀄𘙊𘝥，汉译本作"只关者"，"只关"为音译。《掌中珠》"𘝉𘈈𘀄𘙊"作"接状只关"、"𘀄𘙊"音即"只关"[1]。《类林》"𘙊𗦲𘈈"对应汉文本"关龙逢"[2]。《天盛律令》卷十二《内宫待命等头项门》(39—38、39)"𗗙𘃡𘒣𘙂𗾖𘈈𘀄𘙊"[3]，汉译本作"实染疾者，医人当只关"[4]，(39—38)"𗏣𘒣𘏒𘒣𘏚𘈵𘀄𘙊𘝥𗦲𘗠𘜶"[5]，汉译本作"是实言，则当令寻担保只关者"[6]。该句"𗦎𗟲𗏹𘏚𘙁𘀄𘙊𘝥𗦲𘗠𘜶"即"已失是实，当令寻担保只关者"，与汉译本"遗失是实，当令担保、只关者知之"有区别。

[10] 𘒣𘃡𘐀𘐘，字面意思"心轻不为"，意"大意"。

𘃡，意"轻"。《掌中珠》"𘌢𘃡"作"重轻"[7]。

𘒣𘃡，《天盛律令》卷十二《内宫待命等头项门》(39—11)"𘒣𘃡𘏨𘐘"[8]，汉译本作"疏忽大意"[9]，(39—21)"𘒣𘃡𘐗𘐘"[10]，汉译本作"细心"[11]。

汉译本：

一诸人记名贵言、印信、雄羽等中遗失一种时，徒三个月，自二种以上一律徒一年。其中失火、水漂、为盗军所夺等，勿治罪，六个月期间当告于局分。遗失是实，当令担保、只关者知之，随后可领换新。逾期则有官罚马一，庶人十三杖。

一持符出使处大意失符者，当绞杀。判断未至而得之则徒五年，判断

50—46 左面：

𘐀	�鼎	𘙇	𘙂	𗷻	𘙊				
后	之	得	者	六	年				

𗉚	𗫽𘋩		𗫽𘒣𘐀		𗼃𘙊𗗙		𘍞	𘙂𗿵[1]	𘀄𗥃[2]	𘏨	𘃐
一	统军		监军司		边检校		等	〈 〉上	提举	符	持

---

① [西夏] 骨勒茂才：《番汉合时掌中珠》(乙种本)，《俄藏黑水城文献》第 10 册，第 34 页。
② 史金波、黄振华、聂鸿音：《类林研究》，银川：宁夏人民出版社，1993 年，第 47 页。
③ 《天盛改旧新定律令》(甲种本)，《俄藏黑水城文献》第 8 册，第 271～272 页。
④ 史金波、聂鸿音、白滨译注：《天盛改旧新定律令》，北京：法律出版社，2000 年，第 442 页。
⑤ 《天盛改旧新定律令》(甲种本)，《俄藏黑水城文献》第 8 册，第 271 页。
⑥ 史金波、聂鸿音、白滨译注：《天盛改旧新定律令》，北京：法律出版社，2000 年，第 442 页。
⑦ [西夏] 骨勒茂才：《番汉合时掌中珠》(甲种本)，《俄藏黑水城文献》第 10 册，第 14 页。
⑧ 《天盛改旧新定律令》(甲种本)，《俄藏黑水城文献》第 8 册，第 258 页。
⑨ 史金波、聂鸿音、白滨译注：《天盛改旧新定律令》，北京：法律出版社，2000 年，第 424 页。
⑩ 《天盛改旧新定律令》(甲种本)，《俄藏黑水城文献》第 8 册，第 263 页。
⑪ 史金波、聂鸿音、白滨译注：《天盛改旧新定律令》，北京：法律出版社，2000 年，第 431 页。

失	者	失	者	项	缚	为	以	当	杀	大	符	持	失	者	指

挥	不牢[3]	因	一	年

一	诸	符	持	兵	发	往	显合	失	时	发	应	兵	亦	发	渐

如[4]	集日[5]	上	到	来	则	显	失	者	三	年	若	发	应	兵

集	日	上	未	到	来	则	显	失	者	项	缚	为

一	诸	人	显合	盗	者	若	差	置	相	怨	事	有	及	他	贿	发

所	有	若	兵	马	发	时	上	是	发	所	兵	告[6]	发	未

注释:

[1] 緻毦,此处或指地名。

緻,汉译本未译,音"没"。《同音》3A6"緻毦"(坪上)。《同音》丁种本背注4A66释緻:"蕤慨散薤"(坪:野外阔往)。与"蕤"音同,蕤,音"泊",(津450)"蕤形娴"(婆罗门)。

[2] 蕨夏,意"准备"。《掌中珠》"厄蘋蕨夏"作"准备食馔"、"祗翮蕨夏"作"尽皆准备"①。《类林》"薮菥薤叆蕨夏"对应汉文本"孔君备有果品"②。

[3] 叕弟,字面意思"不牢",意"失误"。

---

① [西夏]骨勒茂才:《番汉合时掌中珠》(乙种本),《俄藏黑水城文献》第10册,第35、36页。
② 史金波、黄振华、聂鸿音:《类林研究》,银川:宁夏人民出版社,1993年,第110~111页。

□，意"审"、"慎"。夏译《孙子兵法》"□□□□□□□□"、"□□□□"对应汉文本《孙子兵法》杜牧注中"善者，计度审也"、"其计量之审"[1]。

□□，意"失误"。该门中另有"□□□□"，即"无心失误"[2]。

[4] □□，字面意思"渐如"，意"无迟缓"。

□，意"渐"、"缓"。《类林》"□□□□□□□□□"对应汉文本"安步则马驰不能及"[3]，夏译《孙子兵法》"□□□□"对应汉文本《孙子兵法》杜牧注中"徐行驱之"[4]。

□，意"如"、"及"。《类林》"□□□□□□"对应汉文本"断事不可及"[5]。

□□，意"无迟缓"。下一条中"□□□"，字面意思"未渐如"，意"迟缓"。

[5] □□，意"集日"。

□，意"聚集"。《类林》"□□□□□□□□□，□□□□，□□□□"对应汉文本"曹操欲知其斤两，乃集群臣，群臣莫对"[6]。

□□，意"集日"。《天盛律令》卷五《季校门》中"□□□"和"□□"即"校集日"和"校日"[7]。

[6] □，意"告知"。《类林》"□□□□□□□□□□□□□□□□□□"对应汉文本"郭伋乃令主簿将返回日告数小儿"、"□□□□，□□□□□□"对应汉文本"廉范到来，先谕百姓"[8]。

汉译本：

之后得之者，徒六年。

一统军、监军司、边检校等△上提举持符失之者，失者当绞杀，大人因持符失之者指挥失误，徒一年。

一诸持符失往发兵符牌时，应发之兵无迟缓，如期来到，则失牌者徒三年。若应发之兵集日未到来，则失牌者绞杀。

一诸人盗兵符者，若有意相怨事及有受他人贿，若为发兵马时所发兵处

① 林英津：《夏译〈孙子兵法〉研究》，台北：中研院史语所，1994年，第3—5、21页。
② 史金波、聂鸿音、白滨译注：《天盛改旧新定律令》，北京：法律出版社，2000年，第470页。
③ 史金波、黄振华、聂鸿音：《类林研究》，银川：宁夏人民出版社，1993年，第117页。
④ 林英津：《夏译〈孙子兵法〉研究》，台北：中研院史语所，1994年，第3—43页。
⑤ 史金波、黄振华、聂鸿音：《类林研究》，银川：宁夏人民出版社，1993年，第88页。
⑥ 史金波、黄振华、聂鸿音：《类林研究》，银川：宁夏人民出版社，1993年，第76页。
⑦ 史金波、聂鸿音、白滨译注：《天盛改旧新定律令》，北京：法律出版社，2000年，第238、239页。
⑧ 史金波、黄振华、聂鸿音：《类林研究》，银川：宁夏人民出版社，1993年，第36~37、88~89页。

50—47 右面：

渐 如	集 日	上	未	到	来	疑 患[1]	是	等	官	不	论

项 缚	为	以	当	杀	若	兵	马	发	时	非	彼	顺	盗

另	疑 患	生	处	无	则	四	年

一	诸	人	符	显 合	持	敌 人[2]	盗 诈 军[3]	等	与	遇

起 火	洪 水[4]	执	符	显 合	等	失	时	持	者	心 轻

不 为	因	一	年

一	符	显 合	诸	人	已	得	十	日	期	内	官	依	当	交[5]

得	者	之	五 两 银[6]	杂 锦[7]	披 氅[8]	一	当	予	十	日

逾	不	交	迟	者	一	年	若	匿 无[9]	使	则	项 缚	为

注释：

[1] 疑患，意"疑患"。

𗣊，意"患"、"害"、"恶"、"怨"，汉译本未译。夏译《孟子》"𗼇𗢳𗣊"对应汉文本"王无患"[1]，《掌中珠》"𗲰𗣊"作"六害"[2]、"𗢳𗡊𗳇𗣊"作"伤害他人"[3]、《类林》"𗡊𗼓𗣊𗏁"对应汉文本"灵公生恶"[4]，夏译《十一面神咒心经》"𗡊𗣊𗰱𗰜𗧈𗧾𗾈𗣊𗏁𗼮𗳇𗣊𗢳"对应汉文本"复次若他方怨贼欲来侵境"[5]。

𗿒，意"疑"。夏译《孟子》"𗣊𗢳𗿒𗢳𗿒𗳇"对应汉文本"世子疑吾言乎"[6]，《类林》"𗿒𗏃𗧈𗢳𗾈𗦲𗿒𗣊𗣊𗳇𗣊"对应汉文本"疑陈平腰有金，阴欲杀之"[7]。

𗣊𗿒，意"疑患"。该条中另有"𗿒𗣊"一词，汉译本作"疑怨"，与"𗣊𗿒"意相同。

［2］𗼇𗳇，字面意思"野兽"，意"敌人"。

𗼇，意"兽"，《同音》丁种本背注 13A61 释𗼇："𗐱𗋒"（畜：牲畜）。

𗳇，意"兽"、"猎"。《掌中珠》"𗼇𗳇"作"野兽"[8]，《类林》"𗳇𗧾𗼮𗳇𗢳𗡊𗣊𗾈𗐱𗼇𗋒"对应汉文本"渔与猎同，为杀生害命"[9]。

［3］𗼇𗼇𗳇，意"盗诈军"，参"𗼇𗳇"（盗军、贼兵）注。

𗼇，意"诈"、"虚"。《类林》"𗧈𗾈𗣊𗣊𗦲𗼮𗡊𗣊𗾈𗣊𗳇𗳇𗳇𗳇𗼇𗼇𗢳𗳇𗡊𗳇"对应汉文本"纣王叔父箕子谏而不从，乃佯作狂颠为之奴"[10]。西夏文《频那夜迦经》"𗣊𗋒𗡊𗼇𗣊𗣊𗳇𗡊𗳇𗳇"对应汉文本"真实不虚，不得越此三昧"[11]。

［4］𗣊𗾈，意"洪水"。

𗣊，意"水"。《掌中珠》"𗣊𗾈"与"𗣊𗡊"分别作"水泊"、"水涨"[12]。

𗾈，意"洪"，通"𗾈"。夏译《孙子兵法》"𗾈𗢳𗧈𗳇𗡊𗦲𗣊𗾈𗾈𗡊𗳇𗦲𗣊𗾈𗳇𗡊"对应汉文本《孙子兵法》曹操注中"无所依也。水毁曰圮"[13]。

𗣊𗾈，意"洪水"。《掌中珠》"𗣊𗾈"作"洪水"[14]。

① 彭向前：《西夏文〈孟子〉整理研究》，上海：上海古籍出版社，2012 年，第 135 页。
② ［西夏］骨勒茂才：《番汉合时掌中珠》（甲种本），《俄藏黑水城文献》第 10 册，第 4 页。
③ ［西夏］骨勒茂才：《番汉合时掌中珠》（乙种本），《俄藏黑水城文献》第 10 册，第 33 页。
④ 史金波、黄振华、聂鸿音：《类林研究》，银川：宁夏人民出版社，1993 年，第 38 页。
⑤ 聂鸿音：《西夏文献论稿》，上海：上海古籍出版社，2012 年，第 329～330 页。
⑥ 彭向前：《西夏文〈孟子〉整理研究》，上海：上海古籍出版社，2012 年，第 145 页。
⑦ 史金波、黄振华、聂鸿音：《类林研究》，银川：宁夏人民出版社，1993 年，第 72～73 页。
⑧ ［西夏］骨勒茂才：《番汉合时掌中珠》（乙种本），《俄藏黑水城文献》第 10 册，第 27 页。
⑨ 史金波、黄振华、聂鸿音：《类林研究》，银川：宁夏人民出版社，1993 年，第 67～68 页。
⑩ 史金波、黄振华、聂鸿音：《类林研究》，银川：宁夏人民出版社，1993 年，第 48 页。
⑪ 聂鸿音：《西夏文献论稿》，上海：上海古籍出版社，2012 年，第 307～308 页。
⑫ ［西夏］骨勒茂才：《番汉合时掌中珠》（甲种本），《俄藏黑水城文献》第 10 册，第 7 页。
⑬ 林英津：《夏译〈孙子兵法〉研究》，台北：中研院史语所，1994 年，第 3—44 页。
⑭ ［西夏］骨勒茂才：《番汉合时掌中珠》（甲种本），《俄藏黑水城文献》第 10 册，第 7 页。

[5] 𗤁，意“交纳”。《掌中珠》“𗤁𗗃𗤁”作“受纳司”①。《天盛律令》卷十五“𗤁𗤁𗤁𗤁”即“催缴租门”。

[6] 𗤁𗤁𗤁，意“五两银”。

𗤁，意“两”。《凉州重修护国寺感通塔碑》西夏文碑铭有“𗤁𗤁𗤁𗤁𗤁𗤁𗤁𗤁𗤁𗤁𗤁𗤁𗤁𗤁𗤁𗤁𗤁𗤁𗤁𗤁𗤁𗤁𗤁𗤁𗤁𗤁𗤁𗤁”，对应汉文碑铭中“黄金一十五两，白金五十两，衣著罗帛六十段，罗锦杂幡七十对，钱一千缗”②。《类林》“𗤁𗤁𗤁𗤁𗤁𗤁𗤁𗤁𗤁𗤁𗤁𗤁𗤁𗤁𗤁𗤁𗤁𗤁”对应汉文本“曹操欲知其斤两，乃集群臣，群臣莫对”③。

𗤁，意“银”。《掌中珠》“𗤁𗤁”作“金银”④。《类林》“𗤁𗤁𗤁𗤁𗤁𗤁𗤁𗤁𗤁𗤁𗤁𗤁𗤁𗤁𗤁𗤁𗤁”对应汉文本“其国中不仅多有金银明珠，尚有夜明珠、犀角、火浣布等”⑤。

[7] 𗤁𗤁，意“杂锦”。

𗤁，意“杂”、“乱”。《六韬》中“𗤁𗤁𗤁𗤁”对应汉文本“无乱其乡”⑥。

𗤁，意“锦”。《掌中珠》“𗤁𗤁”作“绣锦”⑦。

𗤁𗤁，意“杂锦”。“𗤁𗤁”修饰具体事物时，“𗤁”（锦）不翻译，如《凉州重修护国寺感通塔碑》西夏文碑铭“𗤁𗤁𗤁𗤁𗤁𗤁”对应汉文碑铭“罗锦杂幡七十对”⑧。

[8] 𗤁𗤁，意“披氅”、“上服”。汉译本误作“匹”⑨。

“𗤁𗤁”与“𗤁𗤁”等都属于《三才杂字》中的衣物类词汇⑩。《西夏文〈杂字〉研究》一文分别将“𗤁𗤁”、“𗤁𗤁”译作“斗篷”、“围裙”⑪。

“𗤁𗤁”又见于《贞观玉镜将》中“𗤁𗤁𗤁𗤁”、“𗤁𗤁𗤁𗤁𗤁”、“𗤁𗤁𗤁𗤁”，陈炳应先生分别译作“大锦上服”、“杂花锦上服”、“杂锦上服”⑫。

《天盛律令》中“𗤁𗤁”（上服）共有九种三等。其中上等仅有“𗤁𗤁𗤁𗤁”（大锦上服）一

① [西夏] 骨勒茂才：《番汉合时掌中珠》（甲种本），《俄藏黑水城文献》第 10 册，第 7 页。
② 史金波：《西夏佛教史略》，银川：宁夏人民出版社，1988 年，第 244、252 页。
③ 史金波、黄振华、聂鸿音：《类林研究》，银川：宁夏人民出版社，1993 年，第 76 页。
④ [西夏] 骨勒茂才：《番汉合时掌中珠》（甲种本），《俄藏黑水城文献》第 10 册，第 7 页。
⑤ 史金波、黄振华、聂鸿音：《类林研究》，银川：宁夏人民出版社，1993 年，第 104 页。
⑥ 贾常业：《西夏文译本〈六韬〉解读》，《西夏研究》，2011 年第 2 期，第 67～68 页。
⑦ [西夏] 骨勒茂才：《番汉合时掌中珠》（甲种本），《俄藏黑水城文献》第 10 册，第 7 页。
⑧ 史金波：《西夏佛教史略》，银川：宁夏人民出版社，1988 年，第 244、252 页。
⑨ 史金波、聂鸿音、白滨译注：《天盛改旧新定律令》，北京：法律出版社，2000 年，第 475 页。
⑩ 《三才杂字》（甲种本），《俄藏黑水城文献》第 10 册，第 41 页；《三才杂字》（乙种本），《俄藏黑水城文献》第 10 册，第 46 页。
⑪ 王静如、李范文：《西夏文〈杂字〉研究》，《西北民族研究》，1997 年第 2 期，第 83 页。
⑫ 陈炳应：《贞观玉镜将研究》，银川：宁夏人民出版社，1995 年，第 78、101 页。

种,中等由上到下分别是"𗼑𗲠𗵒𗧓"(杂花锦上服)、"𗼑𗵒𗧓"(杂锦上服)、"𘃽𗖻𗵒𗧓"(唐呢上服),下等则依次是"𗵒𗆟𗵒𗧓"(紧丝上服)、"𗴿𗙼𗵒𗧓"(家煮丝上服)、"𗵒𗧓"(绢上服)、"𗵒𗧓"(绫上服)、"𗵒𗧓"(缠上服)。

[9]𗟲𗉛,字面意思"匿无",意"隐匿"。

𗟲,意"匿"。《类林》"𗅆𗏆𗟲𗈪𗘅𗫂𗗟𗵘𗑠𗵘"对应汉文本"而亡匿司中,司吏不近门"[1]。

𗉛,意"无"、"亡"。《类林》"𗀉𗵘𗟲𗸯𗾈𘗐𗗐𗸯𗉛"对应汉文本"燕军大败,死者达半"[2]。

汉译本:

迟缓,未如期到来,【生疑怨等】[3],不论官,当绞杀。若非发兵马之时,仅为盗,无另所生疑怨则徒四年。

一诸人持符牌、兵符,与敌人盗诈军相遇,失火、水漂而亡失符牌等时,持者因大意,徒一年。

一诸人已得符牌、兵符,十日内当交官方,当予得者银五两,【杂锦上服一】[4]。逾十日不交而延误者徒一年,若隐匿则当绞

50—47 左面:

𗴲	𗰛	𗁡									
以	当	杀									

𗴲	𘗐	𗿒	𗿷	𗱕	𗟲𗉛[1]	𗴲	𗱕	𗰜	𗊬	𗴲	𗫲	𘝵	𗿷	𗱕	𗵘
一	边	中	行	监	盈能	各	行	牌	一	种	当	置	为	行	时

𗰜	𗰛	𗁡	𗊬	𗿒	𗿷	𗟲𗉛	𗬫	𗊬	𘗐	𗻣	𗫲	𘝵	𗿷	𗱕	𗴲
符	当	持	为	行	监	盈能	新	为	有	亦	行	牌	一		

---

① 史金波、黄振华、聂鸿音:《类林研究》,银川:宁夏人民出版社,1993年,第42页。
② 史金波、黄振华、聂鸿音:《类林研究》,银川:宁夏人民出版社,1993年,第79页。
③ "𗲠𗫂𗫲𗿷",汉译本第475页作"□疑等",现译为"生疑怨等"。
④ "𗼑𗵒𗧓𗾆",汉译本第475页作"杂锦一匹",现译为"杂锦上服一"。

𗣼	𗊬	𗵒	𗱠	𗾟 𗰖	𗣼 𗣼	𗅁	𗴺 𗽃	𗼨	𗺓	𗃲	𗼨
种	当	领	使	京 师	局 分	人	显 合	执	应	不	执

𗱠	𗵹	𗾞	𗴺
使	时	一	年

𗊬	𗉇	𗐹	𗣼 𗣼	𗣼 𗒅	𗴺 𗾞	𗣼 𗧘	𗙴	𗫂 𗫂	𗭷	𗴩
一	行 监	盈 能	各	发	显 一	种 有	若	安 定	时	于

𗴺	𗫂	𗙸	𗣼 𗥦 𗣼 𗁦	𗣼 𗨒 𗨒	𗧽 𗰖	𗞰 𗴺	𗫂
显	失	者	第 十 二 上	待 命 者	记 名	刀 显	失

𗾵[2]	𗫂	𗥰 𗱠	𗙸	𗈖 𗂁	𗫂	𗅁	𗫂	𗊬	𗒅	𗙟
法	依	判 断	若	地 边	兵	马	已	动	其	间 本

𗣼 𗣼	𗫂	𗣼	𗵒	𗰖	𗬚	𗤒 𗤋 𗣼 𗨒	𗣼	𗴺	𗫂
局 分	兵	发	所	有	则	心 轻 未 为	发	符	失

注释:

[1] 𗣼𗒅,意"盈能"。《天盛改旧新定律令·译名对照表》注"音译,职官名"①。

𗊬,意"乃",语助词。《类林》"𗤒𗣼𗵒𗤒𗮅𗣼𗵹𗵒𗊬𗵒"对应汉文本"苏武在匈奴十九年"②。

𗉇,意"等",常附于人称代词或指人名词之后,表复数。《类林》"𗱀𗺓𗱠𗾵𗥰𗵒𗉇𗣼𗥦𗤒𗱠𗂁𗵒𗵒𗱠"对应汉文本"与中书侍郎韩彤等俱在国王左右"③,夏译《孟子》"𗵒𗩱𗂁𗉇𗊬𗉇"对应汉文本"百官族人谓知"④,"𗂁𗉇"即"族人"。

[2] 𗣼𗥦𗣼𗁦𗣼𗨒𗨒𗧽𗰖𗞰𗴺𗫂𗾵,即"第十二卷待命者失记名之刀牌法"。

𗞰𗴺,字面意思"刀显",意"刀牌"。

---

① 史金波、聂鸿音、白滨译注:《天盛改旧新定律令》,北京:法律出版社,2000年,第645页。
② 史金波、黄振华、聂鸿音:《类林研究》,银川:宁夏人民出版社,1993年,第45页。
③ 史金波、黄振华、聂鸿音:《类林研究》,银川:宁夏人民出版社,1993年,第57~58页。
④ 彭向前:《西夏文〈孟子〉整理研究》,上海:上海古籍出版社,2012年,第148~149页。

𗇕，意"刀"。《掌中珠》"𗇕"作"刀"①。

𗆟，意"明"、"显"、"别"、"匾"、"牌"。《掌中珠》"𗆟𗋈𗆟𗒹"作"知证分白"②。夏译《孟子》"𗅁𗹦𗥗𗆟𗤁𗤿"即"皆所以明人伦也"、"𗼃𗫂𗆟𗹦"即"夫妇有别"、"𗤿𗾈𗳦𗧁𗤿𗆟"即"不直则道不显"③。《类林》"𗤓𗨙𗧎𗩾𗵒𗵒𗭉，𗼃𗼮𗀁𗄡𗞘𗵒𗧎𗣼𗊬，𗕔𗹦𗫨𗩳𗮄𗆟𗁘𗑠，𗼃𗼮𗵏𗆟𗑡𗥃𗅁𗆟𗧎𗤓𗣼𗊬"对应汉文本"晋帝造凌云阁，令韦诞书写匾名，而匠人误先钉其牌悬于楼上，韦诞乃出木梯上另写匾文"④。𗆟，显，夏译《孟子》"𗤿𗾈𗳦𗧁𗤿𗆟"即"不直则道不显"⑤等。另见"𗆟𗥃"注。

"待命者失记名之刀牌法"，见《天盛律令》卷十二《内宫待命等头项门》"刀显等丢失典当丢弃"条⑥：

𗔇𘌽𗣼𗩾𗗚𗤟𗆟 𗵒𗥃𗆧𗈈𗿷𗔿𗐴𗣼𗔇𗙴

𗂧𗵒𗙩𗟼𗩾𗇕𗆟𗋈𗵒𗣼𗰖𗰔𗒹𗰂𗅁

𗇑𗖄𗾈𗤟𗣼𗆣𗥃𗵒𗘦𗴴𗑠𗩾𗬩𗊬

𗥃𗦜𗣼𗅲𗒹𗥃𗰂𗣼𗑠𗖄𗟼𗝫𗆧𘁕

𗒹𗣼𗌭𗆧𗭪𗖵𗇯 𗵏𗎆𗰖𗣼𗪒𗣼𗰆𗴴𗙝

𗫨𗰖𗫨𗑠𗒹𘓺𗩾𗹦𗝫𗳣𗑠𗹦𗎾𗴴𗷪

𗣼𗙴𗆧𗴴�Х𗆧𗴴𗨁𗝫𗆟𗙴𗙴𗖵�Х𗰖

𗊍𗹦𗆧𗊬𗜓𗥃𘊖𗆧𗚩𗙩𗆧𗣼�Х𗈉

汉译即："帐门末宿、内宿、官守护，不许其首领等各自所属记名刀显、执杖等丢失、典当及争斗中丢弃。若违律时，失一种徒三个月，失二种徒六个月，失三种徒一年，期满当依旧任职。其中火烧、水淹、为盗贼所夺属实，则罪勿治，记名人当偿。为他人强行夺取时，取者之罪与前述自丢失罪相当。若毁伤则有官罚马一，庶人十三杖"⑦。"𗇑𗖄�ㄡ𗇯𗙩�Х𗩾𗇕𗆟𗗚��ㄡ𗁘𗑠"一句，汉译本作"依第十二卷上待命者失记名之刀牌法判断"⑧，其中"�"，意"于"、"上"、"中"，在名词之后作助词。因此，汉译本中当省略"上"字。

① ［西夏］骨勒茂才：《番汉合时掌中珠》（乙种本），《俄藏黑水城文献》第10册，第30页。
② ［西夏］骨勒茂才：《番汉合时掌中珠》（乙种本），《俄藏黑水城文献》第10册，第34页。
③ 彭向前：《西夏文〈孟子〉整理研究》，上海：上海古籍出版社，2012年，第151、159、163～164页。
④ 史金波、黄振华、聂鸿音：《类林研究》，银川：宁夏人民出版社，1993年，第206页。
⑤ 彭向前：《西夏文〈孟子〉整理研究》，上海：上海古籍出版社，2012年，第163～164页。
⑥ 《天盛改旧新定律令》（甲种本）（第39—19、20面），《俄藏黑水城文献》第8册，第262页。
⑦ 史金波、聂鸿音、白滨译注：《天盛改旧新定律令》，北京：法律出版社，2000年，第429～430页。
⑧ 史金波、聂鸿音、白滨译注：《天盛改旧新定律令》，北京：法律出版社，2000年，第476页。

汉译本：

杀。

一边中各行监、盈能行,使当置一种牌,行时当持符。有新为行监、盈能等,亦始使领一种牌。京师局分人应戴牌而不戴时,徒一年。

一发各行监、盈能有兵符一种,若安定时失牌者,依第十二卷上待命者失记名之刀牌法判断。若地边兵马已动,其间本局分有所发兵,则大意失发兵兵符

50—48 右面:

𘜼	𘃠	𘃝	𘟪	𘜼	𘚤	𘘥	𘝜	𘞽	𘜤	𘃝	𘞑	𘃠	𘃝	𘚎	𘓺
者	兵	发	者	符	持	显	合	失	时	发	所	兵	发	迟	缓

𘝜	𘚎	𘓺		𘟧	𘟪	𘚄	𘟷	𘜻	𘒋	𘓺					
未	迟	缓		罪	情	另	而	与	当	同					

𘎟	𘘥	𘝜	𘚰	𘘛	𘔷	𘓺	𘗊	𘚘	𘎟	𘔯	𘜼	𘃠	𘞀	𘚼	𘓌[1]
一	显	合	取	中	体	同	以	外	稍	有	不	合	者	军	法	依	何

𘎟	𘘥	𘝜	𘚰	𘘛	𘔷	𘓺	𘗊	𘚘	𘎟	𘔯	𘜼	𘃠	𘞀	𘚼	𘓌[1]
一	显	合	取	中	体	同	以	外	稍	有	不	合	者	军	法

𘃝	𘗝	𘘥	𘔯	𘚄	𘟷	𘃠	𘚰𘟪[2]		𘚤	𘚩		𘜼	𘜔	𘚀	𘟧	𘟪	𘓹
行	彼	符	稍	不	合	变	处		刺	史		军	监	官	同	共	手

𘗌[3]	𘜼	𘎠	𘘒	𘚙𘚛	𘝜𘝋	𘔗	𘞀	𘝜	𘜼	𘃠𘚅[4]	𘜼	𘓯	𘟪
记	愿	为	行	京师	局分	人	处	派	〈 〉	所 误	者	一	年

𘜼	𘜔	𘝜	𘚀	𘘥	𘚄	𘟷	𘝜	𘞀	𘛋𘚔[5]	𘎠	𘝜	𘘝	𘓯	𘓯	𘟪
监军司			人	显	不	合	而	见	懈怠	为	不	告	亦	一	年

𘎟	𘚀	𘟧	𘎟	𘎠	𘟷	𘜼𘚩	𘚙	𘗊	𘗝𘔑𘟧	𘜘	𘚎𘜚𘜼𘜄				
一	边	上	敌	人	不	安定	界	内	叛逃者	有	急速立即				

𘜼[6]	𘃝	𘚭	𘘥	𘝜	𘜤𘚎[7]	𘎠	𘜻	𘚙𘚛	𘜼	𘞽	𘚄	𘒻	𘘥
兵	发	应	显	合	求取	〈 〉	谓	京师	所	告	奏	以	显

▢	▢	▢	▢	▢	▢	▢	▢	▢	▢	▢	▢	▢	▢	▢
合	发	言	节	等	来	中	符	皆	不	合	者	兵	力	需	要

注释：

[1]▢，意"岂"、"何"。《掌中珠》"▢▢▢▢"作"岂滞一边"①。《类林》"▢▢▢▢▢▢▢▢▢▢▢▢"对应汉文本"孟子问母曰：'杀猪何用。'"②

[2]▢▢，字面意思"变处"，意"交换"、"代替"。

▢，意"变"、"换"。《西夏谚语》第一四七条"▢▢▢▢▢▢▢▢▢▢▢▢▢▢▢"即"十袋坚果不去换食，虽有十女难脱孤名"③。

▢，意"处"，常附在动词之后，表该动作、状态的发生，或存在的地点。《类林》"▢▢▢▢▢▢▢▢▢▢▢▢"对应汉文本"父母初见时不信，往埋处视之"④。

▢▢，意"交换"、"代替"。《维摩诘所说经》"▢▢▢▢▢▢▢▢▢"对应汉文经文为"代一切众生受诸苦恼"⑤。

[3]▢▢，意"手记"。

▢，意"手"。《掌中珠》"▢▢"作"手掌"⑥、"▢▢"作"手帕"⑦。

▢，意"记"。《同音》39B6"▢▢"。"▢"与"▢"意思相近。"▢"，意"记"、"传"。《类林》"▢▢▢"对应汉文本"孝子传"、"▢▢▢▢▢▢▢▢▢"对应汉文本"种种经典，莫不暗记"⑧。

▢▢，意"手记"。又见《天盛律令》卷十《司序行文门》"▢▢▢▢▢"⑨即"官下当手记"⑩、"▢▢▢▢▢▢▢▢▢▢▢▢▢▢"⑪即"二番人共职者列坐次及为手记时"⑫。宋朝诸县设主簿一职，掌出纳官物、销注簿书，"凡批销必亲书押，不许用手记，仍不许差出，

---

① ［西夏］骨勒茂才：《番汉合时掌中珠》(乙种本)，《俄藏黑水城文献》第 10 册，第 36 页。
② 史金波、黄振华、聂鸿音：《类林研究》，银川：宁夏人民出版社，1993 年，第 35 页。
③ 陈炳应：《西夏谚语》，太原：山西人民出版社，1993 年，第 13 页。
④ 史金波、黄振华、聂鸿音：《类林研究》，银川：宁夏人民出版社，1993 年，第 115 页。
⑤ 王培培：《西夏文〈维摩诘所说经〉研究》［博士学位论文］，北京：中国社会科学院，2010 年，第 100～101 页。
⑥ ［西夏］骨勒茂才：《番汉合时掌中珠》(甲种本)，《俄藏黑水城文献》第 10 册，第 10 页。
⑦ ［西夏］骨勒茂才：《番汉合时掌中珠》(乙种本)，《俄藏黑水城文献》第 10 册，第 31 页。
⑧ 史金波、黄振华、聂鸿音：《类林研究》，银川：宁夏人民出版社，1993 年，第 33、97 页。
⑨ 《俄藏黑水城文献》第 8 册，第 219 页。
⑩ 史金波、聂鸿音、白滨译注：《天盛改旧新定律令》，北京：法律出版社，2000 年，第 364 页。
⑪ 《俄藏黑水城文献》第 8 册，第 227 页。
⑫ 史金波、聂鸿音、白滨译注：《天盛改旧新定律令》，北京：法律出版社，2000 年，第 379 页。

以防销注"①。

[4] 𗹬𗡖，意"误"。

𗹬，意"已"、"所"，助词。《类林》"𗹬𗡖𗹬𗡖𗹬𗡖𗹬𗡖𗹬𗹬"对应汉文本"四年内，枉杀万人"②。

𗡖，意"误"。《类林》"𗹬𗡖𗹬𗡖𗹬𗡖"对应汉文本"不知何郡人"，"𗹬𗡖𗹬𗡖𗹬𗡖𗹬𗡖𗹬𗡖𗹬𗡖𗹬𗡖𗹬"对应汉文本"后与所得真本比较，一字不误"③。

[5] 𗹬𗹬，意"懈怠"。夏译《孙子兵法》"𗹬𗹬𗹬𗡖𗹬𗡖𗹬𗡖𗹬𗡖"对应汉文本《孙子兵法》杜牧注中"候其懈怠而攻之"④。夏译《孙子兵法》中，"𗹬𗹬"一词常与"𗹬"连用，表慢易、懈怠、骄惰，"𗹬𗹬𗹬𗡖𗹬𗡖𗹬𗡖𗹬𗡖"对应杜牧注中"使其慢易，然后急趋也"，"𗹬𗹬𗡖𗹬𗡖𗹬𗡖𗹬𗡖"对应杜牧注中"是欲骄我使懈怠，必来功我也"，"𗹬𗹬𗡖𗹬𗡖𗹬𗡖𗹬"对应曹操注中"则骄惰难用也"⑤。

[6] 𗹬𗡖𗹬𗡖𗹬，意"急行军"。

"𗹬𗡖𗹬𗡖"，见"𗹬𗡖𗹬𗡖𗹬"（火急符）释。

[7] 𗹬𗡖，字面意思"请索"，意"求取"。

𗹬，意"请"、"召"。《类林》"𗹬𗡖𗹬𗡖𗹬𗡖𗹬𗡖𗹬"对应汉文本"以为妖妄，而令请至郡"、"𗹬𗡖𗹬𗡖𗹬𗡖𗹬"对应汉文本"府君汝召儒生"⑥。

𗡖，意"索"。《掌中珠》"𗹬𗡖𗹬𗡖𗹬"作"索与妻眷"⑦。

汉译本：

者，与发兵者持符失牌时，所发之兵迟缓及未迟缓之罪情相同。

一取牌中，同体以外稍有不合者，依军法何行，彼符有若干不合，变处当由刺史、监军同官共为手记而行，京师局分人派发致误者徒一年。监军司人见符不合，懈怠而不告，亦徒一年。

一边上敌人不安定，界内有叛逃者，应立即急速发兵，求取兵符。奏报京师而来牌。发兵谕文等中，符皆不合者，需要兵力

---

① ［元］脱脱：《宋史》，北京：中华书局，1977 年，第 3978 页。
② 史金波、黄振华、聂鸿音：《类林研究》，银川：宁夏人民出版社，1993 年，第 92 页。
③ 史金波、黄振华、聂鸿音：《类林研究》，银川：宁夏人民出版社，1993 年，第 65、94～95 页。
④ 林英津：《夏译〈孙子兵法〉研究》，台北：中研院史语所，1994 年，第 3—163 页。
⑤ 林英津：《夏译〈孙子兵法〉研究》，台北：中研院史语所，1994 年，第 3—1、82、98 页。
⑥ 史金波、黄振华、聂鸿音：《类林研究》，银川：宁夏人民出版社，1993 年，第 114～115、183 页。
⑦ ［西夏］骨勒茂才：《番汉合时掌中珠》（乙种本），《俄藏黑水城文献》第 10 册，第 36 页。

50—48 左面：

语	实	真	是	则	刺	史	监	军	官	同	愿	为	兵	当	发

符	不	合	因	来	者	〈	枷[1]	当	问	符	真	京 师	当	遣

若	迅 速[2]	真	非	直 接	京 师	言 节	兵	乃	发	谓	符

皆	不	合	奏 寻 谕 文[3]	渐 如[4]	者	暂	兵	勿	发	速	当

告	奏	言 节	当	寻	其	中	所 误	不	若	自	实	叛 逃

及	他	叛 逃	者	有	相	于	谋	在	敌	中	人	派	亲	有

戚	内	人	在	与	相	于	回 应[5]	营	事	逃	予	等	此	如

意	所	言	有	兵	已	勿	发	利[6]	当	得	贿	恶	心	怀	者

逆	中	当	入	若	意	所	非	彼 顺	当	误	亦	符	持

注释：

[1] 枷，意"枷"、"捆"、"系"。《掌中珠》"葃葃嵓枷"作"枷在狱里"、"葃嶵枷篏"作"烦

恼缠缚"①。《类林》"𗙴𗣼𗣼𗟁𗤫"对应汉文本"上系粗绳"②。

[2]𗤒𗟻,意"迅速",汉译本未译。见"𗤒𗟻𗙵𗏁𗫂"（火急符）释。此处当指"符节"。

[3]𗖵𗫨𗪇𗤋,字面意思"告言节寻",意"奏寻谕文"。汉译本作"寻谕文"③。

[4]𗫨𗟷,字面意思"渐如",意"延误"。前文"𗫨𗟷"、"𗏁𗫨𗟷",汉译本则分别作"未迟缓"、"迟缓"。该句"𗫨𗟷𗧓,𗤋𗫨𗏁𗤋",汉译本作"延误者,暂勿发兵"④。

[5]𗅲𗤋,音"回应"。

𗅲,音"栬"、"回"等,《掌中珠》"栬棚堂"音"𗅲𗈲𗜓"、"回廊"音"𗅲𗔐"、"回归本家"音"𗅲𗏁𗅲𗥔"⑤、"六趣轮回"音"𗍫𗤋𗨁𗅲"⑥。

𗤋,音"鹰"、"用"、"雍"、"融"、"应"等,《掌中珠》"鹰雕"音"𗤋𗒛"⑦、"十他受用"音"𗰔𗟳𗖿𗤋"⑧。《类林》"𗗟𗤋"即"简雍"、"𗺉𗤋"即"符融"、"𗤋𗣛"即"应闵"⑨。

[6]𗤷,意"利"、"胜"、"盛",汉译本未译。夏译《孙子兵法》"𗤷𗏁𗤷𗙵𗫨𗣛"、"𗴂𗜺𗖿𗴂𗣛𗤫𗙵𗤷𗙵𗣛𗤷"对应汉文本《孙子兵法》杜牧注中"于争利害难也"、"先据北山者胜"⑩。《类林》"𗤷𗠇𗏁𗤋𗫨𗣿𗤫𗙵𗺉𗤷"对应汉文本"无乃大盛乎"⑪。

汉译本：

语是真实,则刺史、监军同官当发兵。因符不合,来者当枷而问之,是真符则当遣京师,【若迟速非真】⑫,直接告京师谓谕文,当发兵,符皆不合,寻谕文,延误者,暂勿发兵,当速奏报而寻谕文,其中不误。若有本人叛逃及他人叛逃者互相有谋,派人入敌,与敌方亲戚人彼此回应,予之逃营事等,有如此用意之言,勿发兵,【利当得】⑬。受贿怀恶心者当入谋逆中。若非故意,仅仅失误,【亦与持符

① ［西夏］骨勒茂才：《番汉合时掌中珠》（乙种本），《俄藏黑水城文献》第10册，第34、36页。
② 史金波、黄振华、聂鸿音：《类林研究》，银川：宁夏人民出版社，1993年，第101～102页。
③ 史金波、聂鸿音、白滨译注：《天盛改旧新定律令》，北京：法律出版社，2000年，第476页。
④ 史金波、聂鸿音、白滨译注：《天盛改旧新定律令》，北京：法律出版社，2000年，第476页。
⑤ ［西夏］骨勒茂才：《番汉合时掌中珠》（乙种本），《俄藏黑水城文献》第10册，第30、36页。
⑥ ［西夏］骨勒茂才：《番汉合时掌中珠》（甲种本），《俄藏黑水城文献》第10册，第19页。
⑦ ［西夏］骨勒茂才：《番汉合时掌中珠》（乙种本），《俄藏黑水城文献》第10册，第27页。
⑧ ［西夏］骨勒茂才：《番汉合时掌中珠》（甲种本），《俄藏黑水城文献》第10册，第19页。
⑨ 史金波、黄振华、聂鸿音：《类林研究》，银川：宁夏人民出版社，1993年，第77、82、91～92页。
⑩ 林英津：《夏译〈孙子兵法〉研究》，台北：中研院史语所，1994年，第3—1页。
⑪ 史金波、黄振华、聂鸿音：《类林研究》，银川：宁夏人民出版社，1993年，第51页。
⑫ "𗺉𗤒𗟻𗫨𗣛"，汉译本第476页作"若□□非真"，现译为"若迟速非真"。
⑬ "𗤷𗣛𗤫"，汉译本第476页作"□当得"，现译为"利当得"。

50—49 右面：

显	合	失	时	发	所	军	重	发	缓	如	未 缓 如		集 期

如	到	来	不	到	来	等	之	罪	状	比	与	当	同	符	皆

不	合	因	来	者	之	监 军 司	人	不	捕	懈 怠	为	时

三	年	及	贿	情 面 [1]	有	则 (1)	枉 法 贪 赃 罪	等	何	所	重

上	判 断

一	显	不	合	因	京 师	已	目 正 [2]	为	边 上	取	应 不 取

令 [3]	者	二	年

一	地 边	敌 人	不	安 定	敌	军	来	及	叛 逃	者	有 等

兵	马	发	虽	应	然	京 师	告	奏	迟 误	不	告 奏

注释：

[1] 碨殄，意"人情"、"徇情"。

碾,意"情面"、"愧"。《同音》丁种本背注 15B51 释碾"[西夏文]"(愧:有愧,谦词)。

珴,意"面"。《掌中珠》"珴珴"作"面额"①。

碾珴,意"人情"、"徇情"。《掌中珠》"碾珴[西夏文]"作"休做人情"②。《西夏谚语》第八八条"[西夏文]"即"勇鹰险处抓兔子,老虎情面狐饮酥"③。

[2][西夏文],字面意思"眼正",意"校正"。

[西夏文],意"目"。《维摩诘所说经》"[西夏文]"对应汉文本"目净宽广花青如"④。

[西夏文],音、意均为"正"。《掌中珠》"[西夏文]"作"正统司"、"[西夏文]"作"正听"、"[西夏文]"音"正"⑤。

[3][西夏文],意"令"、"使",汉译本未译。《掌中珠》"[西夏文]"作"令追知证"⑥。

校勘:

(1)"[西夏文]",《俄藏黑水城文献》第八册《天盛改旧新定律令》(甲种本)第十三(50—49)右面残,现据俄藏 Инв.No.186(50—49)右补。

汉译本:

失兵符时]⑦重行发兵缓与未缓、集合如期来与不来等之罪状相同。因符皆不合,二者之监军司人不捕而懈怠时,徒三年。【受贿徇情则与枉法贪赃罪比较,从重者判断】⑧。

一因符不合,京师已校正之,【边上应取而使不取者】⑨,徒二年。

一地边敌人不安定、敌军来及有叛逃者等,虽应发兵马,然奏报京师迟误,不奏报

50—49 左面:

[西夏文]	[西夏文]	[西夏文]	[西夏文]	[西夏文]	[西夏文]	[西夏文]	[西夏文]	[西夏文]
显合	不	待	刺史	监军司	等	先	依	自各谋

① [西夏]骨勒茂才:《番汉合时掌中珠》(甲种本),《俄藏黑水城文献》第10册,第10页。
② [西夏]骨勒茂才:《番汉合时掌中珠》(乙种本),《俄藏黑水城文献》第10册,第33页。
③ 陈炳应:《西夏谚语》,太原:山西人民出版社,1993年,第11页。
④ 王培培:《西夏文〈维摩诘所说经〉研究》[博士学位论文],北京:中国社会科学院,2010年,第19页。
⑤ [西夏]骨勒茂才:《番汉合时掌中珠》(乙种本),《俄藏黑水城文献》第10册,第32、33页。
⑥ [西夏]骨勒茂才:《番汉合时掌中珠》(乙种本),《俄藏黑水城文献》第10册,第34页。
⑦ "[西夏文]",即"亦与持符失兵符时"。汉译本第476页作"亦与无持符失兵符时",衍"无"。
⑧ 汉译本第477页据 Инв.No.219 将该句译为"受贿食□□□以枉法贪赃罪比较,从重者判断"。现据 Инв.No.186 第49面右补全,即"[西夏文]",译为"受贿徇情则与枉法贪赃罪比较,从重者判断"。
⑨ "[西夏文]",汉译本第477页作"边上应取而不取□者",现译为"边上应取而使不取者"。

𘜶	𘝞	𘞦	𗍫	𗫷	𗫷	𗆐	𗥤	𗋽	𗉝	𗇋	𗨁	𗾩	𗫂
兵	发	时	停	滞	出	则	符	失	罪	情	明	法	依	判	断

（上表为15列，此处列字有误，重新给出）

𗍫	𗫷	𗆐	𗥤	𗋽
停滞	不	则	二	年

𗥃	𗥃	𗥃	𗥃	𗥃	𗥃	𗥃	𗥃	𗥃	𗥃	𗥃	𗥃	𗥃	𗥃	𗥃
一	诸	行	监	溜	盈	能	之	发	显	一	种	旧	换	新	请	应

何	有	府军郡县[1]	监军司	等	自己	地	境	内

有	无	应	寻觅	当	明	使	有	〈〉	经略使[2]	处	使

告	京师	城	及	经略	上	不	缚	有	等	殿前司[3]

□	□	□	应	寻觅	一	〈〉	四个月	一	遍	殿前

□	□	□	□	□	□	来	上	乃	告	变	枢密[4]	使	告

注释：

［1］𗥤𗆐𗥤𗥤，音"府"、"军"、"郡"、"县"，西夏地方建制。

𗥤，音"府"、"父"、"富"、"夫"、"苻"等，《掌中珠》"孝顺父母"中"父"①、"富贵具足"中"富"②等，均注音为"𗥤"。《类林》中"𗥤𗥤𗥤𗥤"即"大中大夫"，"𗥤𗥤"即"苻坚"③。

---

① ［西夏］骨勒茂才：《番汉合时掌中珠》（乙种本），《俄藏黑水城文献》第10册，第29页。
② ［西夏］骨勒茂才：《番汉合时掌中珠》（甲种本），《俄藏黑水城文献》第10册，第17页。
③ 史金波、黄振华、聂鸿音：《类林研究》，银川：宁夏人民出版社，1993年，第57、69页。

□，音"军"、"君"，《掌中珠》"君子"音"□□"①、"监军司"音"□□□"②，《类林》"□□□□□□□"对应汉文本"徐君欲索季札宝剑"，"□□□□□□□□"对应汉文本"令为昭军地方中郎"③。

□，音"郡"、"裙"、"群"、"权"，《掌中珠》"裙袴"音"□□"④，"群牧司"音"□□□"⑤，《类林》"□□□□□□"对应汉文本"巴郡地方人也"，"□□□□□□□□"对应汉文本"吴王孙权时人"⑥。

□，音"玄"、"萱"、"县"，《掌中珠》"玄武"音"□□"⑦，"萱草花"音"□□□"⑧，《类林》"□□□□□□□□□"对应汉文本"光武朝时为洛阳县令"，"□□□□□□□□"对应汉文本"河内温县地方人也"⑨。

"□□□□"，府军郡县。又见于《天盛律令》卷十三《派大小巡检门》"□□□□□□□□□□□□□□□□□□□□□"⑩即"一边中监军司五州地诸府、军、郡、县等地方中所派捕盗巡检者"⑪。

[2] □□□，音"经略使"。

□，音"肩"、"经"、"敬"、"检"，《掌中珠》"肩背"音"□□"⑫、"经略司"音"□□□"、"国人敬爱"音"□□□□"⑬、"巡检司"音"□□□"⑭等。

□，音"六"、"录"，《掌中珠》"六害"音"□□"⑮，《类林》"□□□"对应汉文本"《吴录》"⑯。

□，音"史"、"使"，《掌中珠》"御史"中"史"⑰、"事务参差"中"事"⑱等，均以"□"注音。

① ［西夏］骨勒茂才：《番汉合时掌中珠》（甲种本），《俄藏黑水城文献》第 10 册，第 10 页。
② ［西夏］骨勒茂才：《番汉合时掌中珠》（乙种本），《俄藏黑水城文献》第 10 册，第 33 页。
③ 史金波、黄振华、聂鸿音：《类林研究》，银川：宁夏人民出版社，1993 年，第 35、90 页。
④ ［西夏］骨勒茂才：《番汉合时掌中珠》（乙种本），《俄藏黑水城文献》第 10 册，第 31 页。
⑤ ［西夏］骨勒茂才：《番汉合时掌中珠》（乙种本），《俄藏黑水城文献》第 10 册，第 33 页。
⑥ 史金波、黄振华、聂鸿音：《类林研究》，银川：宁夏人民出版社，1993 年，第 46、81 页。
⑦ ［西夏］骨勒茂才：《番汉合时掌中珠》（甲种本），《俄藏黑水城文献》第 10 册，第 4 页。
⑧ ［西夏］骨勒茂才：《番汉合时掌中珠》（乙种本），《俄藏黑水城文献》第 10 册，第 33 页。
⑨ 史金波、黄振华、聂鸿音：《类林研究》，银川：宁夏人民出版社，1993 年，第 41～42、93～94 页。
⑩ 《天盛改旧新定律令》（甲种本），《俄藏黑水城文献》第 8 册，第 281～282 页。
⑪ 史金波、聂鸿音、白滨译注：《天盛改旧新定律令》，北京：法律出版社，2000 年，第 456 页。
⑫ ［西夏］骨勒茂才：《番汉合时掌中珠》（甲种本），《俄藏黑水城文献》第 10 册，第 10 页。
⑬ ［西夏］骨勒茂才：《番汉合时掌中珠》（乙种本），《俄藏黑水城文献》第 10 册，第 32 页。
⑭ ［西夏］骨勒茂才：《番汉合时掌中珠》（乙种本），《俄藏黑水城文献》第 10 册，第 33 页。
⑮ ［西夏］骨勒茂才：《番汉合时掌中珠》（甲种本），《俄藏黑水城文献》第 10 册，第 4 页。
⑯ 史金波、黄振华、聂鸿音：《类林研究》，银川：宁夏人民出版社，1993 年，第 81 页。
⑰ ［西夏］骨勒茂才：《番汉合时掌中珠》（乙种本），《俄藏黑水城文献》第 10 册，第 33 页。
⑱ ［西夏］骨勒茂才：《番汉合时掌中珠》（乙种本），《俄藏黑水城文献》第 10 册，第 34 页。

《类林》"𗗪𗟲𗣊"对应汉文本"八道使"①。

"𘓺𗹦",经略。又见于《掌中珠》"𘓺𗹦𗰜",即"经略司"②。汉文《杂字》"司分部十八"载有"经略"③。《中国藏西夏文献》编号 G.21.024[15536]《经略司文书残页》,残存"经略司"、"计料官通判"等④。《俄藏黑水城文献》编号 Инв. No. 840－2《告谍》,存"𗗪𘓺𗹦𗰜([府]经略司)"等⑤。《天盛律令》卷十《司序行文门》载经略司者"比中书、枢密低一品,然大于诸司",经略使司者"当报上等司中。经略自相传导而后曰请,官下手记,然而当置诸司上,末尾当过,日下手记"⑥。是故,汉文《杂字·司分部》中"经略"前仅有"朝廷"、"中书"、"密院",其后则是"中兴"、"御史"、"殿前"、"提刑"等诸司,《掌中珠》中"经略司"位于"中书"、"枢密"之后,其他诸司之前。

西夏的经略使一职因方位而置。《天盛律令》中载有东经略使、东南经略使及西北经略使,《天盛律令·颁律表》载:"东经略使副枢密承旨三司正汉学士赵□",《天盛律令》卷四《修城应用门》载:"监军司大人一年中往接续提举状,及城主司人说聚集状等,监军司当变,每年正月五日以内,当告经略使处,经略使当一并总计而变。正月五日始东南经略使人二十人以内,西北经略使一个月以内,当向枢密送状。若不按时日报告,有何障碍处迟缓至一个月以内,监军司判及经略使处未经告等罚马一,监军司、经略使等□□案,罚七缗钱……"⑦。西夏的"东经略使"又见于《金史》,金世宗大定十七年十二月甲午,西夏"遣东经略使苏执礼横进"⑧。"诸边经略使",西夏末等司中置,案头共十人,"中书、枢密、经略使、次中下末等司都案者,遣干练,晓文字,知律法,善解之人"⑨。

[3]𗗵𗭪𗰜,意"殿前司"。

𗗵,意"宫"、"殿"。《类林》"𗾔𗏁𗤁𗗵𗭪𘜶𗄼𘉐𗟲𘟩"对应汉文本"乃悬琴宫前以为戒","𗍳𗗆𘄡𗗵𘝵𗤻"对应汉文本"左右来修殿"⑩,夏译《孟子》"𗢳𘄡𗗵𘓎𘘄𗄛𘟩□𗥃𗵜"对应汉文本"焉有仁人在位罔民而可为也"⑪,"𗗵𘓎"字面意思"殿坐","在位"之意。

① 史金波、黄振华、聂鸿音:《类林研究》,银川:宁夏人民出版社,1993年,第42～43页。
② [西夏]骨勒茂才:《番汉合时掌中珠》(乙种本),《俄藏黑水城文献》第10册,第32页。
③ 《杂字》,《俄藏黑水城文献》第6册,第145页。
④ 史金波、陈育宁主编:《中国藏西夏文献》第16册,兰州:甘肃人民出版社、敦煌文艺出版社,2006年,第271页。
⑤ 俄罗斯科学院东方研究所圣彼得堡分所、中国社会科学院民族研究所、上海古籍出版社编:《俄藏黑水城文献》第12册,上海:上海古籍出版社,2006年,第141页。
⑥ 史金波、聂鸿音、白滨译注:《天盛改旧新定律令》,北京:法律出版社,2000年,第364页。
⑦ 史金波、聂鸿音、白滨译注:《天盛改旧新定律令》,北京:法律出版社,2000年,第108、220页。
⑧ [元]脱脱:《金史》,北京:中华书局,1975年,第1437页。
⑨ 史金波、聂鸿音、白滨译注:《天盛改旧新定律令》,北京:法律出版社,2000年,第375页。
⑩ 史金波、黄振华、聂鸿音:《类林研究》,银川:宁夏人民出版社,1993年,第39、40页。
⑪ 彭向前:《西夏文〈孟子〉整理研究》,上海:上海古籍出版社,2012年,第148～149页。

　　𗹰，意"前"。《类林》"𗄊𗟲𗩾𗿒𗠁𘃡𗢭𗢭𗸒"对应汉文本"遂以头触阶前而死"，"𗎫𗹰𗣛𗨳𗢭𘕺𗞞"对应汉文本"乃扳折殿前木槛"①，夏译《孙子兵法》附《孙子本传》"𗹰𗣛𗥔𗥘𗥘𗟭　𗣛𗼐𗼐𗟭　𗣛𗪴𗹙𗷰𗣛"即"前，则视心；左，视左手；右，视右手；后，即视背"②。

　　𗗙，意"司"。《掌中珠》"𗤁𗗙"作"群牧司"、"𗨁𗋒𗗙"作"阁门司"、"𗰜𗥑𗗙"作"监军司"③。

　　𗎫𗹰𗗙，意"殿前司"。《掌中珠》"𗎫𗹰𗗙"作"殿前司"④。汉文《杂字》"司分部十八"载有"殿前"⑤。殿前司属于西夏五等司中的次等司，设八正、八承旨、十都案、六十案头，案头中"司礼四十二，军集十八"⑥。另外，西夏中等司中置有"磨勘军案殿前司上管"，设四正⑦。《天盛律令·颁律表》中涉及"殿前司"职官的记载有："□集议□枢密内宿等承旨殿前司正内宫走马讹劳甘领势"、"御前帐门官殿前司正卧讹立"、"殿前司正枢密居京令不心□□"⑧。《金史·交聘表》中多次记载西夏"殿前太尉"出使金国，如金世宗大定七年十二月壬戌，"夏遣殿前太尉芭里昌祖、枢密都承旨赵衍奏告，以其臣任得敬有疾，乞遣良医诊治"⑨。

　　[4] 𗼖𗐼，意"枢密"。

　　𗼖，意"计"、"谋"。《类林》"𗼖𗤋𗾔𗄊𗛆𘝵𗡪𗼖𗬩"对应汉文本"𗼖𗤋𗾔𗄊𗛆𘝵𗡪𗼖𗬩"，"𗪴𗤋𗼖𗴂𗸒𗰗𗥑𗬩𗰖"对应汉文本"令以六种奇谋为计文"⑩。

　　𗐼，意"密"。西夏文《频那夜迦经》"𗥑𗐼𗼖𗠴𗽃𗙸𗪺𗆅𗰖𗉡𗉡"对应法贤汉文本中"于大秘密持明法门未能晓了"⑪。

　　𗼖𗐼，意"枢密"。《掌中珠》"𗼖𗐼"作"枢密"⑫。汉文《杂字》"司分部十八"载有"密院"⑬，应为"枢密院"等简称。西夏"枢密院"一称，见《涑水记闻》卷九，"其人被杖已，奔赵元昊，甚亲信之，得出入枢密院"⑭。枢密属于西夏五等司中的上等司，设有六大人，包括

---

① 史金波、黄振华、聂鸿音：《类林研究》，银川：宁夏人民出版社，1993 年，第 38、40 页。
② 林英津：《夏译〈孙子兵法〉研究》，台北：中研院史语所，1994 年，第 3—182 页。
③ [西夏] 骨勒茂才：《番汉合时掌中珠》(乙种本)，《俄藏黑水城文献》第 10 册，第 33 页。
④ [西夏] 骨勒茂才：《番汉合时掌中珠》(乙种本)，《俄藏黑水城文献》第 10 册，第 33 页。
⑤ 《杂字》，《俄藏黑水城文献》第 6 册，第 145 页。
⑥ 史金波、聂鸿音、白滨译注：《天盛改旧新定律令》，北京：法律出版社，2000 年，第 363、367、373、374 页。
⑦ 史金波、聂鸿音、白滨译注：《天盛改旧新定律令》，北京：法律出版社，2000 年，第 363、368 页。
⑧ 史金波、聂鸿音、白滨译注：《天盛改旧新定律令》，北京：法律出版社，2000 年，第 108 页。
⑨ [元] 脱脱：《金史》，北京：中华书局，1975 年，第 1424 页。
⑩ 史金波、黄振华、聂鸿音：《类林研究》，银川：宁夏人民出版社，1993 年，第 49、72 页。
⑪ 聂鸿音：《西夏文献论稿》，上海：上海古籍出版社，2012 年，第 307~308 页。
⑫ [西夏] 骨勒茂才：《番汉合时掌中珠》(乙种本)，《俄藏黑水城文献》第 10 册，第 32 页。
⑬ 《杂字》，《俄藏黑水城文献》第 6 册，第 145 页。
⑭ [宋] 司马光撰，邓广铭、张希清点校：《涑水记闻》，北京：中华书局，1989 年，第 174 页。

"南柱、北座、西摄、东拒、副、名人",六承旨,十四谍案,二都案计入其中,案头四十八名①。《金史·交聘表》中多次出现有西夏"枢密副都承旨"、"枢密都承旨"、"左枢密使"、"枢密直学士"②、"枢密使"③。

校勘:

这9行西夏文据《俄藏黑水城文献》第八册《天盛改旧新定律令》(甲种本)第十三(50—49)左面补。据《西夏文写本和刊本》载,Инв.No.219内容为"第1页左—49页右,96面",而 Инв.No.186 内容则是"第4页左—50页右,48面"④,因此(50—49)左的俄藏编号为 Инв.No.186。克恰诺夫俄译本《天盛律令》中未收该图版,因此史金波等先生《天盛律令》1994年科学出版社汉译本未翻译。2000年《天盛律令》法律出版社汉译本中也未增补。

汉译:

> 不待兵符,刺史、监军司等依先各自谋发兵时,生停滞,则依失符罪状法判断;未停滞,徒二年。
>
> 一诸行监、溜、盈能发兵符一种,以旧换新,府、军、郡县、监军司等自己地境内寻觅,有无当明之,有者当告经略使处,京师城及经略上不缚有等殿前司□□□应寻觅,殿前司四个月一番□□□□□□来上,乃告变于枢密,使告……

50—50

□	□	□	□	□	□	□	□	�𗹬	𗉶	𗥓	𗋽	𗼛	𗂧
□	□	□	□	□	□	□	□	局分	小	大	期	时	依

□	□	□	□	□	□	□	□	𗦜	𗗙	𗥃	𗺉𗛝[1]	𗩽(1)
□	□	□	□	□	□	□	□	六	第	上	主簿	遣

---

① 史金波、聂鸿音、白滨译注:《天盛改旧新定律令》,北京:法律出版社,2000年,第366、373、374页。
② [元]脱脱:《金史》,北京:中华书局,1975年,第1418、1420、1427、1428页。
③ [元]脱脱:《金史》,北京:中华书局,1975年,第1480页。
④ 中国社会科学院民族研究所历史研究室资料组编:《民族史译文集》第3辑,1978年,第56页。

注释：

[1] 𗦮𗩾，字面意思"簿持"，意"主簿"。《类林》"𗦮 𗩾𗦮𗩾𗦮𗩾𗦮𗩾𗦮𗩾𗦮𗩾𗦮𗩾𗦮𗩾𗦮𗩾𗦮𗩾𗦮𗩾𗦮𗩾𗦮𗩾𗦮𗩾𗦮𗩾𗦮𗩾𗦮𗩾𗦮𗩾"对应汉文本"郭伋乃令主簿将返回日告数小儿"[1]。据《天盛律令》卷五《军持兵器供给门》载，主簿为各部类中有战具者之一[2]。该条文残存"𗦮𗩾𗦮"（卷六），查《天盛律令》，卷六《纳军籍磨勘门》载有使不称职主簿、派主簿法及主簿不来及簿他人代行等规定，卷十六则无"主簿"相关条文。

校勘：

这 2 行西夏文据《俄藏黑水城文献》中《天盛改旧新定律令》（甲种本）第十三（50—50）面补。该残片与（50—49）左同出于俄藏 Инв. No.186 文书。克恰诺夫俄译本《天盛律令》中未收该图版，1994 年、2000 年《天盛律令》汉译本未翻译。

汉译：

……□□□□□□□□局分大小期时，依□□□□□□□□□第六卷上派主簿

---

① 史金波、黄振华、聂鸿音：《类林研究》，银川：宁夏人民出版社，1993 年，第 36～37 页。
② 史金波、聂鸿音、白滨译注：《天盛改旧新定律令》，北京：法律出版社，2000 年，第 224 页。

下篇 《天盛律令》铁箭符牌
条文名物制度考论

壹　刀牌

　　《天盛律令》中记载有"帐门后寝待命"、"内宿待命"、"防守待命"三类西夏刀牌,据《内宫待命等头项门》载:"▢▢▢▢▢、▢▢▢、▢▢▢,▢▢▢▢▢▢▢▢▢▢▢▢▢、▢▢▢▢▢、▢▢▢▢▢▢▢▢▢▢▢"[1],即"帐门末宿、内宿、官守护,不许其首领等各自所属记名刀显、执杖等丢失、典当及争斗中丢弃"[2],其中"刀显"即"刀牌"。存世的"帐门后寝待命"、"内宿待命"、"防守待命"三类符牌实物正好印证了这一记载。作为一种区分贵贱等级的制度,刀牌对研究西夏的符牌、内宫等制度有着重要的意义。

　　"刀牌"一词,西夏文即"▢▢"。《天盛律令·内宫待命等头项门》中载"▢▢▢▢▢▢▢▢"[3],《天盛律令》汉译本作"待命者、记名、刀显"[4],《执符铁箭显贵言等失门》中载"▢▢▢▢▢▢▢▢▢"[5],即"待命者失记名之刀牌"[6]。▢,意"刀"。《掌中珠》"▢"作"刀"[7]。"▢",意"明"、"显"、"别"、"區"、"牌"。《掌中珠》"▢▢▢▢"作"知证分白"[8]。夏译《孟子》"▢▢▢▢▢▢"即"皆所以明人伦也"、"▢▢▢▢"即"夫妇有别"、"▢▢▢▢▢▢"即"不直则道不显"[9]。《类林》"▢▢▢▢▢▢▢,▢▢▢▢▢▢▢▢▢▢,▢▢▢▢▢▢▢▢▢,▢▢▢▢▢▢▢▢▢▢▢"对应汉文本"晋帝造凌云阁,令韦诞书写區名,而匠人误先钉其牌悬于楼上,韦诞乃出木梯上另写區文"[10]。

---

① 俄罗斯科学院东方研究所圣彼得堡分所、中国社会科学院民族研究所、上海古籍出版社编:《俄藏黑水城文献》第8册,上海:上海古籍出版社,1998年,第262页。
② 史金波、聂鸿音、白滨译注:《天盛改旧新定律令》,北京:法律出版社,2000年,第429页。
③ 《俄藏黑水城文献》第8册,第261页。
④ 史金波、聂鸿音、白滨译注:《天盛改旧新定律令》,北京:法律出版社,2000年,第428页。
⑤ 《俄藏黑水城文献》第8册,第295页。
⑥ 史金波、聂鸿音、白滨译注:《天盛改旧新定律令》,北京:法律出版社,2000年,第476页。
⑦ 〔西夏〕骨勒茂才:《番汉合时掌中珠》(乙种本),俄罗斯科学院东方研究所圣彼得堡分所、中国社会科学院民族研究所、上海古籍出版社编:《俄藏黑水城文献》第10册,上海:上海古籍出版社,1999年,第30页。
⑧ 〔西夏〕骨勒茂才:《番汉合时掌中珠》(乙种本),《俄藏黑水城文献》第10册,第34页。
⑨ 彭向前:《西夏文〈孟子〉整理研究》,上海:上海古籍出版社,2012年,第151、159、163~164页。
⑩ 史金波、黄振华、聂鸿音:《类林研究》,银川:宁夏人民出版社,1993年,第206页。

目前学界尚未有将《天盛律令》中的"刀牌"与存世的"帐门后寝待命"、"内宿待命"、"防守待命"三类符牌对应起来的研究,对于存世的这三类符牌也仅限于内容的介绍,无深入研究,甚至有学者误将其中的"防守待命牌"认为是"将军的护卫把守营、帐门的信牌"①。事实上,正如《天盛律令》中记载,"帐门后寝待命牌"、"内宿待命牌"、"防守待命牌"三类刀牌分别由帐门末宿、内宿、官守护这三种内宫待命者首领所持有,代表其身份地位。本专题主要围绕存世的西夏刀牌及《天盛律令》卷十二《内宫待命等头项门》、卷十三《执符铁箭显贵言等失门》等相关条文展开,主要对刀牌的形制与种类、刀牌上的真言及执刀牌者进行讨论。

一、刀牌的形制与种类

现存的十七枚西夏刀牌中,"帐门后寝待命"牌两枚,"内宿待命"牌九枚,"防守待命"牌六枚。三者形制有所区别,"帐门后寝待命"牌均为长方形,"内宿待命"牌均为长方铲形,"防守待命"牌则均为圆形。虽然三类刀牌的牌面形制不同,但是三者穿的形状相同,均为方形。就其材质而言,目前存世的这三类待命者刀牌大部分为铜质,唯有一枚"帐门后寝待命"牌为银质。

(一)帐门后寝待命牌两枚:

编号	西夏文牌名		西夏文牌名汉译		形制	尺寸(厘米)	著录	收藏单位	备注
	正面	背面	正面	背面					
1	𗰖𗏁𗋽𗸐𗉵𗆀	𗰖𗏁𗋽𗸐𗉵𗆀	帐门后寝待命	帐门后寝待命	长方形	7.2×6.2	《衡斋吉金识小录》		正面朱文、背面白文、铜质
2	𗰖𗏁𗋽𗸐𗉵𗆀	𗰖𗏁𗆀𗸐𗉵𗋽	帐门后寝待命	没赏千狗	长方形	7.5×5.3×0.3			银质

校注:

1. 帐门后寝待命牌1,《中国藏西夏文献》第二十册编号 002·001,"铜制,长方形,长9.5厘米,宽6厘米,上有穿,可悬佩。正背两面刻有相同的6个西夏文字,一为阳刻,一为

---

① 陈炳应:《贞观玉镜将研究》,银川:宁夏人民出版社,1995年,第21页。

阴刻，可译为'宫门后寝待命'，《西夏文物》辑录[1]。"□□□□"，字面意思"帐门末寝"，即"帐门后寝"。"□"，意"帐"、"室"等，《掌中珠》"□□□□"作"楼阁帐库"、"□□□□"作"室女长大"[2]。"□"，意"门"，《掌中珠》"□□□□"作"演说法门"[3]。"□"，"末"、"尾"，《类林》"□□□□□□□□□"对应汉文本"而烧马粪于室两头薰之"[4]。"□"，意"寝"，夏译《金光明最胜王经》卷十"□□□□□□"对应汉文本"供给敷具并衣食"[5]。另外，"□□"两字在《掌中珠》中对应"门帘"[6]，所指即"帐门"。"□□□□"在《西夏文物·西夏铜牌一览表》中译作"帐门垂闭"[7]，《西夏文物研究》中译作"室门下具"[8]，《西夏文木活字版佛经与铜牌》则译作"宫门后寝"[9]。现综合以上三种译法，将该词译作"帐门后寝"。

2. 帐门后寝待命牌2，《中国藏西夏文献》等未收。银质，长方形，长7.5厘米，宽5.3厘米，厚0.3厘米。上有穿，残，长1厘米，宽2厘米。正面刻西夏文"帐门后寝待命"6字，背面刻西夏文人名"没赏千狗"。收藏单位不详。该待命牌1995年出土于甘肃武威，拓片及照片见孙寿龄、黎大祥《甘肃武威出土西夏银符牌》一文，文中认为背面人名为"勒尚千狗"[10]，不妥。该待命牌背面有西夏文"□□□□"4字，"□□"2字，见西夏文《过去庄严劫千佛名经》发愿文"□□□□□□□□□□□□□□□□□□□□□□□□□□□□"[11]，最后九字即"没赏日嵬译校书谨得"。"没赏"又见于《西夏乾祐十四年安推官文书》，其中"为文，其不见有文契，知见人没赏……"[12]。

（二）内宿待命牌九枚：

编号	西夏文牌名		西夏文牌名汉译		形制	尺寸（厘米）	著录	收藏单位	备注
	正面	背面	正面	背面					
1	□□ □□	□□ □	内宿 待命		长方铲形		《增订历代符牌图录》		铜质

① 史金波、陈育宁主编：《中国藏西夏文献》第20册，兰州：甘肃人民出版社、敦煌文艺出版社，2007年，第78页。
② ［西夏］骨勒茂才：《番汉合时掌中珠》（乙种本），《俄藏黑水城文献》第10册，第29、36页。
③ ［西夏］骨勒茂才：《番汉合时掌中珠》（甲种本），《俄藏黑水城文献》第10册，第19页。
④ 史金波、黄振华、聂鸿音：《类林研究》，银川：宁夏人民出版社，1993年，第93页。
⑤ 王静如：《金光明最胜王经卷十藏汉合璧考释》，载王静如《西夏研究》第三辑，中研院史语所，1933年，第330～331页。
⑥ ［西夏］骨勒茂才：《番汉合时掌中珠》（乙种本），《俄藏黑水城文献》第10册，第30页。
⑦ 史金波、白滨、吴峰云编：《西夏文物》，北京：文物出版社，1988年，第36页。
⑧ 陈炳应：《西夏文物研究》，银川：宁夏人民出版社，1985年，第409页。
⑨ 王静如：《西夏文木活字版佛经与铜牌》，《文物》，1972年第11期，第11页。
⑩ 孙寿龄、黎大祥《甘肃武威市出土银符牌》，《考古》，2002年第4期，第96页。
⑪ 史金波、陈育宁主编：《中国藏西夏文献》第6册，兰州：甘肃人民出版社、敦煌文艺出版社，2005年，第59页。
⑫ 俄罗斯科学院东方研究所圣彼得堡分所、中国社会科学院民族研究所、上海古籍出版社编：《俄藏黑水城文献》第6册，上海：上海古籍出版社，2000年，第300页。

编号	西夏文牌名		西夏文牌名汉译		形制	尺寸（厘米）	著录	收藏单位	备注
	正面	背面	正面	背面					
2	𗓶𗴺𗴺𗎉	𗏟𗫂𗫂𗐯	内宿待命		长方铲形		《西夏国书略说》等		铜质
3	𗓶𗴺𗴺𗎉		内宿待命	讹□□铁	长方铲形	5.5×4		中国社会科学院民族研究所	铜质
4	𗓶𗴺𗴺𗎉		内宿待命		长方铲形	5.5×4		宁夏回族自治区博物馆	铜质
5	𗓶𗴺𗴺𗎉	𗋽	内宿待命	吽	长方铲形			北京民族文化宫	铜质
6	𗓶𗴺𗴺𗎉		内宿待命	巴若哆	长方铲形	5×3.4		故宫博物院	铜质
7	𗓶𗴺𗴺𗎉	𗫂𗵜𗋽𗐯	内宿待命	谋宁十月山	长方铲形	6.8×4×0.3	《中国藏西夏文献》	宁夏回族自治区固原市博物馆	铜质
8	𗓶𗴺𗴺𗎉	𗥃𗫂𗮔𗐯	内宿待命	讹嗯乐酉	长方铲形	6.5×4×0.3	《中国藏西夏文献》	宁夏回族自治区隆德县文物管理所	铜质
9	𗓶𗴺𗴺𗎉	𗱚𗩱𗋽𗫂	内宿待命	如定宁乐	长方铲形	6.9×4×0.3		内蒙古自治区伊克昭盟文物工作站	铜质

校注：

1. 内宿待命牌 1，《中国藏西夏文献》未收。见于《增订历代符牌图录》[①]。"𗓶𗴺𗴺𗎉"字面意思"内宿旨待"，意"内宿待命"。罗福成先生于《国立北平图书馆馆刊》第四卷第三号（西夏文专号）对该宿卫牌进行了考释，"𗓶𗴺𗴺𗎉，汉字为"内宿待命"四字，见于《掌中珠》。再考其背文，上一字为𗴺，读若仔，蕃部姓。下二字虽不可知，其为人名无疑。从来著录家均无考证"[②]。实际上，该宿卫牌正面"𗓶𗴺𗴺𗎉"在《掌中珠》中并未有四字连用的

① 罗振玉：《增订历代符牌图录》，《罗雪堂先生全集》第七编第 2 册，台北：大通书局，1976 年，第 524 页。
② 罗福成：《西夏宿卫牌》，《国立北平图书馆馆刊》四卷三号，1932 年。

情况。"𗾝𗾝"，意"内宿"，《掌中珠》"𗾝𗾝𘂣"作"内宿司"①。𗦻，意"旨"。《掌中珠》"𗦻𗵒"作"承旨"②。𗢲，意"待"。《类林》"𗰖𗇋 𗑲𗙫𗘂𗗟𗞞𗢲"对应汉文本"植梧桐者，以待凤凰"③。该宿卫牌背面西夏文"𘄒𗢝𗖌"(苏铁黑)为人名，多件符牌中均出现。"𘄒"，西夏文《三才杂字·汉姓名》第 31 个姓氏④，与汉文《杂字·汉姓名》第 3 个姓氏"苏"对应⑤。

黑水城出土文书中"𘄒"(苏)姓人名有俄藏 Инв. No.8026《裴没哩埋等物帐》中的"苏木醜辛"⑥、中国藏 G21·003《天庆寅年会款单》中的"𘄒𗣼𗬰𗢝"⑦。传世典籍中西夏苏姓蕃人并不少见，据《续资治通鉴长编》载，宋仁宗天圣元年二月庚申，"补西界内附万子苏渴嵬三班奉职，仍赐姓名李文顺，令居陈州"⑧。景祐二年十二月壬子，"元昊遣苏奴儿将兵二万五千攻唃厮啰，败死略尽，苏奴儿被执"⑨。神宗元祐七年三月丙戌，"西界投来蕃部苏尼通"⑩。

2. 内宿待命牌 2，《中国藏西夏文献》未收，见于《增订历代符牌图录》⑪。背面西夏文为"𗱕𗫼𗬰𗩴"，与《西夏文物·西夏铜牌一览表》录文不同。"𗱕𗫼"，《西夏姓氏考论》收录⑫，西夏文《三才杂字·蕃姓名》第 153、154 个姓氏即"𗉘𗱕"、"𗉘𗫼"⑬，"𗱕"，《掌中珠》中音"茄"⑭、"轻"⑮等。"𗫼"，《同音》中与"𗫾"同一小类，《掌中珠》中音"溺"、"塯"⑯。"𗱕𗫼"与西夏汉文《杂字·番姓名》中第 29 个姓氏"吃塯"同音⑰。

3. 内宿待命牌 3，《中国藏西夏文献》第二十册编号 B82·001，"铜质，长方铲形，长 5.5 厘米，宽 4 厘米，上有穿，可悬佩。正面刻西夏文'内宿待命'4 字，背面刻西夏文党项人名'讹□□铁'。中国社会科学院民族研究所藏"⑱。

① [西夏]骨勒茂才：《番汉合时掌中珠》(乙种本)，《俄藏黑水城文献》第 10 册，第 33 页。
② [西夏]骨勒茂才：《番汉合时掌中珠》(乙种本)，《俄藏黑水城文献》第 10 册，第 33 页。
③ 史金波、黄振华、聂鸿音：《类林研究》，银川：宁夏人民出版社，1993 年，第 108 页。
④ 《三才杂字》(乙种本)，《俄藏黑水城文献》第 10 册，第 50 页。
⑤ 《杂字》，《俄藏黑水城文献》第 6 册，第 137 页。
⑥ 《俄藏黑水城文献》第 6 册，第 325 页。
⑦ 史金波、陈育宁主编：《中国藏西夏文献》第 16 册，兰州：甘肃人民出版社、敦煌文艺出版社，2006 年，第 257 页。
⑧ [宋]李焘：《续资治通鉴长编》卷一〇〇，北京：中华书局，1985 年，第 2316 页。
⑨ [宋]李焘：《续资治通鉴长编》卷一一七，北京：中华书局，1985 年，第 2765 页。
⑩ [宋]李焘：《续资治通鉴长编》卷四七一，北京：中华书局，1993 年，第 11238 页。
⑪ 罗振玉：《增订历代符牌图录》，《罗雪堂先生全集》第七编第 2 册，台北：大通书局，1976 年，第 525 页。
⑫ 佟建荣：《西夏姓氏考论》[博士学位论文]，银川：宁夏大学，2011 年，第 47 页。
⑬ 《三才杂字》(乙种本)，《俄藏黑水城文献》第 10 册，第 49 页。
⑭ [西夏]骨勒茂才：《番汉合时掌中珠》(乙种本)，《俄藏黑水城文献》第 10 册，第 26 页。
⑮ [西夏]骨勒茂才：《番汉合时掌中珠》(甲种本)，《俄藏黑水城文献》第 10 册，第 14 页。
⑯ [西夏]骨勒茂才：《番汉合时掌中珠》(乙种本)，《俄藏黑水城文献》第 10 册，第 29、34 页。
⑰ 《杂字》，《俄藏黑水城文献》第 6 册，第 138 页。
⑱ 《中国藏西夏文献》第 20 册，第 79 页。

4. 内宿待命牌 4,《中国藏西夏文献》第二十册编号 N12·001,"铜质,长方铲形,长 7 厘米,宽 4.2 厘米,厚 0.3 厘米。上有穿,可悬佩。正面刻西夏文'内宿待命'4 字,背面无文。宁夏回族自治区博物馆藏"[①]。

5. 内宿待命牌 5,《中国藏西夏文献》第二十册编号 B92·001,"铜质,长方铲形。上有穿,可悬佩。正面刻西夏文'内宿待命'4 字,背面刻双线西夏文'吽'。北京民族文化宫藏"[②]。

6. 内宿待命牌 6,《中国藏西夏文献》第二十册编号 B32·001,"铜质,长方铲形,长 5 厘米,宽 3.5 厘米,上有穿,可悬佩。正面刻西夏文'内宿待命'4 字,背面刻西夏文人名'巴若男'。故宫博物院藏"[③]。该宿卫牌背面刻西夏文为"𗫕𗏁𗆑","𗆑"意"男",《掌中珠》中"𗫕𗏁𗰖𗆑"对应"妻眷男女","𗆑"注音为"哚"[④]。可见,《西夏文物·西夏铜牌一览表》将"𗫕𗏁𗆑"音译为"巴若乙□"[⑤]有误,应为"巴若哚"。

7. 内宿待命牌 7,《中国藏西夏文献》第二十册编号 N112·001,"铜质,长方铲形,长 6.8 厘米,宽 4 厘米,厚 0.3 厘米。上有穿,可悬佩。正面刻西夏文'内宿待命'4 字,背面刻西夏文人名'波年十月山'。征集。宁夏回族自治区固原市博物馆藏"[⑥]。该宿卫牌背面人名即"𗪊𗋰𗏁𗏁","其中"𗪊𗋰"为西夏文《三才杂字·番姓名》第一百二十四个姓氏[⑦],音"谋宁"。据佟建荣老师《西夏姓氏考论》考证,"𗪊"注音为"没",中古西北方音则读为"谋";"𗋰"《掌中珠》注音为"年"、"念",在《佛母大孔雀明王经夏梵藏汉合璧校释》中则对音为"宁"[⑧]。而且,"𗪊𗋰"在史籍中通常译作"谋宁"、"穆纳"等,据《金史》载,金世宗大定二十一年正月戊申朔,"夏遣武功大夫谋宁好德、宣德郎郝处俊贺正旦",金章宗泰和六年十二月乙丑,"夏御史大夫谋宁光祖、翰林学士张公甫谢封册,押进使知中兴府梁德枢等入见"[⑨]。《长编》卷四九一载有西蕃姓氏"穆纳",宋哲宗绍圣四年九月丙辰,"熙河兰岷路经略司奏西界归附带牌天使穆纳僧格,法当补内殿崇班。诏穆纳僧格为系降敕榜后率先归顺首领,特与礼宾副使,充兰州部落子巡检,仍赐金带银器"[⑩]。"穆纳"为"𗪊𗋰"等不同

---

① 《中国藏西夏文献》第 20 册,第 80 页。
② 《中国藏西夏文献》第 20 册,第 79 页。
③ 《中国藏西夏文献》第 20 册,第 78 页。
④ [西夏] 骨勒茂才:《番汉合时掌中珠》(乙种本),《俄藏黑水城文献》第 10 册,第 29 页。
⑤ 史金波、白滨、吴峰云编:《西夏文物》,北京:文物出版社,1988 年,第 36 页。
⑥ 《中国藏西夏文献》第 20 册,第 80 页。
⑦ 《三才杂字》(乙种本),《俄藏黑水城文献》第 10 册,第 49 页。
⑧ 佟建荣:《西夏姓氏考论》[博士学位论文],银川:宁夏大学,2011 年,第 42 页。
⑨ [元] 脱脱:《金史》,北京:中华书局,1975 年,第 1441、1477～1478 页。
⑩ [宋] 李焘:《续资治通鉴长编》卷四九一,北京:中华书局,1993 年,第 11650 页。

音写。

"□□"又见于俄藏 Инв. No.2736《乾定申年黑水城守将告牒》①,其中"□□□□□□□□□□□□□□□□□□□□□□□□□□□□",聂鸿音先生将"□□□□"译作"没年仁勇"②,佐藤贵保先生将其译作"没宁仁负"③。《中国藏西夏文献》收录了一件西夏文写本粮帐残页,编号 B11·010[7.13]-03VP,其中有人名"□□□□□"。这两处材料中的"□□"均应译作前述《金史》中所载"谋宁",或《长编》中所载"穆纳"。同样,《中国藏西夏文献》将该宿卫牌背面姓氏"□□"译作"波年"不妥,应该采用"谋宁"或"穆纳"等译法。

8. 内宿待命牌 8,《中国藏西夏文献》第二十册编号 N122·001,"铜质,长方铲形,长6.5 厘米,宽 4 厘米,厚 0.3 厘米。上有穿,可悬佩。正面刻西夏文'内宿待命'4 字,背面刻西夏文人名'兀噁乐西'。征集。宁夏回族自治区隆德县文物管理所藏"④。该宿卫牌背面人名即"□□□□"。"□",意"咒",《掌中珠》中"□□□□"作"入定诵念",并旁注"□"读音为"鱼各"⑤。佟建荣老师《西夏姓氏考论》据《广韵》中"鱼"、"各"的不同音韵地位考证"鱼各"音即"讹"。"□"与"□"同为舌头音平声第 59 品韵,《掌中珠》中"□"音"噁",因此,"□"读音即"噁"。

虽然"□"、"□"两字在西夏姓氏中均有使用,如"□□"、"□□"、"□□"、"□□"、"□□"等,但是"□"、"□"两字连用的情况目前仅见于该宿卫牌。《音同》甲种本序言中有人名"□□□□"⑥,《西夏陵园出土残碑译释拾补》译作"兀啰文信"⑦。《中国藏西夏文献》也将该宿卫牌背面蕃姓"□"译作"兀"。这两处"□"字均应译作"讹"。"□",音"噁",蕃姓"□□"在汉文史料中作"恶恶"。据《金史》载,金世宗大定十八年正月丙申朔,"夏武功大夫恶恶存忠、宣德郎武用和等贺正旦",金章宗明昌五年正月癸亥朔,"夏武节大夫恶恶世忠、宣德郎刘思问等贺正旦"⑧。这两处"恶恶"均与"□□"对应,"恶"即"噁",脱"口"。因此,该宿卫牌背面人名"□□□□"应译作"讹噁乐西"。

9. 内宿待命牌 9,《中国藏西夏文献》等均未收。铜质,长方铲形,长 6.9 厘米,宽 4 厘

---

① 俄罗斯科学院东方研究所圣彼得堡分所、中国社会科学院民族研究所、上海古籍出版社编:《俄藏黑水城文献》第13 册,上海:上海古籍出版社,2007 年,第 103 页。

② 聂鸿音:《西夏文献论稿》,上海:上海古籍出版社,2012 年,第 119 页。

③ [日]井上充幸、加藤雄三、森谷一树编,乌云格日勒译:《黑水城两千年历史研究》,北京:中国人民大学出版社,2013 年,第 69 页。

④ 《中国藏西夏文献》第 20 册,第 81 页。

⑤ [西夏]骨勒茂才:《番汉合时掌中珠》(乙种本),《俄藏黑水城文献》第 10 册,第 29 页。

⑥ 《音同》(甲种本),俄罗斯科学院东方研究所圣彼得堡分所、中国社会科学院民族研究所、上海古籍出版社编:《俄藏黑水城文献》第 7 册,上海:上海古籍出版社,第 1 页。

⑦ 史金波:《西夏陵园出土残碑译释拾补》,《西北民族研究》,1986 年第 1 期,第 165 页。

⑧ [元]脱脱:《金史》,北京:中华书局,1975 年,第 1438、1461 页。

米,厚 0.3 厘米。上有穿,可悬佩。正面刻西夏文"内宿待命"4 字,背面刻西夏文人名"如定宁乐"。征集。内蒙古自治区伊克昭盟文物工作站藏。该宿卫牌照片见阎敏《乌审旗发现西夏文"内宿待命"铜符牌》一文,文中认为背面西夏文"𘜶𗏁"是西夏人等姓氏"定如"[1],不妥。该宿卫牌背面即西夏文"𘜶𗏁𗯨𗣜"4 字,"𘜶𗏁"为西夏文《三才杂字·番姓名》第 105 个姓氏[2],对应西夏汉文《杂字·番姓名》中等第 28 个姓氏"如定"[3]。"如定"又见于《宋史》卷四八五《夏国传上》,"元昊亦遣如定、聿舍、张延寿、杨守素继来"[4]。另外,《西夏官印汇考》亦载有西夏人名"𘜶𗏁𗤽𗗷𗣜"[5]。

(三) 防守待命牌六枚:

编号	西夏文牌名		西夏文牌名汉译		形制	尺寸(厘米)	著录	收藏单位	备注
	正面	背面	正面	背面					
1	𗷉𗴲𗣜𗯨	𗭪𗼃𗟨𗨁	防守待命	跋屈契丹	圆形		《增订历代符牌图录》		铜质
2	𗷉𗴲𗣜𗯨	𗷖𗼃𗗆𗣨	防守待命	跋兀金奴	圆形	径 5.3		中国历史博物馆	铜质
3	𗷉𗴲𗣜𗯨	𗢃𗮔𗭴𗊱	防守待命	千玉宝讹	圆形	径 4.5		中国历史博物馆	铜质
4	𗷉𗴲𗣜𗯨	𗂤𗤈𗩾𗈪	防守待命	斜那神庞	圆形		《增订历代符牌图录》《国立北平图书馆馆刊》		双钩、铜质
5	𗷉𗴲𗣜𗯨		防守待命	张成有	圆形	径 5.2		西北师范大学	铜质
6	𗷉𗴲𗣜𗯨		防守待命		圆形	径 5.6		陕西省博物馆	铜质

校注:

1. 防守待命牌 1,《中国藏西夏文献》未收。见于《增订历代符牌图录》[6]。该守御牌正面"𗷉𗴲"二字,字面意思"后护",意"防守"。"𗷉",意"背后",《同音》丁种本 7B73 背注即

---

① 阎敏:《乌审旗发现西夏文"内宿待命"铜符牌》,《草原文物》,1992 年第 Z1 期,第 158 页。
② 《三才杂字》(乙种本),《俄藏黑水城文献》第 10 册,第 49 页。
③ 《杂字》,《俄藏黑水城文献》第 6 册,第 138 页。
④ [元] 脱脱:《宋史》,北京:中华书局,1977 年,第 13998 页。
⑤ 罗福颐等编:《西夏官印汇考》,银川:宁夏人民出版社,1982 年,第 47 页。
⑥ 罗振玉:《增订历代符牌图录》,《罗雪堂先生全集》第七编第 2 册,台北:大通书局,1976 年,第 526 页。

"㲄㱥"(背后)。"㲄",意"护",夏译《十一面神咒心经》中"㲄㱥㲄㱥㲄㱥㲄㲄"对应汉文本"一切如来忆持守护"[1]。该守御牌背面西夏文人名为"㲄㱥㲄㱥",即"跛屈契丹",《西夏文物·西夏铜牌一览表》译作"味屈契丹"[2],《夏汉字典》录为"㲄㱥㲄㱥"(驴狗契丹)[3],将"㲄"误为"㲄"。"驴狗契丹"这一译法应源自罗福成先生,其于《国立北平图书馆刊》第四卷第三号(西夏文专号)对该守御牌进行了考释,"别见一铜牌,其背面刻㲄㱥㲄㱥驴狗契丹四字,驴为蕃姓,狗为名,契丹为国,由是推之,似无可疑"[4]。"㲄㱥㲄㱥"中"㲄"、"㱥"两字在西夏姓氏中均有使用,如"㲄㱥"、"㲄㱥"等[5],但"㲄"、"㱥"两字连用的情况目前则仅见于该守御牌。

1955 年河北大学周庆基教授在天津雅坚斋购得该防守待命牌,现藏河北大学博物馆。梁松涛《河北大学藏西夏文铜牌考释》将该防守待命牌背面文字"㲄㱥㲄㱥"录为"㱥㲄㲄㱥",汉译为"跛狗契丹",并认为"金石文献中未见著录"[6]。事实上,该守御牌正是《增订历代符牌图录》所载这枚。《西夏文物·西夏铜牌一览表》亦收,内容、形制完全一致,为同一守御牌。

2. 防守待命牌 2,《中国藏西夏文献》第二十册编号 B52·002,"铜质,圆形,直径 5.3 厘米,上有穿,可悬佩。正面刻西夏文'防守待命'4 字,背面刻西夏文党项人名'□兀金奴'。中国国家博物馆藏"[7]。该守御牌背面刻西夏文为"㲄㱥㲄㱥",即"跛兀金奴"。"㲄"、"㱥"两字在西夏姓氏中均有使用,如"㲄㱥"、"㱥㲄"等[8],两字连用则较为少见。《西夏文物·西夏铜牌一览表》误将该守御牌背面西夏文误录作"㲄㱥㲄㱥"(千玉宝讹)。

3. 防守待命牌 3,《中国藏西夏文献》第二十册编号 B52·003,"铜质,圆形,直径 4.5 厘米,上有穿,可悬佩。正面刻双线西夏文'防守待命'4 字,背面刻西夏文党项人名'千玉宝讹'。中国国家博物馆藏"[9]。该守御牌背面刻西夏文为"㲄㱥㲄㱥",即"千玉宝讹","㲄㱥"为蕃姓,《西夏姓氏考论》中收录有该姓氏[10]。《西夏文物·西夏铜牌一览表》误将该守御牌背面西夏文误录作"㲄㱥㲄㱥"(跛兀金奴)。

---

① 聂鸿音:《西夏文献论稿》,上海:上海古籍出版社,2012 年,第 319~320 页。

② 史金波、白滨、吴峰云编:《西夏文物》,北京:文物出版社,1988 年,第 36 页。

③ 李范文编:《夏汉字典》,北京:中国社会科学出版社,2008 年,第 694 页。

④ 罗福成:《西夏守御牌》,《国立北平图书馆刊》四卷三号,1932 年。

⑤ 佟建荣:《西夏姓氏考论》[博士学位论文],银川:宁夏大学,2011 年,第 8 页。

⑥ 梁松涛:《河北大学博物馆藏西夏文铜牌考释》,《文物春秋》2011 年第 6 期,第 64 页。

⑦ 《中国藏西夏文献》第 20 册,第 76 页。

⑧ 佟建荣:《西夏姓氏考论》[博士学位论文],银川:宁夏大学,2011 年,第 8 页。

⑨ 《中国藏西夏文献》第 20 册,第 76 页。

⑩ 佟建荣:《西夏姓氏考论》[博士学位论文],银川:宁夏大学,2011 年,第 8 页。

4. 防守待命牌 4，《中国藏西夏文献》未收。见于《增订历代符牌图录》[①]。该守御牌正反面西夏文均为双线刻，背面西夏文为"𗣼𗤶𗏁𗖵"，音"斜那神庞"，《西夏文物·西夏铜牌一览表》将其译为"细歪白丝"。莫高窟第五十七窟题记中有"𗲢𗣫𗤶𗏁�"（息玉那征宝）[②]，"𗲢𗣫"即"细遇"，"𗣼𗤶𗏁𗖵"（斜那神庞）与"𗲢𗣫𗤶𗏁�"（息玉那征宝）读音相似。罗福成先生于《国立北平图书馆馆刊》第四卷第三号（西夏文专号）中考释为："正面为𗨁𗨁𗟿𗏇，译曰防守命令。背面为𗣼𗤶𗏁𗖵，不可读，其为人名与地名无疑。别见一铜牌，其背面刻𗄦𗀔𗣼𗤶驴狗契丹四字，驴为蕃姓，狗为名，契丹为国，由是推之，似无可疑"[③]。

5. 防守待命牌 5，《中国藏西夏文献》第二十册编号 G82·001，"铜质，圆形，直径 5.2 厘米，上有穿，可悬佩。正面刻双线西夏文'防守待命'4 字，背面刻西夏文党项人名'张□有'。西北师范大学藏"[④]。该守御牌背面"𗅸𗐯𗔽"，《掌中珠》"𗅸"音"张"，"𗐯"音"成"，"𗔽"音"有"[⑤]、"酉"、"佑"[⑥]等，"𗅸𗐯𗔽"音译即"张成有"。"𗅸"姓又见于榆林窟第十二窟到第十三窟的洞壁题记第六行，内容即"𗅸𗶷𗅸𗗘"（张讹三茂）[⑦]，其中"𗶷𗗘"为蕃姓[⑧]。

6. 防守待命牌 6，《中国藏西夏文献》第二十册编号 S12·001，"铜质，圆形，直径 5.6 厘米，上有穿，可悬佩。正面刻西夏文'防守待命'4 字，背面刻西夏文党项人名'千叔犬'。陕西省博物馆藏"[⑨]。实际上，该守御牌背面所刻西夏文共五字，但模糊难辨。《西夏文物·西夏铜牌一览表》将该守御牌背面人名译作"千叔（千叔）犬"，但亦未注明背面西夏文[⑩]。

存世的西夏记名刀牌在数量上虽然不及唐代鱼符，但与存世的宋、辽、金以及吐蕃时期的官牌、告身牌相比，数量也算不少。在用途上，西夏刀牌与唐代交鱼符、巡鱼符相似，在宫殿门、城门及内宫使用。然而，西夏的刀牌制度与鱼符制度区别较大。一是形制不同。自唐高祖始，"高祖入长安，罢隋竹使符，班银菟符，其后改为铜鱼符，以起军旅、易守长"[⑪]。铜鱼符主要颁给了京都留守、折冲府、捉兵镇守之所及左右金吾、宫苑总监、牧监等职，宫殿门、城门则颁给交鱼符、巡鱼符。到高宗永徽二年，"开府仪同三司及京官文武

---

① 罗振玉：《增订历代符牌图录》，《罗雪堂先生全集》第七编第 2 册，台北：大通书局，1976 年，第 526 页。
② 史金波：《西夏文化》，长春：吉林教育出版社，1986 年，第 186 页。
③ 罗福成：《西夏守御牌》，《国立北平图书馆馆刊》四卷三号，1932 年。
④ 《中国藏西夏文献》第 20 册，第 77 页。
⑤ ［西夏］骨勒茂才：《番汉合时掌中珠》（乙种本），《俄藏黑水城文献》第 10 册，第 22、28、33 页。
⑥ ［西夏］骨勒茂才：《番汉合时掌中珠》（甲种本），《俄藏黑水城文献》第 10 册，第 6、17 页。
⑦ 史金波、白滨：《莫高窟、榆林窟西夏文题记研究》，《考古学报》，1982 年第 3 期，第 382 页。
⑧ 佟建荣：《西夏姓氏考论》［博士学位论文］，银川：宁夏大学，2011 年，第 8 页。
⑨ 《中国藏西夏文献》第 20 册，第 77 页。
⑩ 史金波、白滨、吴峰云编：《西夏文物》，北京：文物出版社，1988 年，第 36 页。
⑪ ［宋］欧阳修、宋祁撰：《新唐书》，北京：中华书局，1975 年，第 525 页。

职事四品、五品"给随身鱼符①。佩鱼制度虽然曾在武则天时期改内外佩鱼为佩龟,但是其形状始终为鱼形、龟形。二是材质不同。唐代随身鱼符材质以金、铜为主,并佩以金、银鱼袋。"亲王以金,庶官以铜,皆题某位姓名。官有贰者加左右,皆盛以鱼袋,三品以上饰以金,五品以上饰以银。"②目前所见西夏刀牌的材质则以铜质为主,银质符牌仅有实物一枚。宋、辽、金时期的鱼符制度是对唐代随身鱼符制度的继承和发展。宋朝"四品以上紫,六品以上绯,九品以上绿,服绯、紫者必佩鱼"③。辽朝文官配有金鱼袋,六品以下佩银鱼袋④,并铸"金鱼符"作"调发兵马"之用,"南、北、奚王,东京渤海兵马,燕京统军兵马,虽奉召,未敢发兵",上遣大将持金鱼符发兵,"合,然后行"⑤。这一时期,鱼符功用不断扩大,曾一度作辽朝发兵勘合之用,其功用已远远超出西夏刀牌"明贵贱"之用。

除鱼符外,宋、辽、金、吐蕃时期亦有铲形、圆形官牌、告身牌。《增订历代符牌图录》收录了一枚宋代符牌,长方铲形,穿为方形。形制与西夏"内宿待命"牌类似,不同之处在于其底部为外弧形,而"内宿待命"牌底部为内双弧形。该符牌一面刻有"皇祐元年"、"勅",另一面刻有"资政殿"、"臣范仲淹"等字样⑥。该牌应是皇祐元年范仲淹"奉勅就差知杭州军州事"⑦时与勅文一同颁行的。金上京会宁府遗址出土有"上京鞋火千户"铜牌一枚,圆形,直径7厘米,上有一穿,中间竖刻汉字一行"上京鞋火千户",下有押,背面刻有行龙、云纹、火珠等纹饰⑧,该牌即金代"上京鞋火千户"的司职符牌,应为随身佩戴之物。虽然该"上京鞋火千户"牌圆形形制与西夏"防守待命"牌相似,但其穿为圆形。

圆形方穿符牌并不多见,吐蕃告身牌当为其一。与西夏极有渊源的吐蕃在唐代舆服、告身制度的基础上创制了吐蕃告身牌制度。不同于唐代纸质告身,吐蕃告身牌采用了玉、金、银、铜、铁等材质。据《贤者喜宴》载:"作谓告身,最上者为金、玉两种,次为银与颇罗弥,再次为铜与铁文字告身。"⑨《册府元龟》载:"爵位则以宝珠、大瑟瑟、小瑟瑟、大银、小银、大鍮石、小鍮石、大铜、小铜等为告身","官章饰有五等:一谓瑟瑟,二谓金,三谓金饰

① ［后晋］刘昫:《旧唐书》,北京:中华书局,1975年,第1954页。
② ［宋］欧阳修、宋祁撰:《新唐书》,北京:中华书局,1975年,第525页。
③ ［元］脱脱:《宋史》,北京:中华书局,1977年,第3563页。
④ ［元］脱脱:《辽史》,北京:中华书局,1974年,第910页。
⑤ ［元］脱脱:《辽史》,北京:中华书局,1974年,第397页。
⑥ 罗振玉:《增订历代符牌图录》,《罗雪堂先生全集》第七编第2册,台北:大通书局,1976年,第523页。
⑦ ［宋］范仲淹:《范仲淹全集》,成都:四川大学出版社,2002年,第421页。
⑧ 刘宁:《对几面金代牌子的认识》,《辽海文物学刊》1995年第1期。
⑨ 巴卧·祖拉陈瓦著,黄颢、周润年译注:《贤者喜宴——吐蕃史译注》,北京:中央民族大学出版社,2010年,第36页。

银上,四谓银,五谓熟铜。各以方圆三寸褐上装之,安髆前以别贵贱"①。又据《旧唐书》载:贞元十二年三月,"韦皋奏收降蛮七千户,得吐蕃所赐金字告身五十五片"②。可知,吐蕃官员章饰的形状为"方圆三寸"牌状,且刻有文字。陆离先生认为吐蕃告身牌所刻文字应与唐代告身同,内容当是"持有者的姓名、官职"等③。吐蕃告身牌"方圆"形制,以及刻有持有者官职、姓名的特点均与"圆形方穿"的西夏"防守待命"牌相似。

西夏刀牌不仅在形制上与吐蕃告身牌相似,在等级秩序上也有相通之处。西夏刀牌等级有别,"帐门后寝待命"牌不仅在尺寸上比"内宿待命"、"防守待命"牌稍大,还存有目前唯一一枚银质西夏符牌。据《天盛律令》载:"诸人无职,自入内宫门而不通报时,不许与守门者殴打争斗。若违律时,打门楼主以下官徒一年,打内宿徒二年,打宫门末宿徒三年"④,其中"宫门末宿"即"帐门后寝",条文显示殴打帐门后寝比殴打内宿的惩罚要大。从刀牌形制大小、材质及法律条文三个方面都说明了西夏帐门后寝地位略高于内宿。同样,在吐蕃告身牌等级制度中,"小银文字告身"即银牌往往颁给负责保卫王臣的"本教徒、侍寝官员、管理坐骑人员、羌塘向导、保卫边境哨卡者以及守卫宫廷之最高处者"⑤,东本、如本等军职人员则授以铜文字告身,作战勇士则是铁文字告身。

二、刀牌上的真言考

帐门后寝待命牌、内宿待命牌、防守待命牌的正面一般刻有持牌待命者的职务,背面则多为人名或咒等。九枚"内宿待命"牌的背面,人名出现七次。六枚"防守待命"牌的背面均为人名。两枚"帐门后寝待命"中,一枚背面为人名。另外,在"内宿待命"牌中,一枚背面无字,或为"传佩相付"。唐朝随身鱼符中也有这种情况,"亲王以金,庶官以铜,皆题某位姓名","刻姓名者,去官纳之,不刻者传佩相付"⑥。西夏刀牌的背面除了刻有人名、无字这两种情况外,还有刻有经咒的情况。如前文所列内宿待命牌5,其背面即刻有西夏

① [宋]王钦若等编纂、周勋初等校订:《册府元龟》,南京:凤凰出版社,2006年,第11136页。
② [后晋]刘昫:《旧唐书》,北京:中华书局,1975年,第383页。
③ 陆离:《吐蕃统治河陇西域时期制度研究》,北京:中华书局,2011年,第79页。
④ 史金波、聂鸿音、白滨译注:《天盛改旧新定律令》,北京:法律出版社,2000年,第424页。
⑤ 巴卧·祖拉陈瓦著,黄颢、周润年译注:《贤者喜宴——吐蕃史译注》,北京:中央民族大学出版社,2010年,第36页。
⑥ [宋]欧阳修、宋祁撰:《新唐书》,北京:中华书局,1975年,第525页。

文"𗗘",音"吽",是使用西夏文书写的六字真言。

此外,还有两枚西夏文铜牌也刻有西夏文真言,即《西夏铜牌一览表》中的符牌16、17①。其中,符牌16一面刻有西夏文"𗐲"音"哈",另一面刻西夏文"𘜶𗕿𗙴"三字。符牌17一面刻有西夏文"𗗘"音"耶",另一面同样也刻有西夏文"𘜶𗕿𗙴"三字。"𘜶𗕿𗙴",《中国藏西夏文献》编者将其译作"苏铁黑"②。"𘜶",音"苏",作姓氏讲。西夏文《三才杂字·汉族姓》中收该字③,西夏汉文《杂字》对应为"苏"④。《类林》中"𘜶𗷓"即"苏武"⑤。"𗕿",意"铁",《掌中珠》中"𘝴𗕿"(锡铁)注其音为"尚"。"𗙴",意"黑",《掌中珠》中"𗴟𗙴"(黑豆)注其音为"嘿"⑥。李范文先生认为"𗙴"为泥母字,借自藏语 nag,而非"嘿"音⑦。按"𗕿𗙴"读音与蒙古语"亦集乃"(edzina)可勘同,"𗕿"音"移则"与"edzi"音近,"𗙴"与"na"(那)音近。因此,"𘜶𗕿𗙴"音译即"苏尚那"。这两枚铜牌正面都未刻西夏文"内宿待命"或者其他待命者职务,白滨先生认为"可能是军中使用的腰牌"⑧,然而其形制与"内宿待命"牌一致,均为长方铲形,并且两枚铜牌背面人名"𘜶𗕿𗙴"又见于前文所列内宿待命牌1的背面,可见这两枚铜牌应与内宿待命牌一样,为内宫待命者所持。

"𗐲"、"𗗘"、"𗗘"三字均为双线西夏文,其字形明显较之符牌上"苏尚那"、"内宿待命"等字规整,字号也略大,尤其是"𗐲"字。王静如《西夏文木活字版佛经与铜牌》一文中即认为"𗗘"、"𗗘"为"牌证之番号"⑨,这两枚铜牌均收藏在民族文化宫,王先生文中未提及故宫博物院所藏"𗐲"字牌。陈炳应《西夏文物》书中也认为"𗗘"、"𗗘"两牌是"以佛语真言为牌的番号",并进一步推断"𗗘"字牌可能与"内宿待命"牌的用途类似⑩。白滨、杜建录等先生也认为宿卫牌的背面一般为"人名或番号"⑪。

"𗗘"为西夏文六字真言之一,"经典真言中用,梵语是也"⑫。西夏文六字真言在夏、元时代的一些铜器、石碑上颇为流行。《西夏文物》中就刊布了两枚刻有西夏文真言的铜

---

① 史金波、白滨、吴峰云编:《西夏文物》,北京:文物出版社,1988年,第36页。
② 《中国藏西夏文献》第20册,第81、82页。
③ 《俄藏黑水城文献》第10册,第50页。
④ 《俄藏黑水城文献》第6册,第137页。
⑤ 史金波、黄振华、聂鸿音:《类林研究》,银川:宁夏人民出版社,1993年,第38页。
⑥ [西夏]骨勒茂才:《番汉合时掌中珠》(甲种本),《俄藏黑水城文献》第10册,第7、8页。
⑦ 李范文:《宋代西北方音》,北京:中国社会科学出版社,1994年,第128页。
⑧ 史金波、白滨、吴峰云编:《西夏文物》,北京:文物出版社,1988年,第35页。
⑨ 王静如:《西夏文木活字版佛经与铜牌》,《文物》,1972年第11期。
⑩ 陈炳应:《西夏文物研究》,银川:宁夏人民出版社,1985年,第410页。
⑪ 史金波、白滨、吴峰云编:《西夏文物》,北京:文物出版社,1988年,第34页;杜建录:《试论西夏的符牌》,载漆侠、王天顺主编:《宋史研究论文集》,银川:宁夏人民出版社,1999年,第374页。
⑫ 史金波、白滨、黄振华:《文海研究》,北京:中国社会科学出版社,1983年,第542页。

镜以及莫高窟六体文字真言碑的图版。其中一枚铜镜为方形,镜背中部凹有一圆形,中有钮,钮周围匀刻有西夏文六字真言"□□□□□□",即"唵嘛呢叭咪吽"。另一枚铜镜为圆形,内有小圆,其中有结跏趺坐佛像,小圆至铜镜边缘以花瓣形分九格,每格刻有一西夏文,按顺序即"□□□□□□□□□",即"唵嘛呢叭咪吽唵阿吽"。莫高窟六体文字真言碑是元代至正八年西宁王速来蛮重修莫高窟的功德碑,"唵嘛呢叭咪吽"的书写使用了梵、藏、八思巴、回鹘、夏、汉六种字体。"□"、"□"虽然并不属于西夏文六字真言,但是在一些西夏文经咒中也经常出现,如《十一面神咒心经》的西夏译本中"□□□□□□"一句,即对应汉文本中"莫诃迦嚧尼迦"[1],句末当据西夏译本补"耶"字。

这些真言、咒语除了在经颂中使用外,有时也作为族姓、人名出现在世俗文献中。如"□"就经常作族姓使用,俄藏 Инв. No.2996—3《十八年雇畜契》中的"□□□□□"[2]、俄藏 Инв. No.6342—1《户籍帐》中的"□□□□□"[3]。这种带有真言、咒语的人名在西夏并不少见,又如"□"、"□"等。"□",音"伦"等,《类林》"□□"即"伯伦"[4],《文海》21·252 释为"经典中用;又人名亦是也"[5]。"□",音"鸠",《类林》"□□□□"即"鸠摩罗什"[6],《文海》54·141 解释为"人名、地名;又真言中用"[7]。而且,就连前述"□□□□□"、"□□□□□"两人名中出现的"□□",也是源自"□□□□□□"(般若波罗蜜多)。西夏社会文书中还有其他类似"□□"(般若)的词汇出现在人名中,如"□□"(禅定),见俄藏 Инв. No.4762—7《贷粮契》中"□□□□□"[8]等。

刀牌上的真言、咒语的运用与佛教在西夏政治、文化中重要影响是分不开的,藏传佛教尤甚。西夏时期除了将大量的汉文、藏文佛经译为西夏文外,还将不少藏文佛经译成汉文[9]。据克恰诺夫《俄藏黑水城出土西夏文佛经文献叙录》统计,黑水城出土西夏文佛经译自藏文的大约有 133 种,仅收录"藏文佛经"正经目录的经文就有 31 种[10]。《天盛律令·为僧道修寺庙门》中就规定:番、汉、羌行童出家,必须能诵念十一种经颂,且"能诵之无障

---

① 聂鸿音:《西夏文献论稿》,上海:上海古籍出版社,2012 年,第 323 页。
② 《俄藏黑水城文献》第 13 册,第 162 页。
③ 俄罗斯科学院东方研究所圣彼得堡分所、中国社会科学院民族研究所、上海古籍出版社编:《俄藏黑水城文献》第 14 册,上海:上海古籍出版社,2011 年,第 118 页。
④ 史金波、黄振华、聂鸿音:《类林研究》,银川:宁夏人民出版社,1993 年,第 184 页。
⑤ 史金波、白滨、黄振华:《文海研究》,北京:中国社会科学出版社,1983 年,第 424 页。
⑥ 史金波、黄振华、聂鸿音:《类林研究》,银川:宁夏人民出版社,1993 年,第 114 页。
⑦ 史金波、白滨、黄振华:《文海研究》,北京:中国社会科学出版社,1983 年,第 474 页。
⑧ 《俄藏黑水城文献》第 13 册,第 280 页。
⑨ 史金波:《西夏佛教史略》,银川:宁夏人民出版社,1988 年,第 56～57 页。
⑩ [俄] Е.И.Кычанов. *Каталог тангутскихбуддийских памятников*. Киото: унврсригетКиото, 1999, 355.

碍”[1]，方可奏为出家僧人。番羌、汉各列十一种经颂中，藏文占了半数。足见藏传佛教在西夏佛教的发展过程中影响是比较大的。由于西夏统治阶级对佛教的大力提倡，以及对僧人加以法师、国师、帝师等封号，进而“赐紫”、“赐绯”以区分其职位，这些僧人的上层也就有了较高的政治地位。此外，《天盛律令》还记载了关于僧人还俗任职待命的规定，“国境内有僧人情愿交牒为俗人者，于前宫侍、閤门、帐门末宿本处纳册，不许入臣僚中。尔后欲入军待命、独诱，执种种重职，则当报，于所情愿处注册”[2]。可见僧人交牒还俗后，可以任待命、独诱等职，且有很大的自主权。刀牌上所刻有真言与僧人还俗任职待命究竟关系如何有待进一步探讨。但是可以肯定的是，真言、咒语在刀牌上的运用与佛教在西夏政治、文化中的地位有着必然的联系。

三、执刀牌者考

帐门后寝待命牌、内宿待命牌、防守待命牌这三类西夏刀牌正面分别刻有持牌者的职务，即“[illegible]”（帐门后寝待命）、“[illegible]”（内宿待命）、“[illegible]”（防守待命）。《天盛律令·内宫待命等头项门》中记载西夏的内宫待命者共有十种：“[illegible]、[illegible]、[illegible]、[illegible]、[illegible]、[illegible]、[illegible]、[illegible]、[illegible]、[illegible]”[3]，即“内宿承旨、医人、帐门末宿、内宿、神策、官守护、外内侍、閤门、前内侍、内侍承旨”。“帐门后寝”、“内宿”、“防守”分别对应其中的“[illegible]”（帐门末宿）、“[illegible]”（内宿）、“[illegible]”（官守护）。虽然这三组词汇在《天盛律令》汉译本中存在多种不同的译法[4]，但均指“帐门末宿”、“内宿”、“官守护”这三类内宫待命者。

内宫待命者的职责往往比一般内宫任职者重。《天盛律令》中记载有内宫任职者共二十种：“[illegible]、[illegible]、[illegible]、[illegible]、[illegible]、[illegible]、[illegible]、[illegible]、[illegible]、[illegible]、[illegible]、[illegible]、[illegible]、[illegible]、[illegible]

---

① 史金波、聂鸿音、白滨译注：《天盛改旧新定律令》，北京：法律出版社，2000年，第404页。

② 史金波、聂鸿音、白滨译注：《天盛改旧新定律令》，北京：法律出版社，2000年，第410页。

③《俄藏黑水城文献》第8册，第260页。

④ “[illegible]”，帐门后寝，《天盛律令》汉译本通常译作“帐门末宿”、“帐门后宿”、“宫门末宿”等。“[illegible]”，防守，汉译本译作“守护”、“后卫”、“外卫”、“外护”等。有时汉译本甚至误将“[illegible]”（内宿）、“[illegible]”（防守）两词合译为“内宿后卫”、“内宿外护”。

𗿢 𗢤 𗏹 𘓞 𗫡 𘒐 𗖰、𗅲 𗅋 𘒐 𗾔 𗎃 𘓁 𗷾 𘒐 𗖰、𗅲 𗢭 𗤒 𘊛 𗟲、𗭥 𗤁 𗾔 𗸦 𘕿 𗢤 𘒐 𗖰、𘜶 𗱕 𗢤 𘉋"①，即"茶②酒器承旨、巫阴阳③、侍帐事者、殿使、厨庖、主传桌、门楼主、更夫、採薪灌水者、殿提举、仆役房④、裁量匠、做陈设钉、帐下内官都案头监、女子、秘书监局分及司吏、内宿司都案案头司吏、内宫守护者、中书枢密当值司吏、沿门巡检"。当内宫待命者与内宫任职者同样犯"当值饮酒"之罪时，任职者若为庶人则处以杖刑"十杖"⑤，有官则罚钱五缗，待命者由于其职责重，庶人则处以相对严苛的徒刑"一个月"，有官则罚两匹马。

内宫待命者及任职者一部分来源于附近乡里，《天盛律令》有载："京师界附近乡里当遣之"⑥。还有一部分是袭抄而来，最初往往按照文、武分到中书、枢密管事处由宰相亲自考察，"面视其知文字、晓张射法、貌善、人根清洁、明巧可用"⑦，则可袭抄，然后由知情只关担保者奏报。对于不晓文字、不懂射法、愚闇少计，人根不洁，貌亦丑陋之人，则按规定分抄并注册。西夏内宿、防守、帐门后寝等入待命者，更是强调其血统，"其入待命者，人根是否鲜洁，当令寻担保只关者注册"⑧。

作为待命者，内宿、防守、帐门后寝的分抄续抄由殿前司管理。"帐门末宿、内宿外护、神策、外内侍等所有分抄续转，悉数当过殿前司"⑨。关于内宿、防守、帐门后寝分抄续抄的规定，见《天盛律令·抄分合除籍门》，帐门后宿分抄时，"当入内宿中"，一旦诸待命者触犯法律，"官品当及按待命已减以外，犹应服五年劳役者"⑩，罪当革职，帐门后寝可以入转内宿，内宿、防守则只能与神策、内宫侍、臣僚、裨官、巫阴阳、医者一样，转为同抄的辅主。

据《天盛律令·军持兵器供给门》载，"帐门末宿"、"内宿"、"官守护"这三类内宫待命者与牧农主、使军、诸臣僚、神策、内外侍等同为各部类有战具者。

---

① 《俄藏黑水城文献》第 8 册，第 260 页。

② "茶"，史金波、聂鸿音、白滨译注《天盛改旧新定律令》第 427 页作"药"，有误。现据许伟伟《〈天盛改旧新定律令·内宫待命等头项门〉研究》第 22 页改。

③ "阴阳"，史金波、聂鸿音、白滨译注《天盛改旧新定律令》第 427 页音译作"嗯你"，并注"未知其义"。现据许伟伟《〈天盛改旧新定律令·内宫待命等头项门〉研究》第 22 页改。

④ "仆役房"，史金波、聂鸿音、白滨译注《天盛改旧新定律令》第 427 页作"皮衣房"，不妥。现据许伟伟《〈天盛改旧新定律令·内宫待命等头项门〉研究》第 25 页改。

⑤ "十杖"，史金波、聂鸿音、白滨译注《天盛改旧新定律令》第 427 页误作"十三杖"。

⑥ 史金波、聂鸿音、白滨译注：《天盛改旧新定律令》，北京：法律出版社，2000 年，第 437 页。

⑦ 史金波、聂鸿音、白滨译注：《天盛改旧新定律令》，北京：法律出版社，2000 年，第 356 页。

⑧ 史金波、聂鸿音、白滨译注：《天盛改旧新定律令》，北京：法律出版社，2000 年，第 442 页。

⑨ 史金波、聂鸿音、白滨译注：《天盛改旧新定律令》，北京：法律出版社，2000 年，第 442 页。

⑩ 史金波、聂鸿音、白滨译注：《天盛改旧新定律令》，北京：法律出版社，2000 年，第 259～260 页。

帐门后宿属：

　　正军有：官马、披、甲、弓一张、箭百枝、箭袋、银剑一柄、圆头木檑一、拨子手扣全、五寸叉一柄、囊一、弦一根、凿斧头二、长矛杖一枝。

　　正辅主：弓一张、箭六十枝、有后甄木檑一、拨子手扣全、长矛杖一枝。

　　负担：弓一张、二十枝箭、拨子手扣全、长矛杖一枝。

内宿后卫等属：

　　正军：官马、披、甲、弓一张、箭百枝、箭袋、枪一枝、剑一柄、圆头木檑一、长矛杖一枝、拨子手扣全、五寸叉一柄、弦一根、囊一、凿斧头二、铁笁篱一。

　　正辅主有：弓一张、箭六十枝、有后甄木檑一、长矛杖一枝、拨子手扣全。

　　负担：弓一张、二十枝箭、长矛杖一枝、拨子手扣全[1]。

　　帐门后寝地位高于内宿、防守，正军装备也有所区别。其一，"帐门后寝"正军所持剑为银剑；其二，"内宿"、"防守"正军则多持"枪一枝、铁笁篱一"。三者正辅主、负担的装备则没有区别。

　　帐门后寝、内宿、防守作为内宫待命者配备有战具，享有一定地位，同时也必须履行一定义务：

　　（一）守卫内宫。内宫中除因公奉旨带刀、剑、弓箭、枪、铁杖等武器以外，不许诸人随意带武器来内宫。倘若违律时，意图伤害官员则被认作"谋逆"。"因酒醉、愤怒等带武器行者，依逾越宫墙带武器之罪情依法判断"。此外，"知仪礼而忘之，及不知仪礼等持武器入内宫之罪，分别实行"。内宿、帐门后寝等由于疏忽大意而未将持武器入内宫之人驱逐，则要处以十杖之刑。另外，遇诈言传上谕及帐上御前召等情况，内宿、帐门后寝见之而"不传语"，"内宫承旨亲自见之而未仔细推寻，胡乱使入内等时"[2]，守门者之罪则与乱引助放入内之罪状相同。内宿承旨以守门者之从犯法判断，未见则当依次各减一等。若守门者等已提醒内宿承旨处而不听，则守门勿治罪，内宿承旨依守门法判断。

　　（二）按时当值。帐门末宿（帐门后寝）、内宿、官守护（防守）、内外侍、神策及其首领等须按日集中、坚持职守，如违律，"属下人一日徒一个月，二日徒两个月，三日以上一律以全月未至论，徒三个月。首领一律一日徒一个月，二日徒三个月，三日以上以全月未至论，徒六个月，期满令依旧任职"。若连续两次当值不到，则"正军一人，首领军卒等一律当革

---

① 史金波、聂鸿音、白滨译注：《天盛改旧新定律令》，北京：法律出版社，2000年，第227页。
② 史金波、聂鸿音、白滨译注：《天盛改旧新定律令》，北京：法律出版社，2000年，第423~424、425~426页。

职、军,十三杖,当于近处为军,依同抄各班主分抄加入法分别为之"。若"帐门末宿"(帐门后寝)、内宿、"外卫"(防守)等当值不到而遣其他人代其当值时,"遣人者徒二年,所遣者徒一年"①。

帐门末宿、内宿、官守护在内宫、帐下当值的职责有所不同。其中,内宿、防守各三人与门楼主、殿提举各一人派驻到"三种内宫及帐下等"的外面,负责守护等事宜。帐门末宿、臣僚、下官、神策、内外侍②等各派一人,帐门末宿主要负责内宫待命者及任职者之间的联络。虽然三者职责有所不同,但是其当值均以一个月为期,"除帐门末宿、内宿、守护③、神策、内外侍等各一个月当值以外,其余门楼主、内提举等当为三班,十五日一当值,一律不论日夜,可住其中"④。

(三)引导队列。官员出内宫,待命者严格按照规定引导队列,"诸人不许胡乱自入列中、骑马穿行等","骑马穿行队列前者,有官罚马一,庶人十三杖"。内宿、防守、帐门后寝各队列也严格区分,违律进入内宿、防守、护卫者列间,"徒三个月",护卫者进入宫门后寝等列间,"徒六个月"⑤。

(四)保管刀牌,不得丢失、典当。帐门末宿(帐门后寝)、内宿、官守护(防守)首领不许丢失、典当或在争斗中丢弃各自所属记名刀牌、执杖等,若违律时,"失一种徒三个月,失二种徒六个月,失三种徒一年,期满当依旧任职。其中火烧、水淹、为盗贼所夺属实,则罪勿治,记名人当偿。为他人强行夺取时,取者之罪与前述自丢失罪相当。若毁伤则有官罚马一,庶人十三杖"⑥。

总之,从西夏刀牌形制特点来看,西夏刀牌与唐、宋、辽、金及吐蕃之间既有联系,又有区别,足见西夏深受中原及周边民族文化的滋养,以及与宋、辽、金、吐蕃政权文化的交流。通过存世的西夏刀牌与《天盛律令》刀牌条文的互证研究,可知西夏刀牌确为帐门后寝待命牌、内宿待命牌、防守待命牌三类,其形制特点、功用都有所区别,执刀牌者享有地位的同时,也需要担负起守卫内宫、按时当值、引导队列及保管刀牌、不得丢失典当刀牌等职责。西夏刀牌作为内宫待命者"帐门末宿"、"内宿"、"官守护"所佩戴的符牌,不仅仅是用以代表其身份地位,更是西夏内宫制度的重要体现。

---

① 史金波、聂鸿音、白滨译注:《天盛改旧新定律令》,北京:法律出版社,2000 年,第 427~428 页。
② "内外侍",史金波、聂鸿音、白滨译注:《天盛改旧新定律令》第 437 页脱"外"。
③ "内宿、守护",史金波、聂鸿音、白滨译注:《天盛改旧新定律令》第 437 页作"内宿守护"。
④ 史金波、聂鸿音、白滨译注:《天盛改旧新定律令》,北京:法律出版社,2000 年,第 437 页。
⑤ 史金波、聂鸿音、白滨译注:《天盛改旧新定律令》,北京:法律出版社,2000 年,第 429 页。
⑥ 史金波、聂鸿音、白滨译注:《天盛改旧新定律令》,北京:法律出版社,2000 年,第 429~430 页。

贰　木牌

《天盛律令》中与木牌相关的律文共有三条，涉及西夏的军用、民用两种木牌，这两种木牌上均写有执牌者姓名等相关信息。《天盛律令》卷五《军持兵器供给门》、卷十五《纳领谷派遣计量小监门》两门分别使用西夏文“[illegible]”、“[illegible]”对应军用、民用两种木牌。另外，卷十二《内宫待命等头项门》中载有“[illegible]”字，汉译本将此字译为“簿”，实际上，该字应为“[illegible]”的简写，用以表示军用木牌。目前学界对于《天盛律令》中军用木牌的研究尚属空白。史金波先生在《西夏经济文书研究》中对民用木牌有所提及，但未做详细探讨。本专题主要围绕《天盛律令》中木牌条文展开，并结合现存西夏木牌对其特点进行讨论。

《天盛律令》中与西夏木牌相关律文如下：

一、《军持兵器供给门》：

“[illegible]，[illegible]。”①

汉译即：“前述各部类军、独诱一样，每五军抄应于隐蔽处供给一木牌。”②

二、《内宫待命等头项门》：

“[illegible]，[illegible]，[illegible]，[illegible]，[illegible]，[illegible]，[illegible]，[illegible]，[illegible]，[illegible]，[illegible]，[illegible]，[illegible]，[illegible]，[illegible]，[illegible]

① 《俄藏黑水城文献》第 8 册，第 122 页。

② 史金波、聂鸿音、白滨译注《天盛改旧新定律令》第 228 页译为“前述各部类军独诱一样，每五军抄应于隐蔽□供给一木牌”，克恰诺夫俄译、李仲三汉译、罗矛昆校订《西夏法典》第 133 页译为“上述军卒和特遣者五人一顶帐篷，被褥应得一样”。

[illegible]。”①

汉译即：“前述待命者每夜查时，查牌②上点名时无有，查未毕来到时，不论有官、庶人，一律罚二缗，查完毕奏时来到时罚三缗，已奏之后方来到罚五缗。夜二三更过时，出查者处则罚七缗，天晓内门未开，此时出查者处则罚纳钱十缗。不堪纳钱时，二缗笞二十，三缗七杖，五缗八杖，七缗十杖，十缗十三杖。其中有官者有禄食，则可于禄食中减除，无禄食则当依法入受杖中。”

三、《纳领谷派遣计量小监门》：

“[illegible]。”③

汉译即：“各税户家主各自地、何时种、耕牛数、种种税、斛、斗、升、合、条草当明之，当使书一木牌上。一户当予一木牌。”④

从以上三条材料来看，西夏的木制符牌共有两种：

一、军用木牌，即《军持兵器供给门》中的“[illegible]”，汉译本作“木牌”⑤。[illegible]，音“牡”、“木”、“目”、“牧”等。《掌中珠》中“牡丹花”音“[illegible]”、“果木”音“[illegible]”⑥、“头目”音“[illegible]”⑦、“群牧司”音“[illegible]”等⑧。《类林》中“[illegible]”即“秦穆公”⑨。[illegible]，音“白”、“帛”等。《掌中珠》中“白虎”音“[illegible]”、“白羊”音“[illegible]”、“綵帛”音“[illegible]”⑩等。“[illegible]”，又作族姓“白”，国家图书馆藏《现在贤劫千佛名经》卷首所附《西夏译经图》正中高僧提款为“[illegible]”⑪，即“都译勾管作者安全国师白智光”。《内宫待命等头项门》中“[illegible]”与“[illegible]”所指均为军用木牌。

① 《俄藏黑水城文献》第8册，第271页。
② “牌”，对应西夏文“[illegible]”，史金波、聂鸿音、白滨译注《天盛改旧新定律令》第441页译为“簿”，应为“牌”。
③ 《俄藏黑水城文献》第8册，第319页。
④ 史金波、聂鸿音、白滨译注《天盛改旧新定律令》第514页译为“各租户家主各自地何时种、耕牛数、租种数、斛、斗、升、合、条草当明之，当使书一木牌上。一户当予一木牌”。其中，“租户家主”可改为“税户家主”，参见潘洁：《西夏税户家主考》，《宁夏社会科学》，2016年第2期。另，西夏文“[illegible]”，较之原译文“租种数”，可改为“种种税”。
⑤ 史金波、聂鸿音、白滨译注：《天盛改旧新定律令》，北京：法律出版社，2000年，第228页。
⑥ ［西夏］骨勒茂才：《番汉合时掌中珠》(乙种本)，《俄藏黑水城文献》第10册，第25页。
⑦ ［西夏］骨勒茂才：《番汉合时掌中珠》(甲种本)，《俄藏黑水城文献》第10册，第10页。
⑧ ［西夏］骨勒茂才：《番汉合时掌中珠》(乙种本)，《俄藏黑水城文献》第10册，第33页。
⑨ 史金波、黄振华、聂鸿音：《类林研究》，银川：宁夏人民出版社，1993年，第49页。
⑩ ［西夏］骨勒茂才：《番汉合时掌中珠》(甲种本)，《俄藏黑水城文献》第10册，第4、14页。
⑪ 《中国藏西夏文献》第5册，第187页。

二、民用木牌，即《纳领谷派遣计量小监门》中的“蘣繉”，汉译本亦作“木牌”[①]。蘣，意“木”。《掌中珠》中“蘣瓬”即“木植”、“蘣䊒”音“木匠”[②]。

《天盛律令》的西夏本译者为区别“敍繉”、“蘣繉”这两种“木牌”，采用了音译、意译两种不同译法。虽然译法不同，“敍繉”、“蘣繉”均可直译为“白木”，即“白色的木牌”。

所谓“白木”，并非指木牌的材质为白色，而是指木牌表面有白色的涂层。现存的两件西夏文木牌都与宗教有关，但也都具有白色涂层这一特点。一件为贺兰山拜寺沟方塔所出圭形发愿木牌，编号 F105，中高 15.5 厘米、侧高 13 厘米、面宽 6.7 厘米、厚 1 厘米，正中上部有穿孔，直径 0.6 厘米。白色涂层略有褪色。该木牌正背面均有竖书西夏文行楷四行。汉译即：

（正）

一　　贞观癸巳十三年五月

二　　十三日，西浮屠上手乃

三　　泥，二十三日了毕。泥

四　　匠：任原，庶人等六人

（背）

一　　任原　刘平

二　　庶人　□宣　高阿尾

三　　王牛儿　钟求善

四　　任打打[③]

另外一件为伯希和于敦煌发现的西夏文木牌残件，编号 Pelliot Xixia 946.1517B，高 12 厘米，宽 7 厘米。正面白色涂层保存较好。该木牌残存西夏文三行，汉译即：

一　　缘等不同法

二　　多闻天王下香绕

三　　庙一叉坐庙美捶[④]

① 史金波、聂鸿音、白滨译注：《天盛改旧新定律令》，北京：法律出版社，2000 年，第 514 页。

② ［西夏］骨勒茂才：《番汉合时掌中珠》（乙种本），《俄藏黑水城文献》第 10 册，第 25 页。

③ 宁夏文物考古研究所：《拜寺沟西夏方塔》，北京：文物出版社，2005 年，第 300～301 页。

④ 西北第二民族学院、上海古籍出版社、法国国家图书馆编：《法国国家图书馆藏敦煌西夏文文献》，上海：上海古籍出版社，2007 年，第 191 页。

甘肃武威博物馆所藏数件修行洞出土的藏文木牌①也明显涂有白色涂层。西夏时期木牌上涂有白色涂层这一特点具有一定的普遍性。

西夏的军用、民用木牌在颁给制度上有以下四个特点：

首先，西夏的军用木牌通常是每五军抄颁给一枚。西夏军抄一般两人为一抄，所以军用木牌是十人一牌。这种十进法在北族军队编制中一直都较为盛行，鲜卑、柔然、辽、金、元均是如此。据《大金国志》附录一《女真传》载，金代"职曰忒母，万户；萌眼，千户；毛毛可，百人长；蒲里偃，牌子头"②。"蒲里偃"即《金史》中"蒲辇"，"盖金牌以授万户，银牌以授猛安，木牌则谋克、蒲辇所佩者也"③。可见，金代蒲辇佩木牌，领十人，为牌子头。元朝亦"袭用前代之兵制者耳"④。据《元史》载，元代军士"十人为一牌，设牌头，上马则备战斗，下马则屯聚牧养"。"每一牌子签军一名，限年二十以上、三十以下者充，仍定立千户、百户、牌子头。"⑤黑水城出土的两件元代汉文写本文书⑥也印证了元代军士"十人一牌"的制度。

（一）M1·0273［F197：W23a］

一　　　　候□南布　麦足兀……

二　　　　足兀朵立真答　梁……

三　　　　吾即忽□布

四　哈剌章牌下：

五　　　马军一十名：

六　　　　也火哈剌章　米□受　汝足剌

七　　　　吾即不颜　也火不□　高耳立支

（二）M1·0276［F197：W13］

一　　　　　　　　　也……

二　鲁即柔责牌下：

① 黎大祥、张振华、黎树科：《武威地区西夏遗址调查与研究》，北京：社会科学文献出版社，2016年，第231页。
② ［宋］宇文懋昭著，崔文印校证：《大金国志校证》，北京：中华书局，1986年，第586页。
③ ［元］脱脱：《金史》，北京：中华书局，1975年，第1335页。
④ ［日］箭内亘著，陈捷、陈清泉译：《元朝制度考》，上海：商务印书馆，1934年，第34页。
⑤ ［明］宋濂：《元史》，北京：中华书局，1976年，第2508～2509页。
⑥ 塔拉、杜建录、高国祥主编：《中国藏黑水城汉文文献》第2册，北京：国家图书馆出版社，2008年，第375、378页。

三　　　马军一十名：

四　　　鲁即柔贵　吾即失剌　周……

五　　　也火答合　赵海哥　　卜……

六　　　梁兀纳答　畏吾儿……

其次,西夏军用木牌上往往书写有士兵的名字等信息,用于每天晚上清点士兵的人数及在岗情况。《天盛律令·内宫待命等头项门》规定,"前述待命者每夜查时,查牌上点名时无有"。吐蕃时期有军用红证(红册、红册木牍)、白证(白册)。红证在吐蕃历史文书《大事纪年》出现共有九处:一、狗年(高宗上元元年,公元 674 年)"赞普夏驻于悉立。……于'拉克'之'布穷'集会议盟。点验红册"。二、虎年(武后天授元年,公元 690 年)"夏,赞普驻于跋布川。……垄达延与大论钦陵于藏之'林噶园'集会议盟,定大藏之红册"。三、兔年(武后天授二年,公元 691 年)"赞普驻于辗噶尔。……冬,于畿曲河流域之'查玛塘'集会议盟,乃依红册征集兵丁"。四、龙年(武后长寿元年,公元 692 年)"赞普驻于辗噶尔。……冬,于'畿'之'林仁园'集会议盟,立红册木牍"。五、猴年(中宗景龙二年,公元 708 年)"夏,赞普驻于跋布川之'鹿堡',祖母驻于'准'之牙帐。夏季会盟由大论乞力徐于赤帕塘召集之。统计查对禁卫军之红册木牍"。六、鸡年(中宗景龙三年,公元 709 年)"赞普驻于跋布川。……于温江岛集会议盟。统计、清查'茹拉'之红册木牍"。七、鼠年(睿宗太极元年,公元 712 年)"夏,赞普驻于跋布川。……冬季会盟由垄达延与大论乞力徐于畿查园中召集之。统计清查三个茹之红册木牍"。八、马年(玄宗开元六年,公元 718 年)"夏,赞普驻于跋布川。夏季会盟事于卓布尔,……定达布之红册木牍"。九、猴年(玄宗天宝三年,公元 744 年)"夏,赞普巡临北方。……于'畿'之萧玛苑,由大论穷桑、论·结桑二人集冬会议盟。进行征兵点兵大料集,赞普下令将红册木牍移至黄纸册上"[1]。王尧先生认为"红册"即禁卫军名册[2],陆离先生认为:"红证(khram dmar po)"是给禁卫军士兵的身份证件[3]。实际上,这只反映了红证的一个方面。吐蕃点验红证、定立红证通常发生于集会会盟之后,政府对会盟的士兵进行统计,登记到红色的木牍上。因此,红证上不仅有禁卫军,应该还包括了参与会盟的各茹一般士兵。除了作为统计查对的工具,红证还

---

[1] 王尧:《敦煌本吐蕃历史文书·大事纪年》,载王尧编著:《王尧藏学文集》卷一,北京:中国藏学出版社,2012 年,第 195、197、198、201、202、203、207 页。

[2] 王尧:《敦煌本吐蕃历史文书·大事纪年》,载王尧编著:《王尧藏学文集》卷一,北京:中国藏学出版社,2012 年,第 195 页。

[3] 陆离、陆庆夫:《关于吐蕃告身制度的几个问题》,《民族研究》,2006 年第 3 期,第 96 页。

被作为征集兵丁的依据。公元744年吐蕃这次征兵记载较为详细,吐蕃政府将红册木牍上的士兵名字登记到黄纸册上再进行征兵。

吐蕃白证在《大事纪年》中仅出现了一处:猴年(玄宗天宝三年,公元744年)"夏,赞普巡临北方。还,牙帐设于逻册尔。……清点各地方军丁白册"[1]。陆离先生认为:"白证(khram skya)"是颁给一般士兵的白色木牌[2]。西夏的军用木牌在外观上与吐蕃颁给士兵的"白证"一样,都是白色木牌。两者的用途也一致,都用以清点兵丁。不同的是,西夏是每五军抄颁给一木牌,吐蕃"白证"往往一人一牌。在新疆出土的吐蕃竹木简牍中,有二十多支木质告身。在这些木牍上,往往每支仅书写有一个士兵的名字、部落信息,如M.Tagh.c.iv,009号"乞力塘部落之支·彭列"[3],体现了吐蕃军用木牌一人一牌的特点。

再次,西夏的民用木牌是按户授予税户家主的,"一户当予一木牌"。史金波先生认为:"租户家主(税户家主)"是"有耕地的纳税农户"[4]。潘洁博士在此基础上认为:"税户家主是有耕地的纳税户,承担西夏的基本赋役。家主在交租、税草之外,还有监管家民、维护渠道、参与催税、维持治安等职责,对内为家族负责,对外受官府领导,既是家门的负责人,又是基层的管理者。"[5]这一概括较为中肯。据《天盛律令·地水杂税门》规定:"税户家主有种种地租役草,催促中不速纳而住滞时,当捕种地者及门下人,依高低断以杖罪,当令其速纳。"[6]可见,税户家主不单单是一户耕地农,其门下应该还包括了若干户附属农。因此,西夏民用木牌所颁给的"一户",是指税户家主管理下的一个基层组织形式。

吐蕃授予平民的也是白色木牌,据《贤者喜宴》载:"灰白色硬木并画以水纹的文字告身授予一般属民。"[7]伴随着这种白色木牌告身的出现,"木牌户"随之产生。据英藏敦煌文书Ch,79,xiv载:"……在北面,与木牌户赤当·西尼果的轮休地相接。开托鄂木的水浇轮休地,有十五突。其地界:正南面与'木牌户'地相接……",Ch,79,xiv,5载:"……其地界:东南直连沙漠,南面直达库赖·木囊水泉。西面直达赤当·吐库木牌户的桧树地,北面与沙漠相连。桧树地二十……突在……其地界:东面直到娘坎木木牌户温……直达

---

① 王尧:《敦煌本吐蕃历史文书·大事纪年》,载王尧编著:《王尧藏学文集》卷一,北京:中国藏学出版社,2012年,第207页。

② 陆离:《吐蕃统治河陇西域时期制度研究》,北京:中华书局,2011年,第80~81页。

③ 王尧、陈践:《吐蕃简牍综录》,北京:文物出版社,1986年,第54页。

④ 史金波:《西夏经济文书研究》,北京:社会科学文献出版社,2017年,第84页。

⑤ 潘洁:《西夏税户家主考》,《宁夏社会科学》,2016年第2期,第219页。

⑥ 史金波、聂鸿音、白滨译注:《天盛改旧新定律令》,北京:法律出版社,2000年,第508页。

⑦ 巴卧·祖拉陈瓦著,黄颢、周润年译注:《贤者喜宴——吐蕃史译注》,北京:中央民族大学出版社,2010年,第36页。

赤当·波果木牌户的轮休地,西面直达达尼·崩才木牌户的桧树地,南面直到噶果木格大路处。"①上述两件文书中,"木牌户"出现多达六处。"木牌户"的出现说明了吐蕃也是按户授予平民木牌。

最后,民用木牌上书写"地何时种、耕牛数、种种税、斛、斗、升、合、条草"等内容,不仅仅是像告身牌那样用来"以别高下",其在很大程度上是为了掌控赋税、加强土地管理。史金波先生也认为民用木牌与赋税存在关系,"西夏政府给农户一个木牌,公示耕地、耕牛以及当缴纳的粮、草等,不仅使农户明确自己的纳税义务,还意在避免隐田漏税的误差和各级人员的乱征乱收"②。

此外,在黑水城出土的一件元代民籍文书中 M1·0004〔F249：W22〕《吾即忍布等牌子下户籍》③也记载有"牌子"。

一　……□俗

二　　贺竜徒沙牌子下

三　　　一户吾即棹④立哈　一户李耳玉　一户吾即朵立只令只……

四　　　一户也火阿哈卜即　一户李朵立只黑巴

五　　吾即忍布牌子下

六　　　一户吾七耳玉　一户义束答失帖木立　一户也火即兀束……

七　　李黑党立崽牌子下　一户梁耳罗

八　　也火俺伯牌子下

九　　　一户□……

该文书中共出现了四次"牌子"。每个牌子下户数不等,多者五户,少者一户。贺竜徒沙、吾即忍布、李黑党立崽、也火俺伯类似于西夏时期的"税户家主"。他们管理牌子下的若干民户,形成了元代的一种基层组织管理形式。与元代士兵"十人一牌"不同的是,户籍上使用的"牌子"都是按户颁发的。元代黑水城地区的牌子户管理形式与西夏民用木牌制度一致,都是以户为单位进行管理。

---

① 〔英〕F.W 托马斯编著,刘忠、杨铭译注:《敦煌西域古藏文社会历史文献》,北京:民族出版社,2003 年,第 317～318 页。
② 史金波:《西夏经济文书研究》,北京:社会科学文献出版社,2017 年,第 122 页。
③ 塔拉、杜建录、高国祥主编:《中国藏黑水城汉文文献》第 1 册,北京:国家图书馆出版社,2008 年,第 42 页。
④ "棹",李逸友《黑城出土文书(汉文文书卷)》第 91 页误录为"桌"。

　　总的来说，从《天盛律令》所见西夏军用、民用木牌在用途上有所区别，军用木牌用以清点兵丁，民用木牌则是纳税的依据。其特征正如贺兰山拜寺沟出土的西夏文发愿木牌、伯希和于敦煌发现的西夏文木牌等，表面涂有白色涂层的特点。比之吐蕃、金、元，西夏木牌无论是从颜色外观上，还是从具体功用上，都与吐蕃木牌较为相似。这与早期党项长期与吐蕃民族交往、融合不无关系。"牌子户"制度在马军、民户基层管理中的运用，显示了木牌制度至少在黑水城地区，从西夏到元代一直有所延续。

叁　信牌

　　《天盛律令·持符铁箭显贵言等失门》四十七条律文中，三十九条涉及信牌，为研究西夏的信牌制度提供了重要的文献依据。信牌，对应西夏文"�"，《文海》释为"𗫸𗕼𗰜𗙴，��wr𗢭𗥃𗏴，𗢾𗕼𗰜𗿨𗴴𗙴𘝵，𗴒𗓱𘎑𗤢𗣼𗏴𗼻𗫂，𘄆𗩅�róu𗏴"，即"此者官语执者，诸人所信名显用，迅速紧急之燃马上用，故名信牌也"①。《类林》"𗤢𘋥�tt𗴴𗐩𘝵𗫌，𘃡𗵆𗵒𘓽𗴴�róu𗮔𘞶𗴀"对应汉文本"晋帝造凌云阁，令韦诞书写匾名"②，"�"（信牌）作传令使用。西夏陵残碑 M2X∶296 第二行"�róu𗮔𘞶"、M2X∶150 第二行"�"，"�"即汉文碑 M8CHB∶321"持送国信"中"国信"③。传世的两枚西夏信牌均为圆形铜质套合式，便于合符验证。合盖上刻西夏文楷书"�wr𘝵𗏴�"（敕燃马牌），符嵌上均刻有西夏文篆书"�"（敕），为研究西夏的信牌提供了实物依据。

　　目前学界基于《持符铁箭显贵言等失门》中信牌有关规定对西夏信牌制度进行研究的论文有六篇④，其中以杜建录先生《试论西夏的牌符》一文最为详细。该文从合符、骑乘供给、执符者误期、失符等角度对西夏的信牌制度作了深入的探讨。其他几篇文章基本上也是从这一角度对西夏的信牌制度进行讨论的。本专题拟在前贤基础上围绕西夏信牌的形制与种类、信牌派遣制度两个方面进行讨论。

---

① 史金波、白滨、黄振华：《文海研究》，北京：中国社会科学出版社，1983 年，第 416 页。
② 史金波、黄振华、聂鸿音：《类林研究》，银川：宁夏人民出版社，1993 年，第 206 页。
③ 李范文：《西夏陵墓出土残碑粹编》，北京：文物出版社，1984 年，图 27、19、71。
④ 杜建录：《试论西夏的牌符》，载漆侠、王天顺主编：《宋史研究论文集》，银川：宁夏人民出版社，1999 年，第 372～380 页；尚世东：《西夏文书档案驿传制度述略》，《档案学研究》，2001 年第 5 期，第 18～22 页；尚世东：《西夏公文驿传探微》，《宁夏社会科学》，2001 年第 2 期，第 84～88 页；苏冠文：《西夏信息传递述论》，《宁夏社会科学》，2006 年第 2 期，第 106～108 页；陈旭：《西夏驿路与驿传制度》，《北方民族大学学报》，2010 年第 1 期，第 77～82 页；孙广文：《西夏驿传研究》[硕士学位论文]，银川：宁夏大学，2009 年。

一、信牌的形制与种类

存世的西夏信牌中有"敕燃马牌"两枚,一枚藏于中国国家博物馆,《中国藏西夏文献》第二十册编号 B52·001,"铜质,圆形,直径 15 厘米,带穿 18.2 厘米,由上下两块套合组成。上块正面刻双线四联忍冬花纹饰,上端有一镀金西夏文'敕'字,下块正面刻双线西夏文楷书'敕燃马牌'4 字"[①]。另一枚藏于西安市文物局,《中国藏西夏文献》第二十册编号 S72·001,基本特点与国家博物馆所藏相同,直径 14.7 厘米,略有不同。两枚"敕燃马牌"的上部"有半圆形符嵌,符顶有方形穿口,上片圆牌可嵌入下片符嵌"[②]。

在西夏文抄本《宫廷诗歌》中收有《敕牌赞歌》(𗗊𗇃𘕿𗿒)一首,诗歌中涉及西夏敕牌的形制、作用、地位等内容。该诗歌收于《俄藏黑水城文献》第十册的《宫廷诗集》29—16右、29—17 左两面,现据梁松涛先生汉译转录如下:

俄藏 Инв. No.121V《敕牌赞歌》[③]:

> 皇宫圣物金牌白　前面不知何不现　此刻一知不一般　形状方圆日月合
> 日月相合千□敬　性气急速风云助　风云带领万国敬　吾辈此刻汝威仪
> 不是豹虎犹如豹虎显耀行　不是雕鹫胜似雕鹫飞而高　己国臣天高曲步以敬迎
> 他类主地厚轻踏以礼举　诸事毋庸多言俱令满足　带领我与带领他不类同
> 己国他国皆所巡　敬畏之中乃久行　汝此刻莫言我之无生命　敕字之内生情义
> 汝亦端庄所有进皇宫　我一显现如见圣君面　天佑圣力命全城　如此快乐已相知

这首诗歌第一句即"𘘞𗰜𘝦𗦜𗇃𗗊𗾈"(皇宫圣物金牌白),与结尾"𗰛𘉋𗫂𗤼𗤼[④]𘝦𗆟𘘞𘝙𗦖"(我一显现如见圣君面)呼应,突出其重要地位。根据诗歌中"金牌白"、"方圆日月合"、"急速"、"敕字"等信息可知该敕牌即"敕燃马牌",材质应为金镀银。其形状"方圆",即牌为圆形,穿为方形。

"圆形方穿"的符牌在史籍文献中并不多见。据王易《燕北录》所载,辽代"银牌有三道,上是番书'朕'字,用金镀钑成,见在内侍左丞宣宋璘处收掌,用黑漆匣盛,每日于戎主

---

① 《中国藏西夏文献》第 20 册,第 73 页。
② 《中国藏西夏文献》第 20 册《综述》,第 9 页。
③ 《俄藏黑水城文献》第 10 册,第 298~299 页;梁松涛:《西夏文〈敕牌赞歌〉考释》,《宁夏社会科学》,2008 年第 3 期。
④ "𗤼𗤼",意为"停留",梁松涛《西夏文〈敕牌赞歌〉考释》录为"𗤼𗤼"。

前呈封一遍，或有紧急事宜用此，牌带在项上走马，于南北大王处抽发兵马，余事即不用也"①。据《燕北录》附图可知，该辽代银牌为圆形，但其穿为圆环状，并非方形。据《册府元龟》载，吐蕃官员章饰为"方圆三寸"牌状，"官章饰有五等：一谓瑟瑟，二谓金，三谓金饰银上，四谓银，五谓熟铜。各以方圆三寸，褐上装之，安膊前，以辨贵贱"②。可知，吐蕃官员章饰的形状为"方圆"，与西夏"敕燃马牌"的形制有相通之处。

　　唐、宋、辽、金也有"敕走马牌"，其材质中除金镀银外，多为金、银牌，但其形制均为长牌式。唐、宋"敕走马银牌"形制相似，尺寸略有差异。据《宋史·舆服志》载："唐有银牌，发驿遣使，则门下省给之。其制，阔一寸半，长五寸，面刻隶字曰'敕走马银牌'，凡五字，首为窍，贯以韦带。其后罢之。宋初，令枢密院给券，谓之'头子'。太宗太平兴国三年，李飞雄诈乘驿谋乱，伏诛。诏罢枢密院券，乘驿者复制银牌，阔二寸半，长六寸。易以八分书，上钑二飞凤，下钑二麒麟，两边年月，贯以红丝绦。端拱中，以使臣护边兵多遗失，又罢银牌，复给枢密院券。"③辽代"敕走马牌"为长牌式，材质则有金镀银、银、木等，王易《燕北录》载："长牌七十二道，上是番书'敕走马'字，用金镀银成，见在南内司收掌。每遇下五京诸处取索物色及进南朝野味、鹿茸、果子用。此牌信带在腰间左边走马。木刻子牌约有一十二道，上是番书'急'字，左面刻作七刻，取其本国已历之世也，右面刻作一刻，旁是番书'永'字，其字只是用金镀银叶陷成，长一尺二寸，已来每遇往女真、达靼国取要物色、抽发兵马用此，牌信带在腰间左边走马，其二国验识为信。"④《辽史·仪卫志》亦载："银牌二百面，长尺，刻以国字，文曰'宜速'，又曰'敕走马牌'。"⑤金代"准敕急递"或"急速走递"牌上有阿骨打花押，如"主"字，材质有金、银、木等，范大成《揽辔录》载："虏法，出使者必带牌，有金、银、木之别。上有女真书'准敕急递'字及阿骨打花押。"⑥周辉《北辕录》载："至泗州津亭，使副拜望如仪，接伴戎服陪立，各带银牌，牌样如方響，上有蕃书'急速走递'四字，上有御押，其状如主字，虏法，出使皆带牌，有金、银、木之别。"⑦承德出土金代金、银牌、德惠出土银牌均长约 21 厘米，宽约 6 厘米，其刻字内容与以上两条记载可相互印证⑧。

　　西夏的金、银信牌虽没有实物出土，但是根据传世典籍、出土文献中的记载，其使用贯

① ［宋］王易：《燕北录》，《说郛》卷三八，北京：中国书店，1986 年，第 18 页。
② ［宋］王钦若等编纂、周勋初等校订：《册府元龟》，南京：凤凰出版社，2006 年，第 11136 页。
③ ［元］脱脱：《宋史》，北京：中华书局，1977 年，第 3594～3595 页。
④ ［宋］王易：《燕北录》，《说郛》卷三八，北京：中国书店，1986 年，第 18 页。
⑤ ［元］脱脱：《辽史》，北京：中华书局，1974 年，第 915 页。
⑥ ［宋］范大成：《揽辔录》，《说郛》卷四一，北京：中国书店，1986 年，第 11 页。
⑦ ［宋］周辉：《北辕录》，《说郛》卷五四，北京：中国书店，1986 年，第 11 页。
⑧ 刘宁：《对几面金代牌子的认识》，《辽海文物学刊》，1995 年第 1 期。

穿了整个西夏。《宋史·夏国传》载，元昊“发兵以银牌召部长面受约束”①。成书于夏仁宗天盛年间的《天盛律令》中对银牌也有记载，据《执符铁箭显贵言等失门》载：“其中执鍮符而折之，曰‘我带银符’语及所领符不带腰上而置家中等，一律徒三年。”②其中，鍮符（[illegible]）、银符（[illegible]）均指信牌。足见西夏“敕燃马牌”规定与辽代一样，须佩腰间走马。中国藏G11·049[B125：22]③西夏佛名诵读功效文末尾所刻“[illegible]”（发愿施者持金牌讹二山）中，讹二山所持即金牌。俄藏Инв. No.315西夏南边榷场使文书④中安排官所持即银牌。关于西夏金、银牌的记载又见于夏献宗乾定申年（1224）、酉年（1225）的两件西夏文文书中，现据聂鸿音先生汉译转录如下：

俄藏Инв. No.2736《乾定申年黑水城守将告牒》⑤：

黑水守城管勾执银牌都尚内宫走马没年仁勇禀：

兹仁勇曩者历经科举学途，远方鸣沙家主人也。先后任大小官职，历官尚那皆、监军司、肃州、黑水四司，自子年始，至今九载。与七十七岁老母同居共财，今母实年老病重，与妻眷儿女一并留居家舍，其后不相见面，各自分离，故反复申请续转，乞遣至老母住处附近。昔时在学院与先至者都使人彼此心存芥蒂，故未得升迁，而出任远方不同司院多年。其时以来，无从申诉。当今明君即宝位，天下实未安定，情急无所遣用，故仁勇执银牌为黑水守城管勾。今国本既正，上圣威德及诸大人父母之功所致也。微臣等皆脱死难，自当铭记恩德。仁勇自来黑水行守城职事时始，夙夜匪解，奉职衙门。守城军粮、兵器及炮大小五十六座、司更大鼓四面、铠甲等应用诸色原未足，所不全者，多多准备，已特为之配全。又自黑水至肃州边界瞭望传信烽堠十九座，亦监造完毕。仁勇转运远方不同司院之鸣沙家主蓄粮，脚力贫瘠，惟恃禄食一缗，而黑水之官钱谷物来源匮乏，分之执法人众，则一月之份尚不得二斛。如此境况无有变更，当今食粮断绝，恐羸瘦而死。敝人仁勇蒙恩归宁母子，守城职事空额乞遣行将嘐讹张力铁补之，依先后律条，于本地副将及监军司大人中遣一胜任者与共职，将仁勇遣为老母附近司中，任意管勾大小职事。可否，一并乞宰相大人父母慈鉴。

乾定申年七月，仁勇

① [元]脱脱：《宋史》，北京：中华书局，1977年，第13995页。

② 史金波、聂鸿音、白滨译注：《天盛改旧新定律令》，北京：法律出版社，2000年，第471页。

③ 《中国藏西夏文献》第16册，第155页。

④ 《俄藏黑水城文献》第6册，第281页。

⑤ 《俄藏黑水城文献》第13册，第103页；聂鸿音：《西夏文献论稿》，上海：上海古籍出版社，2012年，第119页。

俄藏 Инв. No.8185《乾定酉年黑水城副统告牒》[①]：

黑水副将都尚苏哆浮屠铁禀：

兹本月十一日，接肃州执金牌边事管勾大人谕文[1]，谓接伊朱房安县状[2]，传西院监军司语[3]：执金牌出使敌国大人启程，随从执银牌及下属使人计议，引一千人畜经伊朱来黑水入籍，令准备粮草。接谕文时，浮屠铁亲自火速先行启程前来，领取官职及附属耕地，守城管勾大人许之。其人距边界附近一日路程，当夕发而朝至。投诚者来谓，盖不迟于耕种时节出行入籍，恐内郊职事生住滞有碍，故准备接纳之法：一面以小城边检校城守鬼哆奴山行文[4]，往沿途一驿驿准备接待，不为住滞，一面先差通判耶和双山及晓事者执状文启程，至执金牌大人附近，其时浮屠铁亦火速前往。可否，一并告乞执金牌大人计议并赐谕文。

乾定酉年二月，浮屠铁

第一件文书为黑水守城管勾没年仁勇的禀帖，内容即通过对在任时修缮守城设施等工作的总结，恳请宰相大人将其调至家乡沙州附近工作，并对哆讹张力铁进行举荐。文书中没年仁勇的官职即"□□□□□□□□□□□□□□□□□□"（黑水守城管勾执银牌都尚内宫走马）。仁勇作为黑水守城管勾所持为银牌（□□）。第二件文书为黑水副将苏哆浮屠铁的禀文，内容即对于外交使团出使敌国招诱一批民畜前来黑水城入籍的安排，浮屠铁先是派边检校鬼哆奴山通知沿途驿站接待，接着又派通判耶和双山等持文书前往恭候，自己亦前去迎接，现请示肃州执金牌边事管勾大人批准。

这两件文书除了提供了西夏末期调任官员、招诱边民的信息外，也涉及了西夏金、银牌的使用问题。首先，两件文书为西夏金、银牌的存在提供了确凿的证据。文书中执金牌（□□）者共有两位，一位是肃州边事管勾大人，另一位是出使敌国大人。执银牌（□□）者一为黑水守城管勾，二为出使敌国大人的随从。其次，印证了管勾一职有大小之别。肃州边事管勾大人执金牌，而黑水守城管勾则执银牌，同为管勾亦有"边事"和"守城"之别，故《乾定申年黑水城守将告牒》中有"任意管勾大小职事"之语。最后，金、银牌使用范围广泛。两件文书中边事管勾、守城管勾分别持金、银牌，出使敌国大人执金牌、随从执银牌，说明了西夏的金、银信牌不仅在国内使用，出使邻国亦可使用，正如《敕牌赞歌》中所言"己国他国皆所巡"。

此外，西夏亦有木制符契。宋神宗熙宁二年（1069），陕西宣抚使韩绛遣将出麟府，"破

① 《俄藏黑水城文献》第14册，第256页；聂鸿音：《西夏文献论稿》，上海：上海古籍出版社，2012年，第121页。

贼马户川,斩馘数千,或绣旗、木符、领卢印"①。宋朝亦置有传信木牌,"合用坚木朱漆为之,长六寸,阔三寸,腹背刻字而中分之,字云某路传信牌。却置池槽,牙缝相合。又凿二窍,置笔墨,上帖纸,书所传达事。用印印号上,以皮系往来军吏之项。临阵传言,应有取索,并以此牌为言,写其上。如已晓会施行讫,复书牌上遣回"②。

总之,西夏的信牌一方面继承了唐宋信牌制度的特点,两者刻字内容"敕燃马牌"与"敕走马牌"基本一致。另一方面,其"方圆"形制与吐蕃告身牌有相似之处,与唐宋辽金"敕走马牌"的长牌形制则有所不同。

二、信牌派遣制度

所谓信牌派遣,即发驿遣使,以通天下之信。以下关于西夏信牌派遣制度的讨论主要围绕派执信牌的特定情况、执信牌者范围、执信牌捕畜还畜、执信牌稽程、信牌毁失、信牌合验等内容展开。

首先,信牌派遣是在紧急的情况或者特定的环境下发生的。据《天盛律令·执符铁箭显贵言等失门》记载,如果发生以下八种情况:一、敌人大军已动,我方情势危急,力不堪任而求取援兵;二、引导敌人族类投降,须兵迁往迎接;三、他国使节来投诚;四、十恶中谋逆、失孝德礼、背叛;五、敌军于我方境内种地、放牧、居住;六、边城溜不聚集;七、唐徕、汉延等大渠渠坏,遣草工、笨工等前去修理;八、颁行圣旨等,则依法派遣执符。遇"事大小有急者"③,当派遣神策使军、强坐骑。

如果不应派执符,却私自派遣执符,派执符的大人正、副、边检校、习判、承旨、城主、通判、城守、城内行主等一律徒五年,局分都案、案头、司吏所受处罚比之减一等。又京师、边境诸司不应派执符,而密奏以派执符,当比局分都案、案头、司吏处罚减两等。另外,如果奏报的为同一件事,正副统、州府使、刺史、监军司等当合派执符者,倘若不总合一齐派遣,则有官罚马一,庶人十三杖。

其次,执信牌者范围较广,上至节亲、宰相,下至童子等,均可执信牌。"节亲、宰相、大

① [宋]杜大珪:《名臣碑传琬琰集》卷一〇《韩献肃公绛忠弼之碑》,《景印文渊阁四库全书》第450册,台北:商务印书馆,1986年,第85页。
② [元]脱脱:《宋史》,北京:中华书局,1977年,第3595页。
③ 史金波、聂鸿音、白滨译注:《天盛改旧新定律令》,北京:法律出版社,2000年,第472页。

小臣僚、待命者及童子、其他诸人等,不执符、铁箭不许捕坐骑。倘若违律捕坐骑时,多少一律当绞杀。"①但是,信牌往往由派遣者中职位高者执,"边中、京师诸处派人,二三共职执敕符者,事非急,能顾及,则勿皆执符,最大一人当执之"②。

统军及其下属军首领也是重要的执信牌者。《执符铁箭显贵言等失门》载,除统军以外,诸执符不许饮酒,"若违律饮酒时,已生住滞者罪状分明以外,未出住滞则因饮酒,有官罚马一,庶人十三杖"③。又《发兵集校门》载:"正副将佐、大小军首领等,在军头持牌散军之语未至,此处外逃者徒八年。"④《贞观玉镜将》第一篇前两条的名略分别为"𗰖𗴷𗄜𗧹𗰖𗗚𗣼𗹦𗱆𗡡"、"�𗰖𗧹𗥾𗀯𗪩𗦻"⑤,内容即"将职共派敕牌,行文书"、"将军依法执印、信牌"⑥。

虽然执信牌者范围广泛,但是其所执信牌则有所区别,往往金、银、铜不等。前引两件黑水城文书中"肃州边事管勾大人"所执为金牌,而"黑水守城管勾"则执银牌。宋哲宗绍圣四年,"熙河兰岷路经略司奏西界归附带牌天使穆纳僧格,法当补内殿崇班"⑦。《松漠纪闻》载:"大辽盛时,银牌天使至女真,每夕必欲荐枕者,其国旧轮中下户作止宿处,以未出适女待之。"⑧《大金国志》亦载:"每遇迎送南使,则给银牌人,主干者各悬一枚于腰间,名曰'银牌天使'。"⑨可见西夏同辽、金一样,执信牌者有"天使"之称呼。

再次,执符者具有捕乘坐骑的权利,但其捕畜、还畜必须严格按照捕畜头子⑩等的具体规定,不得肆意捕畜、杀畜、纵放畜。诸人与执符相遇,若不予执符人骑乘并殴打执符者,则当绞杀。若诸人不予骑乘人而逃、予之骑乘而打执符人、未打执符人且不予骑乘,则徒十二年。而且,执符局分人所派童子、马伏等前去要骑乘,也须无条件提供,"其处不予骑乘而打之者,徒四年。予之骑乘而打之及未打而不予骑乘而逃等,一律徒二年"⑪。不仅如此,就连因官事出使的执文书者,"途中与执符相遇而捕骑时"⑫,执文书者也当予之骑。足见,执符者在捕乘坐骑上有着重要的权利。

---

① 史金波、聂鸿音、白滨译注:《天盛改旧新定律令》,北京:法律出版社,2000 年,第 473 页。
② 史金波、聂鸿音、白滨译注:《天盛改旧新定律令》,北京:法律出版社,2000 年,第 467 页。
③ 史金波、聂鸿音、白滨译注:《天盛改旧新定律令》,北京:法律出版社,2000 年,第 474 页。
④ 史金波、聂鸿音、白滨译注:《天盛改旧新定律令》,北京:法律出版社,2000 年,第 246 页。
⑤ 《俄藏黑水城文献》第 9 册,上海:上海古籍出版社,1999 年,第 345 页。
⑥ 陈炳应《贞观玉镜将研究》第 66 页分别译作"共命将职,有诏旨,行文书"、"统印信、主法律者"。
⑦ [宋] 李焘:《续资治通鉴长编》卷四九一,北京:中华书局,1993 年,第 11650 页。
⑧ [宋] 洪皓:《松漠纪闻》,长春:吉林文史出版社,1986 年,第 23 页。
⑨ [宋] 宇文懋昭撰、崔文印校证:《大金国志校证》,北京:中华书局,1986 年,第 562 页。
⑩ "𗥾𗪩",《天盛律令》汉译本均作"头字",现据《掌中珠》"𗥾𗪩𗧆𗤩"(出与头子)译作"头子"。下同。
⑪ 史金波、聂鸿音、白滨译注:《天盛改旧新定律令》,北京:法律出版社,2000 年,第 467 页。
⑫ 史金波、聂鸿音、白滨译注:《天盛改旧新定律令》,北京:法律出版社,2000 年,第 474 页。

执符者所持捕畜头子往往与信牌一同颁给,而且"不许不令执符而行捕坐骑头子"[①],违律行捕坐骑头子,行者徒一年。如果因私事行捕畜头子,则与因私擅自遣执符处罚相同。执符者必须严格按照捕畜头子上规定的捕骑数进行捕畜,超捕畜者,按照一日一畜计算,超一至九畜,其徒刑分别为一至十二年,十畜则无期,十一畜以上则绞杀。超引随从,则按照一人一日一畜计算,依超捕罪状法判断。同时,准许一起诸人告举。执符超捕、超引惩处、举赏如下:

日期	一日	二日	三日	四日	五日	六日	七日	八日	九日	十日	十一日及以上
判罚	徒一年	徒二年	徒三年	徒四年	徒五年	徒六年	徒八年	徒十年	徒十二年	无期徒刑	绞刑
举赏	十缗	二十缗	三十缗	四十缗	五十缗	六十缗	七十缗	七十缗	九十缗	九十缗	一百缗

西夏对超捕骑乘的处罚与《唐律疏议》、《宋刑统》中对"增乘驿马者"的处罚类似,即"一匹徒一年,一匹加一等"。但唐宋对于乘驿马赍私物的规定较之西夏严密,"诸乘驿马赍私物,一斤杖六十,十斤加一等,罪止徒一年"[②]。西夏执符者赍私物,不论多少,一律"徒六个月,举赏五缗钱"[③]。

除了对执符者的捕骑数有严格的限制外,《天盛律令》对于捕畜的种类也有严格的规定。捕骑乘,当于"诸家民所属私畜及官之牧场畜"中选用,不许差用官马。如果附近无私畜及牧场畜,或者私畜等不堪骑用,则允许捕骑官马。倘若附近有"堪骑之他畜"不用,而用官马时,则徒二年。[④] 对于押送囚犯的执符人,"当令捕牛、驴,予之头子,勿捕骆驼、马。捕骆驼、马时,庶人十三杖,有官罚马一"[⑤]。

执符者派遣中,坐骑被杀,或是途中受伤,返回后死去,则执符者不必偿还。若坐骑为官畜,则当注销。若坐骑直接在途中病患羸弱死去,知其所在,允许不偿畜,"边近则以畜尸,边远则以肉皮,依当地现卖法当卖之"[⑥],所得卖畜钱还给畜主人。当然还有两种情况,执符者必须赔偿畜主人。一、执符途中坐骑走失,或是因为坐骑不行道而杀之时,当

---

① 史金波、聂鸿音、白滨译注:《天盛改旧新定律令》,北京:法律出版社,2000 年,第 473 页。
② 刘俊文点校:《唐律疏议》,北京:法律出版社,1999 年,第 229、230 页;薛梅卿点校:《宋刑统》,北京:法律出版社,1999 年,第 189、190 页。
③ 史金波、聂鸿音、白滨译注:《天盛改旧新定律令》,北京:法律出版社,2000 年,第 470 页。
④ 史金波、聂鸿音、白滨译注:《天盛改旧新定律令》,北京:法律出版社,2000 年,第 467 页。
⑤ 史金波、聂鸿音、白滨译注:《天盛改旧新定律令》,北京:法律出版社,2000 年,第 473 页。
⑥ 史金波、聂鸿音、白滨译注:《天盛改旧新定律令》,北京:法律出版社,2000 年,第 468 页。

偿。二、执符者因私出行致坐骑被杀，执符者当偿畜。

还畜者在执符返回后负责还畜事宜。诸院执符派遣中，童子、局分人、还畜者等不准纵放畜，若纵放，当计量，以枉法贪赃罪处罚。还畜者与执符同在，而畜亡逸、失盗，则还畜者当偿其畜。若畜主人已见到其畜，而畜亡失，则畜主人与还畜者共同偿畜。

再次，执符者接受派遣后，必须立即动身，不得误期。派遣执符有期限者，当由派遣者计量地程远近，以定期限。如果派遣者不计地程远近限期短，以致误期，执符当重新计量地程、期限，若执符误，则定其误期之罪，若派遣者计量有误，则执符无罪。

信牌中有火急符一种，当发生敌寇入侵，我方发兵马以及十恶中谋逆、失孝德礼、背叛等情况时，派火急符。执火急符者，往往昼夜兼程。有误期者，按其所误时辰施以杖刑，误期超十一时按一日计，误一日至四日，分别徒一至十年，误五日以上者，当绞杀。执火急符误期惩处如下：

误期	一至三时	四至六时	七至十时	十一时以上	二日	三日	四日	五日及以上
判罚	八杖	十杖	十三杖	徒一年	徒三年	徒五年	徒十年	绞刑

当发生十恶中恶毒、为不道、大不恭、不孝顺、不睦、失义、内乱七类，地边、畿内有事告奏，发笨工，催促种种摊派物①等情况时，依法派信牌。误期者，自一日至三十九日，分别徒三个月至十二年，四十日以上一律无期徒刑，其中受贿者，当与贪赃枉法之罪比较，从重者判断。执信牌误期惩处如下：

误期	一至三日	四至七日	八至十日	十一至十三日	十四至十七日	十八至二十一日	二十二至二十五日	二十六至二十八日	二十九至三十一日	三十二至三十六日	三十七至三十九日	四十日及以上
判罚	徒三个月	徒六个月	徒一年	徒二年	徒三年	徒四年	徒五年	徒六年	徒七年	徒十年	徒十二年	无期徒刑

唐宋法律中类似规定则有："诸驿使稽程者，一日杖八十，二日加一等，罪止徒二年。若军务要速，加三等；有所废阙者，违一日加役流。"②其中军务要速者类似于西夏执火急符者。

---

① "发笨工，催促种种摊派物"，史金波、聂鸿音、白滨译《天盛改旧新定律令》第468页作"安排发笨工，催促种种物"。
② 刘俊文点校《唐律疏议》，北京：法律出版社，1999年，第227页；薛梅卿点校：《宋刑统》，北京：法律出版社，1999年，第187页。

　　执符者若途中"染疾病，骑马坠伤"①，于期限未到来者，则勿以误期论。执符人已领信牌，"无谕文不许擅自在家中"②，若违律，在家中日期当按照发笨工、催促种种摊派物执符者延误日期惩罚。

　　最后，执信牌者需将信牌佩戴在腰上，且不得折损、遗失信牌。诸人执符出使，不许将符藏在怀中，若符面上纸因此揉皱，则有官罚马一，庶人十三杖，若继而折叠，则徒一年。执符者需将所领符带在腰上，若置在家中，则与折损鏑符等罪相同，徒三年。执符人因大意骑跌自颠，"符、铁箭折损，失留书子、锁舌、捕畜头子等"，则有官罚马一，庶人十三杖。执符者派遣中无理与他人打斗，符、铁箭折损，则执符者与相殴打之人一律徒二年。执符强征诸家主中他人妻，其丈夫不告而擅自捕打执符而失符，打者徒三年，若仅争斗殴打，伤符则徒二年，未伤徒一年。若执符及他人受贿而伤符，一律徒五年。

　　执符出使处大意失符，则当绞杀。未宣判而得之，徒五年，宣判过后寻得，徒六年。统军、监军司、边检校等失符，当绞杀。因失符以致指挥失误者，徒一年。可见，西夏在出使、统军、监军司等一些重要职事派遣中，对于丢失信牌的执符者惩处是比较重的。

---

① 史金波、聂鸿音、白滨译注：《天盛改旧新定律令》，北京：法律出版社，2000 年，第 469 页。
② 史金波、聂鸿音、白滨译注：《天盛改旧新定律令》，北京：法律出版社，2000 年，第 471 页。

肆　兵符

兵符,起军旅、易守长之用。《天盛律令》中与兵符相关的律文共有十三条,其中《持符铁箭显贵言等失门》十二条,《事过问典迟门》一条。西夏军事法典《贞观玉镜将》中也有三条规定与之相关。以上十六条律文内容主要是对西夏发兵谕文和符节的派遣、合符以及兵符丢失处罚等的规定。相比而言,汉文史料中关于西夏兵符的记载则略显简略,据《续资治通鉴长编》卷三二七载,宋神宗元丰五年(1082),环庆经略司言:"斩西贼统军嵬名妹精嵬、副统军讹勃遇,得铜印、起兵符契、兵马军书,并获蕃丁头凡三十八级。"[①]据《宋会要辑稿》卷九三〇载,宋哲宗绍圣三年(1096),鄜延路经略使吕惠卿言:"自六月以后五十日间,第一至第七将前后十四次俘斩甚众,并获副军大小首领、副钤辖及得夏国起兵木契、铜记、旗鼓。"[②]宋朝起兵符信亦有两种:一为传信朱漆木牌,"给应军中往来之处,每传达号令、关报会合及发兵三百人以下即用";二为铜兵符,"给诸路总管主将,每发兵三百人或全指挥以上即用"[③]。西夏的发兵谕文和符节之间则未发现有如此明确之区别。目前学界对西夏的发兵谕文和符节少有研究,本专题主要围绕《天盛律令》中发兵谕文、符节的相关条文展开,并对西夏的兵符派遣制度进行讨论。

一、发兵谕文

发兵谕文,西夏文为"𗥦𗆧𗌮𗅋",字面意思"发兵言节",《天盛律令》汉译本作"发兵谕文"。其中,"𗌮𗅋",字面意思"言节",意"谕文"。𗌮,意"言"、"学",夏译《孟子》"𗌮𗏆"即

---

① [宋]李焘:《续资治通鉴长编》卷三二七,北京:中华书局,1990年,第7865页。
② [清]徐松:《宋会要辑稿》,北京:中华书局,1957年,第6903页。
③ [元]脱脱:《宋史》,北京:中华书局,1977年,第3595页。

"辞曰"。《类林》"□□□□□□□□"对应汉文本"此益州学士也"[1]。西夏文《孝经传序》"□□□□□□"即"资政殿大学士"[2]。□,意"节",《掌中珠》"□□"作"八节"[3]、"□□"作"骨节"[4]。

西夏的中书、枢密、经略等司以及地方军政官员均有颁发谕文的权利,然职责范围各有不同。据《天盛律令》载,京师各司所问习事中,获死刑、无期之人若有曲枉,当枷而问之,并奏报到中书、枢密职管处,寻谕文。边中监军司府、军、郡、县所问习事中,若有同样的情况,当报到经略职管处,以待谕文[5]。边中、京师畿内等诸司对于派遣苦役等差事,当事先告知中书、枢密,"中书、枢密大人当量之",中书、枢密当出谕文对指派之处等进行指示。倘若"诸司局分大小人不寻中书、枢密谕文,擅自遣送有事处"时,则有官罚马一,庶人十三杖[6]。俄藏 Инв. No.8185《乾定酉年黑水城副统告牒》中,"□□□□□□□□□□□□□□□□"即"接肃州执金牌边事管勾大人谕文"、"□□□□□□□□□□□□□"即"一并告乞执金牌大人计议并赐谕文"[7]。

谕文的颁发机构较多,其功能更是多样,有取租、摊派杂事以及作入内宫凭证等。若无官方谕文,"不许擅自于租户家主(税户家主)收取钱物、花红、麻皮等种种及摊派杂事"[8]。诸有军职者"为丧葬、生育设筵,及为祭神、嫁女、分家、修造房舍时,若遣人赴远地承办事务时"[9],若确实需要属下军卒协助,当告奏职管处求谕文,违律则有官罚马一,庶人十三杖。诸人无谕文,不许入内宫,帐下,"其中父、兄弟、母、姨、姑、姐妹、其余亲戚等有所转告,及依时节等应来时,当奏经局分处,然后当由局分人引导往帐下,转告毕时,与引导同时退出"[10],若应奏报局分处而不奏报,及应来人不待谕文而随意进入等,一律徒二年。非内宫当值人员等,"无谕文不许随意于夜间闭门后住宿内宫中",若违律,当比内宫人阑入之罪加一等[11]。

谕文"□□"一词又见于《贞观玉镜将》,陈炳应先生译作"令节",作为发兵的指令。其

① 史金波、黄振华、聂鸿音:《类林研究》,银川:宁夏人民出版社,1993年,第106~107页。
② 聂鸿音:《西夏文献论稿》,上海:上海古籍出版社,2012年,第23~24页。
③ [西夏]骨勒茂才:《番汉合时掌中珠》(乙种本),《俄藏黑水城文献》第10册,第24页。
④ [西夏]骨勒茂才:《番汉合时掌中珠》(甲种本),《俄藏黑水城文献》第10册,第10页。
⑤ 史金波、聂鸿音、白滨译注:《天盛改旧新定律令》,北京:法律出版社,2000年,第317页。
⑥ 史金波、聂鸿音、白滨译注:《天盛改旧新定律令》,北京:法律出版社,2000年,第603页。
⑦ 《俄藏黑水城文献》第14册,第256页;聂鸿音:《西夏文献论稿》,上海:上海古籍出版社,2012年,第121页。
⑧ 史金波、聂鸿音、白滨译注:《天盛改旧新定律令》,北京:法律出版社,2000年,第491页。
⑨ 史金波、聂鸿音、白滨译注:《天盛改旧新定律令》,北京:法律出版社,2000年,第254页。
⑩ 史金波、聂鸿音、白滨译注:《天盛改旧新定律令》,北京:法律出版社,2000年,第434页。
⑪ 史金波、聂鸿音、白滨译注:《天盛改旧新定律令》,北京:法律出版社,2000年,第438页。

中，《贞观玉镜将》第二篇第十三条："〔西夏文〕"，即"副将军分管兵马头项，不求得正将军令节，不许擅自行动，若与敌军遇，来不及求令节，则行动之后应该报告"[1]。《贞观玉镜将》第四篇第十五条："〔西夏文〕"，即"行将说要挫敌军锋，需先向将军说，乃战，若不求得令节，各自行动者，不允许"[2]。可见，一般情况下，副将、行将（《天盛律令》汉译本作"行监"）领兵作战都需提前奏告将军，得到"令节"方可作战。

另外，在《贞观玉镜将》中还有"〔西夏文〕"（将令）、"〔西夏文〕"（令节）、"〔西夏文〕"（新令）等词，亦与发兵相关。《贞观玉镜将》第三篇第三十二条："〔西夏文〕□□，〔西夏文〕□□〔西夏文〕，〔西夏文〕□□，〔西夏文〕"，即"原有将令、指挥之令节及立功之赏赐、罪伤之判决等一切有没有……已阙，新令出者，按律指挥、赏赐，承担多少？亦由将军计量施行"[3]。

西夏的发兵谕文一般由监军司负责，"诸监军司所属印、符牌、兵符等当记之，当置监军司大人中之官大者处。送发兵谕文时当于本司局分大小刺史等众面前开而合符"[4]。发兵谕文常与符节一起颁发，符节不合，往往需要京师另发谕文。若符节不合，"来者当枷而问之"，是真符则当遣京师，如果并非急速发兵，则告奏京师寻谕文，"符皆不合，寻谕文，延误者，暂勿发兵，当速奏报而寻谕文，其中不误"[5]。

二、符　节

符节，西夏文为"〔西夏文〕"，字面意思"显合"，《天盛律令》汉译本作"兵符"。〔西夏文〕，意"明"、"显"、"别"、"區"、"牌"。《掌中珠》"〔西夏文〕"作"知证分白"[6]，夏译《孟子》"〔西夏文〕"即"皆所以明人伦也"、"〔西夏文〕"即"夫妇有别"、"〔西夏文〕"即"不直则道不显"[7]。《类林》"〔西夏文〕，

---

① 陈炳应：《贞观玉镜将研究》，银川：宁夏人民出版社，1995 年，第 78 页。
② 陈炳应：《贞观玉镜将研究》，银川：宁夏人民出版社，1995 年，第 102 页。
③ 陈炳应：《贞观玉镜将研究》，银川：宁夏人民出版社，1995 年，第 94 页。
④ 史金波、聂鸿音、白滨译注：《天盛改旧新定律令》，北京：法律出版社，2000 年，第 474 页。
⑤ 史金波、聂鸿音、白滨译注：《天盛改旧新定律令》，北京：法律出版社，2000 年，第 476 页。
⑥ ［西夏］骨勒茂才：《番汉合时掌中珠》（乙种本）《俄藏黑水城文献》第 10 册，第 34 页。
⑦ 彭向前：《西夏文〈孟子〉整理研究》，上海：上海古籍出版社，2012 年，第 151、159、163～164 页。

𘀀𘀀𘀀 𘀀𘀀𘀀𘀀𘀀𘀀𘀀�"对应汉文本"晋帝造凌云阁,令韦诞书写匾名,而匠人误先钉其牌悬于楼上,韦诞乃出木梯上另写匾文"①。𘀀,意"和"、"合"。《掌中珠》"𘀀𘀀𘀀𘀀"作"六亲和合"②。

符节"𘀀𘀀"一词又见于西夏译本《类林》卷三《列直篇·苏武》。现参照《俄藏黑水城文献》图版录文如下:

> 𘀀𘀀𘀀𘀀𘀀��,𘀀������。��������������,�����,�����������,�,��������,��:"��������,���������",������。������,������。����。���������,����。�������,��������,������。������,���������。��������,�����,�����。����,����,�������,��������。��������,���,���������,������,������,�������,��������,����������,����������。���������,�����������,������。���,����,�������。������,������������。�������,�����,�������,����。��������③。

其中,"��"出现了三次,均对应汉文本中"节"。"��������������"对应汉文本"汉武帝时令持节出使北方匈奴"、"��������"对应汉文本"苏武持节而牧羊"、"���,����,�������"对应汉文本"得还,至汉国,犹持原汉节烂"④。

节,外观类似竹节,编毛而成。唐张守节注《史记》卷六曰:"旄节者,编毛为之,以象竹节,汉书云'苏武执节在匈奴牧羊,节毛尽落'是也。"⑤颜师古注《汉书》卷七曰"持节而为使"⑥。节不但用于出使,亦用于发兵。汉武帝征和二年七月,"太子与皇后谋斩充,以节发兵与丞相刘屈氂大战长安,死者数万人"⑦。唐宋时仍置有旄节,但其形制已发生了变

---

① 史金波、黄振华、聂鸿音:《类林研究》,银川:宁夏人民出版社,1993年,第206页。
② [西夏]骨勒茂才:《番汉合时掌中珠》(乙种本),《俄藏黑水城文献》第10册,第29页。
③ 《俄藏黑水城文献》第11册,第227~228页。
④ 史金波、黄振华、聂鸿音:《类林研究》,银川:宁夏人民出版社,1993年,第44~45页。
⑤ [汉]司马迁:《史记》,北京:中华书局,1959年,第238页。
⑥ [汉]班固:《汉书》,北京:中华书局,1962年,第230页。
⑦ [汉]班固:《汉书》,北京:中华书局,1962年,第208~209页。

化。唐天宝年间,节度使凡受命即得旌节以专制军事,宋代任命节度使也授以旌节,"旌用涂金铜螭头,髹杠,绸以红缯,画白虎,顶设髹木盘,周用涂金饰。节亦用髹杠,饰以金涂铜叶,上设髹圆盘三层,以红绿装钉为旌,并绸以紫绫复囊,又加碧油绢袋"①。

西夏符节的形制与上述旌节有所区别。西夏边中各行监、盈能均领有符牌(𗾧),新任命的行监、盈能也领有一种符牌(𗾧),而且该符牌须随身佩戴,"应佩戴牌(𗾧𗏹)而不戴时,徒一年"②。行监、盈能所持符牌(𗾧),若安定时丢失,则按照第十二卷待命者丢失记名刀牌法判断。内宫待命者所持刀牌(𗗙𗾧)亦为符牌(𗾧)的一种,其形状有长方铲形、长方形、圆形。并且,正如金代徐州行枢密院参议官全周言:"今之金银牌,即古符节也。"③西夏符节(𗾧𗏹)的形状应为可以随身佩戴的牌状物。

三、兵符派遣制度

《天盛律令·事过问典迟门》为审判、案件分类方面的规定,其中明确记载西夏的符节(𗾧𗏹)属于军案,而与信牌有关的"𗼋𘟣𘞌𗼦"(刻字待牌)则属于官案。

> 军案:军马始行散逃,兵符,将佐大小检人家院牲畜,军争及军马解悟……回鹘□□投奔者……统军、察军、监军、习判遣……人马、甲胄,注册注销,军杂物□□接转,赏罚供给,领旗鼓号,罚马革官,远军未来,大小臣僚遣守护,诸人寻军,营垒……守护者□□堡城,城主、同判、城守遣,地边遣使人小监,西番、回鹘……诸人寻军立功,特命未来催促,军杂物库监、出纳遣转、防守,内外侍、帐门后宿、内宿、神策,帐门后宿……杂物……

> 官案:诸寺庙塔、阁门、臣僚、下臣、僧人道士、案头司吏、刻字待牌、住续、印、大典、僧人坐、祭地神、案头司吏检别、皆子离、火印,遣居京都案、案头④

可见,与兵符及持刀牌的内宿、防守、帐门后寝相关案件等均由军案负责,军案与信牌所属之官案为两种不同的案件类别。

除此之外,根据《执符铁箭显贵言等失门》可知西夏兵符派遣制度主要包括有以下

---

① [元]脱脱:《宋史》,北京:中华书局,1977年,第3514页。
② 史金波、聂鸿音、白滨译注:《天盛改旧新定律令》,北京:法律出版社,2000年,第476页。
③ [元]脱脱:《金史》,北京:中华书局,1975年,第2444页。
④ 《俄藏黑水城文献》第8册,第187页;史金波、聂鸿音、白滨译注:《天盛改旧新定律令》,北京:法律出版社,2000年,第318~319页。

四点：

（一）兵符派遣的特定情况有两种：一为边境敌军集结、入侵，二为界内有叛逃者。《执符铁箭显贵言等失门》第四十四条律文规定："边上敌人不安定，界内有叛逃者，应立即急速发兵，求取兵符。"[1]第四十六条规定与之相似，"地边敌人不安定、敌军来及有叛逃者等"[2]，应发兵马。另外，发兵不能以叛逃者的言论作为依据，"若有本人叛逃及他人叛逃者互相有谋，派人入敌，与敌方亲戚人彼此回应，予之逃营事等，有如此用意之言，勿发兵，利[3]当得"。此间若有受贿怀有作恶之心者，当以谋逆罪论处。如果奏报京师迟误，或者不奏报京师、不等待兵符，刺史、监军司等依先前各自谋划发兵，若生停滞，则按照失兵符罪判断，停滞未生则徒二年。

（二）持兵符者共有两类：一为监军司"官大者"，二为各行监、溜、盈能。诸监军司所属印、信牌、兵符等均有记录，由"监军司大人中之官大者"执掌[4]。边中各行监、盈能行，"当置一种牌"[5]，行时当执。据汉译本漏译的第四十七条记载："▨▨▨▨▨▨▨▨▨▨▨，▨▨▨▨，▨▨▨▨、▨、▨▨、▨▨▨▨▨▨▨▨▨▨▨▨，▨▨▨▨ ▨▨▨▨▨"[6]，即"诸行监、溜、盈能发兵符一种，以旧换新，府、军、郡县、监军司等自己地境内寻觅，有无当明之"。可知，"行监、溜、盈能"所领兵符并非由京师直接管理，而是由所在府、军、郡县、监军司等管理。

（三）执兵符者在发兵和安定两种情况下丢失符牌，其判罚区别较大。诸执符派遣中丢失发兵兵符时，"应发之兵无迟缓，如期来到，则失牌者徒三年。若应发之兵集日未到来，则失牌者绞杀"。如果行监、盈能执兵符者在本局分有所发兵时丢失兵符，其处罚与诸执符派遣中丢失发兵兵符相同。

安定之时，诸人盗发兵兵符，"无另所生疑怨则徒四年"。诸人执信牌、发兵兵符遇敌人盗诈军、失火、水漂等情况，"执者因大意，徒一年"[7]。各行监、盈能所持兵符若安定时丢失，则按照待命者失记名刀牌法判断，"失一种徒三个月，失二种徒六个月，失三种徒一年，期满当依旧任职。其中火烧、水淹、为盗贼所夺属实，则罪勿治，记名人当偿。为他人

---

① 史金波、聂鸿音、白滨译注：《天盛改旧新定律令》，北京：法律出版社，2000年，第476页。
② 史金波、聂鸿音、白滨译注：《天盛改旧新定律令》，北京：法律出版社，2000年，第477页。
③ 西夏文"▨"，意思为"利"，史金波、聂鸿音、白滨译注《天盛改旧新定律令》第476页未译。
④ 史金波、聂鸿音、白滨译注：《天盛改旧新定律令》，北京：法律出版社，2000年，第474页。
⑤ 史金波、聂鸿音、白滨译注：《天盛改旧新定律令》，北京：法律出版社，2000年，第476页。
⑥ 《俄藏黑水城文献》第8册，第296页。
⑦ 史金波、聂鸿音、白滨译注：《天盛改旧新定律令》，北京：法律出版社，2000年，第475页。

强行夺取时,取者之罪与前述自丢失罪相当。若毁伤则有官罚马一,庶人十三杖"①。可见,诸监军司所属发兵兵符等与行监、溜、盈能所持兵符地位不同。

(四)兵符派遣严格执行合符制度。诸监军司"所属印、符牌、兵符等当记之,当置监军司大人中之官大者处。送发兵谕文时当于本司局分大小刺史等众面前开而合符"②。取牌时,符稍有不合,"变处当由刺史、监军同官共为手记而行",若京师局分人派发致误,则徒一年。监军司官员知符不合而不报,亦徒一年。若边上不安定、界内有叛逃者,奏请京师派遣兵符,符不合,来者"当枷而问之"③。如果符不合,监军司诸人未将来者逮捕拷问,则徒三年。

如果符不合,则需要奏告京师寻求谕文,京师即刻校正改派,校改之后,"边上应取而使不取者"④,徒二年。唐代铜鱼符勘合制度即"畿内则左三右一,畿外则左五右一,左者进内,右者在外,用始第一,周而复始"⑤,金代金银牌勘合有参差者,"左符以次出,周而复始"⑥。可见,符牌勘验的程序往往大同小异。

---

① 史金波、聂鸿音、白滨译注:《天盛改旧新定律令》,北京:法律出版社,2000年,第429~430页。
② 史金波、聂鸿音、白滨译注:《天盛改旧新定律令》,北京:法律出版社,2000年,第474页。
③ 史金波、聂鸿音、白滨译注:《天盛改旧新定律令》,北京:法律出版社,2000年,第476页。
④ "边上应取而使不取者",史金波、聂鸿音、白滨译注《天盛改旧新定律令》第477页作"边上应取而不取□者"。
⑤ [宋]欧阳修、宋祁撰:《新唐书》,北京:中华书局,1975年,第525页。
⑥ [元]脱脱:《金史》,北京:中华书局,1975年,第1336页。

伍　铁箭

所谓"铁箭",传信之契,非指一般武器也。《天盛律令》中以铁箭为信契的规定共有十条,其中《内宫待命等头项门》七条,《执符铁箭显贵言等失门》三条,基本上都是铁箭派遣方面等规定,对研究西夏的铁箭派遣制度有着重要意义。铁箭,《天盛律令》中对应西夏文为"𗧊𗄴"。𗧊,意"铁",《掌中珠》"𗧊𗄴"作"锡铁"[1]。𗄴,意"矢"、"箭",《文海》释为"𗧊𗄴𗄴,𗄴𗄴𗄴𗄴𗄴,𗄴𗄴𗄴𗄴𗄴",即"镞下细木右;此者箭矢也,射箭用箭也"[2]。夏译《孟子》"𗄴𗄴𗄴𗄴,𗄴𗄴𗄴𗄴"即"不失其行,舍矢如中"[3],《类林》"𗄴𗄴𗄴𗄴𗄴𗄴"对应汉文本"身有箭疮"[4]。目前学界尚无对西夏铁箭的专门研究,本专题主要围绕《天盛律令》铁箭派遣相关规定展开,对以箭为信契的来源及西夏铁箭的派遣制度进行讨论。

北方少数民族使用箭作为信契大约首见于突厥,据《周书·异域传下》载,突厥征发兵马、科税杂畜,"辄刻木为数,并一金镞箭,蜡封印之,以为信契"[5]。吐蕃也使用箭作为符契,其中金箭作征兵之用,铁箭为传驿所用,银鹘则为加急之契,《新唐书·吐蕃传上》载,"其举兵,以七寸金箭为契。百里一驿,有急兵,驿人臆前加银鹘,甚急,鹘益多"[6]。又《册府元龟》载,"其驿,以铁箭为契,其箭长七寸。若急驿,膊前加着一银鹘;更急,其鹘至十二三。每驿百余里,随水草而居,不常厥所"[7]。契丹旧俗以箭为传令、征兵之用。据《辽史拾遗》卷三引《江南野史》载,"或传征兵率以箭为号,每一部落传箭一双",卷一三所引《儒林公议》载,"契丹每兴兵扰塞,则传一矢为信,诸国皆震惧奔会,无后期者"[8]。除此之外,

---

① [西夏] 骨勒茂才:《番汉合时掌中珠》(甲种本),《俄藏黑水城文献》第 10 册,第 7 页。
② 史金波、白滨、黄振华:《文海研究》,北京:中国社会科学出版社,1983 年,第 504 页。
③ 彭向前:《西夏文〈孟子〉整理研究》,上海:上海古籍出版社,2012 年,第 167 页。
④ 史金波、黄振华、聂鸿音:《类林研究》,银川:宁夏人民出版社,1993 年,第 173 页。
⑤ [唐] 令狐德棻:《周书》,北京:中华书局,1971 年,第 910 页。
⑥ [宋] 欧阳修、宋祁撰:《新唐书》,北京:中华书局,1975 年,第 6072 页。
⑦ [宋] 王钦若等编纂、周勋初等校订:《册府元龟》,南京:凤凰出版社,2006 年,第 11136 页。
⑧ [清] 厉鹗:《辽史拾遗》,上海:商务印书馆,1936 年,第 74、249 页。

史籍中再未见有辽代以箭号传信的记载，可见箭号当为契丹旧俗。

宋、辽虽然不再将箭作驿传信契使用，但勘箭之仪仍存。《宋史·舆服志六》载，元丰元年，详定礼文所言："旧南郊式，车驾出入宣德门、太庙灵星门、朱雀门、南薰门，皆勘箭。熙宁中，因参知政事王珪议，已罢勘箭，而勘契之式尚存。"①辽代木箭有内箭、外箭之别，"内箭为雄，外箭为雌，皇帝行幸则用之。还宫，勘箭官执雌箭，东上合门使执雄箭，如勘契之仪"②。《辽史·礼志四》中详细地记载了勘箭的程序，"皇帝乘玉辂，至内门。北南臣僚于辂前对班立。勘箭官执雌箭，门中立。东上合门使诣车前，执雄箭在车左立，勾勘箭官进。勘箭官揖进，至车约五步，面车立。閤使言'受箭行勘'。勘箭官拜跪，受箭；举手勘讫，鞠躬，奏'内外勘同'。閤使言'准敕行勘'。勘箭官平立，退至门中旧位立，当胸执箭，赞'军将门仗官近前'。门仗官应声开门，举声两边齐出，并列左右，立。勘箭官举右手赞'呈箭'，次赞'内出唤仗御箭一只，准敕付左金吾仗行勘'。赞'合不合'，应'合、合、合'，赞'同不同'，应'同、同、同'讫。勘箭官再进，依位立，鞠躬，自通全衔臣某对御勘箭同，退门中立。赞'其箭谨付閤门使进入'。事毕，其箭授閤使，转付宣徽"③。宋朝勘箭之仪备受指垢，神宗熙宁年间，因参知政事王珪议，"罢勘箭，而勘契之式尚存"，后又以"不见于开宝礼。咸平中，初载于仪注，盖当时礼官之失"④为由，罢勘契。

西夏早在立国之前即使用铁箭作为信契，宋真宗咸平五年冬十月丙寅，西凉府六谷首领潘啰支遣使上言："李继迁送铁箭诱臣部族，已戮一人，縶一人，以听朝旨。"⑤咸平六年二月，潘啰支遣蕃官吴福圣腊等来贡，"又言继迁送铁箭令啰支归附，称已纳款于朝，未知虚实"⑥。可见，早在《天盛律令》颁布之前，西夏以铁箭为信契的制度早已存在，而这一制度的确立显然与北方少数民族普遍使用箭号信契有关。

作为国家给邮驿、通制命的重要工具，西夏对于信牌、铁箭的管理是比较严格的。据《天盛律令》载，西夏专门于内宫设置有"𘞌𗗟𗬺𗫨𗯨"⑦(信牌箭置处)负责信牌、铁箭的管理，一般人等严禁进入。即使是内宫待命任职者，也不能随意带领或指引无职之人等进入信牌箭置处、内宫官家住处、待命者当值、局分前内侍住宿处等，"倘若违律时，有恶心人则入谋逆中，此外无恶意则当比无职人人于内宫执不执武器之罪情依次各加一等"，指路者

---

① ［元］脱脱：《宋史》，北京：中华书局，1977 年，第 3596～3597 页。
② ［元］脱脱：《辽史》，北京：中华书局，1974 年，第 916 页。
③ ［元］脱脱：《辽史》，北京：中华书局，1974 年，第 848 页。
④ ［元］脱脱：《宋史》，北京：中华书局，1977 年，第 3597 页。
⑤ ［宋］李焘：《续资治通鉴长编》卷五三，北京：中华书局，1980 年，第 1155 页。
⑥ ［宋］李焘：《续资治通鉴长编》卷五四，北京：中华书局，1980 年，第 1180～1181 页。
⑦ 《俄藏黑水城文献》第 8 册，第 265 页。

若亲自带领则以同罪处罚,"已问于他人,则问处人及引者以从犯法判断"①。

除了对铁箭有严格的管理制度外,《天盛律令》中对铁箭派遣制度的规定也较为详细,主要包括以下五个方面:

一、执铁箭者当坚守职事,不得懈怠。待命者内宫当值,不许持铁箭后放弃职事而往他处,"倘若违律往他处时,徒六个月"②。待命者因公事执铁箭,不许在住处自行滞留懈怠、因私行驿等,违律时,"执铁箭者徒一年"③。

二、执铁箭派遣中不得因大意、打斗等伤损铁箭。诸人执符、铁箭出使,因大意"骑跌自颠,符、铁箭折损,失留书子、锁舌、捕畜头子等时",则有官罚马一,庶人十三杖。执符、铁箭先动手与他人殴打争斗,若折损符、铁箭等时,"执符、铁箭者及相殴打者一律徒二年"④。经过内宫者及其他人与执铁箭折争斗,则徒一年,仅争吵则十三杖,"若伤时,比他人殴打争斗相伤罪当加一等,然不及死"⑤。

三、待命者等执铁箭可捕坐骑,但捕骑数有严格限制。节亲、宰相、大小臣僚、待命者、童子以及其他诸人等,"不执符、铁箭不许捕坐骑",若违律捕骑,当绞杀⑥。内宫诸人因公事执铁箭捕坐骑,"数明之外超捕时,依第十三卷上持牌超捕法判断"⑦。所谓持牌超捕法,即执符者必须严格按照捕畜头子上规定的捕骑数进行捕畜,超捕畜者,按照一日一畜计算,超一至九畜,其徒刑分别为一至十二年,十畜则无期,十一畜以上则绞杀。

四、执铁箭者不得私自持取宫内物。执铁箭者不许与内宫局分人偷偷将内宫之物带出宫外,"其中除酒食外,其余物多少不计,执铁箭者绞,局分人以偷窃法判断"⑧。盗窃禁内物品,比在外盗官物,其他人及大小管库事等罪加一等,盗窃官物者罪不及死,但盗窃宫内物品则"所加数亦可及于死罪"⑨。

五、执铁箭者不得受贿徇私、欺瞒上下等,否则依欺官法判断。执铁箭者,"前内侍待命任职种种提举中,受贿徇情,入上下虚杂,御前不说忠言时"⑩,依第十一卷欺官法判断。据《检视门》载,诸御前直接派遣的大小臣僚、待命者、局分等人,若在御前当面询问中"隐

---

① 史金波、聂鸿音、白滨译注:《天盛改旧新定律令》,北京:法律出版社,2000年,第434页。
② 史金波、聂鸿音、白滨译注:《天盛改旧新定律令》,北京:法律出版社,2000年,第429页。
③ 史金波、聂鸿音、白滨译注:《天盛改旧新定律令》,北京:法律出版社,2000年,第440页。
④ 史金波、聂鸿音、白滨译注:《天盛改旧新定律令》,北京:法律出版社,2000年,第470页。
⑤ 史金波、聂鸿音、白滨译注:《天盛改旧新定律令》,北京:法律出版社,2000年,第440页。
⑥ 史金波、聂鸿音、白滨译注:《天盛改旧新定律令》,北京:法律出版社,2000年,第473页。
⑦ 史金波、聂鸿音、白滨译注:《天盛改旧新定律令》,北京:法律出版社,2000年,第440页。
⑧ 史金波、聂鸿音、白滨译注:《天盛改旧新定律令》,北京:法律出版社,2000年,第440页。
⑨ 史金波、聂鸿音、白滨译注:《天盛改旧新定律令》,北京:法律出版社,2000年,第164页。
⑩ 史金波、聂鸿音、白滨译注:《天盛改旧新定律令》,北京:法律出版社,2000年,第442页。

他人罪,不说实话而增减之","隐十二年至死罪者当绞杀,隐十二年以下有罪人之罪及不符罪情而增减之,徒十二年","隐他人罪者,有二年以下罪及与罪情不符而隐匿若干等时,徒三年。有二年以上罪,则一律比所隐罪依次加一等,惟不至死"。若在御前派遣检视等面前不说实话、造假,则罪减一等。若因受贿而欺瞒,则罪加一等,"与枉法贪赃罪比较,从其重判断,所增亦可至死"①。

与信牌制度有所区别的是,执铁箭者中多是待命者、内宫诸人、内侍等,这些人均是内宫待命者或内宫任职者。《天盛律令》中记载有西夏的内宫待命者共十种:"〔西夏文〕"②,即"内宿承旨、医人、帐门末宿、内宿、神策、官守护、外内侍、阁门、前内侍、内侍承旨"。内宫任职者共二十种:"〔西夏文〕"③,即"茶④酒器承旨、巫阴阳⑤、侍帐事者、殿使、厨庖、主传桌、门楼主、更夫、採薪灌水者、殿提举、仆役房⑥、裁量匠、做陈设钉、帐下内官都案头监、女子、秘书监局分及司吏、内宿司都案案头司吏、内宫守护者、中书枢密当值司吏、沿门巡检"。执箭者通常源自于这些内宫待命者或内宫任职者,其所执行内容也多是与内宫有关的事宜,这与以铁箭为信契的条文多见于《内宫待命等头项门》不无联系。

不仅执铁箭者多位内宫任职人员,铁箭的掌管者也多由内宫待命者或内宫任职者充任。据《官军敕门》"求官为行法"条载,"内管者牌、铁箭、局分前宫人当给,……牌、铁箭当还内侍"⑦,执铁箭者完成公务需要将铁箭交还给内侍,这里的内侍显然应该是内宫信牌箭置处掌管信牌、铁箭的任职人员。

综上所述,西夏早在建国之前即以铁箭为信契传号令,建国之后,这一制度长期保存下来,并在法典中得到了进一步确认。通过对西夏文法典《天盛律令》中铁箭条文的梳理,

---

① 史金波、聂鸿音、白滨译注:《天盛改旧新定律令》,北京:法律出版社,2000 年,第 400、401 页。
② 《俄藏黑水城文献》第 8 册,第 260 页。
③ 《俄藏黑水城文献》第 8 册,第 260 页。
④ "茶",史金波、聂鸿音、白滨译《天盛改旧新定律令》第 427 页作"药",有误。现据许伟伟《〈天盛改旧新定律令·内宫待命等头项门〉研究》第 22 页改。
⑤ "阴阳",史金波、聂鸿音、白滨译注《天盛改旧新定律令》第 427 页音译作"嗯你",并注"未知其义"。现据许伟伟《〈天盛改旧新定律令·内宫待命等头项门〉研究》第 22 页改。
⑥ "仆役房",史金波、聂鸿音、白滨译注《天盛改旧新定律令》第 427 页作"皮衣房",不妥。现据许伟伟《〈天盛改旧新定律令·内宫待命等头项门〉研究》第 25 页改。
⑦ 史金波、聂鸿音、白滨译注:《天盛改旧新定律令》,北京:法律出版社,2000 年,第 356 页。

可知西夏专门于内宫置有信牌箭置处对铁箭进行严格的管理；西夏的执铁箭者基本上都是内宫待命或内宫任职者；执铁箭者在派遣中除了需要坚守职事、妥善保管铁箭外，其捕畜也要严格按照捕畜头子的规定。西夏铁箭制度源于北方少数民族以箭号为信契的传统。在周边宋、辽都不再以箭作为信契的大背景下，西夏与吐蕃等少数民族延续了这一制度，既体现了西夏在制度上"杂用唐宋，而又与宋不同"的特点，也体现了其深受吐蕃等民族文化的影响，与中原汉族及其他少数民族既有共性、又独具特色的来源。

陆 符牌条文相关问题举隅

《天盛律令·执符铁箭显贵言等失门》中第四十条律文是关于诸人将所获信牌、兵符上交官方的赏罚规定。诸人已得信牌、兵符，当于十日以内上交官府，上交者当得"𗥔𗫡𗤋，𗏴𗣩𗤋𗫻𗦗"①（银五两，杂锦上服一），《天盛律令》汉译本译作"银五两，杂锦一匹"②，将"𗤋𗫻"译作"匹"，其他一些条文中又译作"块"。实际上，"𗤋𗫻"一词又见于西夏文《三才杂字》中，与"𗦜𗫻"同为服饰。该门又有"𗴛𗫻𗭼𗲟"③（捕畜头子）一词，《天盛律令》汉译本将"𗭼𗲟"译作"头字"，并注释为参考《掌中珠》"出与头字"而译④。然而，《掌中珠》中该词实为"出与头子"⑤。"𗤋𗫻"（上服）、"𗭼𗲟"（头子）不仅出现于《执符铁箭显贵言等失门》，还见于《天盛律令》其他一些门类中。因此，对上服、头子这两个词汇的解读不仅可以解决《天盛律令》符牌条文中存在的误译等问题，对于《天盛律令》中其他专题研究也有所裨益。

一 "上服"考

西夏的赏赐以官职、衣物、银两、茶叶、绢等为主，《天盛律令》卷四《边地巡检门》、卷十《续转赏门》、卷十三《派大小巡检门》、《执符铁箭显贵言等失门》、卷十五《催租罪功门》、卷十九《校畜磨勘门》等门均有所规定。其中所赏赐的"衣物"均为"𗤋𗫻"（上服），材质则种类不一，如《执符铁箭显贵言等失门》中对于捡获信牌、兵符并上交的赏赐有"𗏴𗣩𗤋𗫻𗦗"⑥（杂锦

---

① 《俄藏黑水城文献》第 8 册，第 295 页。
② 史金波、聂鸿音、白滨译注：《天盛改旧新定律令》，北京：法律出版社，2000 年，第 475 页。
③ 《俄藏黑水城文献》第 8 册，第 291 页。
④ 史金波、聂鸿音、白滨译：《西夏天盛律令》，北京：科学出版社，1994 年，第 159 页。
⑤ ［西夏］骨勒茂才：《番汉合时掌中珠》（甲、乙种本），《俄藏黑水城文献》第 10 册，第 16，34 页。
⑥ 《俄藏黑水城文献》第 8 册，第 295 页。

上服一）、《边地巡检门》中对于发现敌寇入侵的赏赐有"□□□□"①（绫上服一）等。但是，《天盛律令》汉译本均将"□□"译作"一匹"或"一块"②，从1994年科学出版社本中因"第二字字义不明"，暂译为"一块"③，到2000年法律出版社本，这一问题始终没有得到解决。

"□□"一词在《天盛律令》的俄译本中译作"氅"④，在《贞观玉镜将研究》中译作"上服"⑤，较之《天盛律令》汉译本中"匹"、"块"等翻译，这两种译法相对妥切。即使如此，学界还存在一些将"□□"译作"匹"等情况，比如《西夏军事制度研究》将"□□□□"（大锦上服一）误作"大杂锦一匹"、"□□□□"（杂锦上服一）误作"杂锦腰带一条"等等⑥。因此，有必要对"□□"（上服）一词进行考证，并通过对《天盛律令》、《贞观玉镜将》中赐服的规定对不同材质上服等级予以讨论。

（一）"□□"即上服

目前，将"□□"（上服）译作"匹"或"块"仅见于《天盛律令》汉译本、《西夏军事制度研究》中。西夏文文献中未见有将"匹"与"□□"对应的情况，一般都是以"□"表示"匹"，如西夏文《德事要文》中"□□□□□□□□□□□□□□□□□□□"⑦，对应汉文本"于是太宗赐彼二人帛五百匹，及黄金一斤"。夏译《类林》中"□□□"⑧即"绢一匹"。更为重要的是，《天盛律令》也使用"□□"⑨一词表示"匹段"。

"□□"在李仲三等先生汉译的《天盛律令》中译为"氅"。然而，"氅"在唐宋之际所指均为旗物之类，据《宋史》卷一四八载："氅，本缉鸟毛为之。唐有六色、孔雀、大小鹅毛、鸡毛之制。后志云：'今制有青、绯、皂、白、黄五色，上有朱盖，下垂带，带绣禽羽，末缀金铃。青则绣以孔雀，五角盖；绯则绣以凤，六角盖；皂则绣以鹅，六角盖；白亦以鹅，四角盖；黄则以鸡，四角盖。每角缀垂佩，揭以朱竿，上如载，加横木龙首以系之。'"⑩南北朝时期军队

---

① 《俄藏黑水城文献》第8册，第108页。
② 史金波、聂鸿音、白滨译注：《天盛改旧新定律令》，北京：法律出版社，2000年，第475、205页。
③ 史金波、聂鸿音、白滨译注：《天盛改旧新定律令》，北京：法律出版社，2000年，第119页。
④ ［俄］克恰诺夫俄译、李仲三汉译、罗矛昆校订：《西夏法典——天盛改旧新定律令》（1—7章），银川：宁夏人民出版社，1988年，第109页。
⑤ 陈炳应：《贞观玉镜将研究》，银川：宁夏人民出版社，1995年，第78页。
⑥ 胡若飞：《西夏军事制度研究·〈本续〉密咒释考》，呼和浩特：内蒙古大学出版社，2003年，第72、73页。
⑦ 《俄藏黑水城文献》第11册，第136页。
⑧ 史金波、黄振华、聂鸿音：《类林研究》，银川：宁夏人民出版社，1993年，第81页。
⑨ 《俄藏黑水城文献》第八册，第340页。
⑩ ［元］脱脱：《宋史》，北京：中华书局，1977年，第3466页。

建制中的"赤氅"、"青氅"①,隋炀帝时课天下州县"皮革毛羽"为"氅毦者"②,唐朝黄麾仗中的"六色氅"、"赤氅"、"青氅"、"黑氅"、"鹙氅"、"白氅"、"黄氅"、"小孔雀氅"、"大五色鹦鹉毛氅"、"小五色鹦鹉毛氅"、"鸡毛氅"所指都是如此。

"𗼮𗀱"一词除见于《天盛律令》、《贞观玉镜将》外,还见于《同音》、《杂字》等西夏文文献中。"𗼮",意"上",夏译《类林》"𗥃𗼮𗀱𗰗",汉文本即"乃骑项上"③。"𗀱",意"着"、"穿",《同音》甲种本 51A61"𗼮𗀱"④。西夏文《三才杂字》收有"𗼮𗀱"、"𗼺𗀱"等衣物相关词汇。通过对《三才杂字》甲种本、乙种本⑤两个版本比对,汇总如下(译文参照王静如、李范文《西夏文〈杂字〉研究》一文):

男服"𗼺𗀱"二十五种:

西夏文	西夏文	西夏文⑥	西夏文	西夏文	西夏文
衣服	衣著	冠戴	斗篷	围裙	襖子
西夏文	西夏文	西夏文⑦	西夏文	西夏文	西夏文
汗衫	腰带	皮裘	围巾	京冠	法衣
西夏文	西夏文	西夏文	西夏文	西夏文	西夏文
紧衣	发冠	围腰	珂贝	裹足	褐衫
西夏文	西夏文⑧	西夏文	西夏文	西夏文	西夏文
襁褓	毛毯	毡毯	毡帐	袍子	窄裤
西夏文⑨					
下裹					

女服(𗲠𗀱)十九种:

西夏文	西夏文	西夏文	西夏文	西夏文	西夏文
锦袍	背心	绵帽	钗簪	耳环	腕钏

① 〔唐〕魏征等撰:《隋书》,北京:中华书局,1973年,第279页。
② 〔唐〕魏征等撰:《隋书》,北京:中华书局,1973年,第686页。
③ 史金波、黄振华、聂鸿音:《类林研究》,银川:宁夏人民出版社,1993年,第39页。
④ 李范文:《同音研究》,银川:宁夏人民出版社,1986年,第757页。
⑤《三才杂字》甲种本,《俄藏黑水城文献》第10册,第41、42页;《三才杂字》乙种本,《俄藏黑水城文献》第10册,第46页。
⑥"西夏文",《三才杂字》(乙种本)(17—4)残,现据《三才杂字》(甲种本)(10—5)补。
⑦"西夏文",《三才杂字》(乙种本)(17—4)残,现据《三才杂字》(甲种本)(10—5)补。
⑧"西夏文",毛毯,参见王静如、李范文《西夏文〈杂字〉研究》(《西北民族研究》,1997年第2期,第83页)译作"细扣"。
⑨"西夏文",下裹,王静如、李范文《西夏文〈杂字〉研究》(《西北民族研究》,1997年第2期,第83页)译作"衬衣"。

（西夏文）	（西夏文）	（西夏文）	（西夏文）	（西夏文）	（西夏文）
串珠	璎珞	袜肚	裙裤	勒靴	祜子
（西夏文）	（西夏文）	（西夏文）	（西夏文）	（西夏文）	（西夏文）
钗錍	木梳	针线	领襟	下摆	[兀]手
（西夏文）					
缝补					

"（西夏文）"、"（西夏文）"两词，《西夏文〈杂字〉研究》中分别译作"斗篷"、"围裙"，汉文《杂字·衣物部》中类似的词汇也有不少，内容如下：

丝　绫罗　纱线　疋段　金线　紧丝　透贝　开机　川纱　縠子　线绌　绵贝　克
　缋帛　剁线　绯金

子　蟠线　京纱　圈纱　隔织　缬罗　线罗　川锦　式样　公服　披袄　襪襴　袄
　褙心　褙子　袇心

袋　汗衫　衬衣　毡袴　腰绳　束带　皂衫　手帕　罗衫　禅衣　绰绣　大袖　袡
　绣袴　绣祜　宽袴

祜　窄袴　袈裟　鞯头　丝鞋　朝靴　木履　草履　鞯鞢　披毡　睡袄　征袍　三
　褐衫　毡鞢　毡袄

子　暖帽　头巾　掠子　幞头　帽子　冠子　合子　束子　钗子　錍子　钏子　锭
　镜子　镮子　藭子

璘　箱子　笼子　篋子　柜子　匣子　珠珠　璎珞　海蛤　碧珊　玛瑙　珊瑚　珞
　金银　琉璃　砗磲

卞玉　琥珀　玻璨　输石　铜铁银　锡镴　钗花　火锥　錍花　箆梳　木梳　假玉
　无瑕　绣复　被衣

汉文《杂字·衣物部》所存服饰类词汇与西夏文《三才杂字》并非一一对应。因此，很难将"（西夏文）"与汉文《杂字》中某一服饰词汇直接对应起来。但是，可以看出与"（西夏文）"同为上服的有"披袄"、"袄子"、"毡袄"、"征袍"等，与"（西夏文）"同为下服的有"毡袴"、"绣袴"、"宽袴"、"窄袴"等。"锦袄"、"绵袄"等在宋代经常作为赏赐之物。宋仁宗嘉祐七年，陕西提举买马监牧司奏："旧制，秦州蕃汉人月募得良马二百至京师，给彩绢、银椀、腰带、锦袄子。"①宋神宗元丰四年七月,"西边守臣言夏人囚其主秉常,诏陕西、河东路讨之。甲午,鄜延、泾原、环庆、熙河、麟府路各赐金银带、绵袄、银器、鞍辔、象笏"②。锦袄等按赏赐等级赐给,《武经总要》载:"右蕃落、义军、弓箭手用此例。此上二等赐物,或有旧支锦袄子、腰带者,自依旧例支,仍将价值约准赐物等第配折。第四等以下,更不支锦袄子、腰带。"③

"�",作为服饰还出现在《英藏黑水城文献》Or.12380－3515V(K.K.)《佛经论释》中,"𘈩𘘥𘉋𘚩���𗈞𗋕��⬚𗴴⋯⋯"④,即"则皆各自所作白捲、白尼衣各一⋯⋯"。其中,"𗴴��",即"白尼衣"。《中国藏西夏文献》B11•053[1.18]《金刚萨埵说频那夜伽天成就仪轨经》中的"𗴴�"⑤(白衣)与之类似,均为白色服饰。

总之,将"𗴴�"译作"上服",较之"匹"、"块"、"氅"的翻译都相对妥切。

(二)《天盛律令》中的上服

《天盛律令》中包含"𗴴�"(上服)赏赐的条文共有十条,其中边地发现敌军、捕获逃人五条、诸司、官畜检校任职期满二条、捕盗及其他罪犯一条、捡获信牌、兵符一条、催缴租一条。相关赏赐规定如下:

1. 大小巡检新发现敌军并及时上报,应予奖赏。其中,"𗴴�"(上服)类赏赐有"�𗴴"(绫上服)、"𗋕𗴴��"(唐呢上服)、"��𗴴�"(杂锦上服)、"�𗴴�"(纁上服)等⑥。

敌军数目	一至十人	十至三十人	三十至七十人	七十至一百人	一百至五百人	五百至一千人	一千人以上
头检获赏	绢一匹	绫上服一、银一两	唐呢上服一、银二两、茶绢三	杂锦上服一、银三两、茶绢七	加一官、银三两、杂锦上服一、茶绢七	加二官、银五两、杂锦上服一、茶绢十	加三官、银七两、杂锦上服一、茶绢十五
检卒获赏	两人绢一匹	绢一匹	银一两、绢一匹	银二两⑦、茶绢五	银三两、茶绢五	纁上服一、银三两、茶绢五	银五两、绫上服一、茶绢七

---

① [元]脱脱:《宋史》,北京:中华书局,1977年,第4935页。

② [元]脱脱:《宋史》,北京:中华书局,1977年,第304页。

③ [宋]曾公亮等撰:《武经总要》前集一四,《景印文渊阁四库全书》第726册,台北:商务印书馆,1986年,第453页。

④ 《英藏黑水城文献》第4册,第210页。

⑤ 《中国藏西夏文献》第6册,第81页。

⑥ 《俄藏黑水城文献》第8册,第108页。

⑦ "银二两",史金波、聂鸿音、白滨译注《天盛改旧新定律令》第205页误作"银三两"。

2. 大小巡检发现并捕获逃人，应予奖赏。其中，"□□"（上服）类赏赐有"□□□□□"（家煮丝上服）、"□□□□"（唐呢上服）、"□□□□"（杂锦上服）等①。

逃人数目	一至十人	十至三十人②	三十至七十人	七十至一百人	一百至五百人	五百至一千人	一千人以上
头检获赏	绢一匹	茶绢二	家煮丝上服一、银一两	唐呢上服一、银一两	杂锦上服一、银一两	加一官、杂锦上服一、银二两、茶绢二	加二官、杂锦上服一、银三两、茶绢三
检卒获赏	两人茶一坨	茶一坨	两人绢一匹	绢一匹	茶绢二	茶绢三	茶绢五

3. 夜禁未指派，检卒新发现敌军，则获赏。其中，"□□"（上服）类赏赐有"□□□"（绢上服）、"□□□□"（唐呢上服）、"□□□□"（杂锦上服）等③。

敌军数目	一至十人	十至三十人	三十至七十人	七十至一百人	一百至五百人	五百至一千人	一千人以上
检卒获赏	绢一匹	绢上服一	唐呢上服一、银二两	杂锦上服一、银三两、茶绢三	杂锦上服一、银三两、茶绢五	加一官、银五两、杂锦上服一、茶绢七	加二官、银七两、杂锦上服一、茶绢十

4. 夜禁未指派，检卒于哨防接壤地带发现敌军，获赏。其中，"□□"（上服）类赏赐有"□□□"（绫上服）、"□□□□"（杂锦上服）等④。

敌军数目	一百人以下	一百以上
检卒获赏	银一两、绫上服一	银二两、杂锦上服一、茶绢三

5. 夜禁后，检卒发现并捕获逃人，则获赏。其中，"□□"（上服）类赏赐有"□□□"（绫上服）、"□□□□"（唐呢上服）、"□□□□"（杂锦上服）等⑤。

逃人数目	一至十人	十至三十人	三十至七十人	七十至一百人	一百至五百人	五百至一千人	一千人以上
检卒	茶一坨	绢一匹	绫上服一	唐呢上服一、银一两	杂锦上服一、银二两、绢一匹	杂锦上服一、银三两、茶绢二	加一官、杂锦上服一、银五两、茶绢三

① 《俄藏黑水城文献》第 8 册，第 109 页。
② "三十人"，史金波、聂鸿音、白滨译注《天盛改旧新定律令》第 206 页误作"二十人"。
③ 《俄藏黑水城文献》第 8 册，第 110 页。
④ 《俄藏黑水城文献》第 8 册，第 111 页。
⑤ 《俄藏黑水城文献》第 8 册，第 111 页。

6. 诸司任职人员三年任期满，如"无住滞，不误入轻杂"，则依次、中、下、末四等续转并赏赐。中书、枢密、经略"别计官赏"，中书、枢密都案则依下等司得官赏①。其中，"𗥃𗼨"（上服）类赏赐有"𗥃𘝶𗥃𗼨"（大锦上服）、"𗗈𗗙𗥃𗥃𗼨"（杂花锦上服）、"𗥃𗤗𗥃𗼨"（紧丝上服）等②。

等次	次等	中等	下等	末等
官赏	加一官、大锦上服一、银十五两、茶绢十	加一官、大锦上服一、银十两、绢三匹、茶四坨	加一官、杂花锦上服一、银七两、茶三坨、绢二匹	加一官、紧丝上服一、银五两、茶绢二

7. 诸捕盗及其他罪犯，依所捕犯人罪情及人数给赏。其中，"𗥃𗼨"（上服）类赏赐有"𗗈𗥃𗥃𗼨"（杂锦上服）、"𗗈𗗙𗥃𗥃𗼨"（杂花锦上服）、"𗥃𗥃𗼨"（绫上服）、"𘌄𘝚𗥃𗼨"（唐呢上服）等③。

死刑	一至三人	四至六人	七至十人	十一人以上
官赏	银三两、杂锦上服一、茶绢三中绢一匹	银五两、杂锦上服一、茶绢五中绢二匹	银七两、杂花锦上服一、茶绢七中绢三匹	加一官，银十两、杂花锦上服一、茶绢十中绢四匹

长期	一至七人	八至十五人	十六人以上
官赏	银三两、杂锦上服一、茶绢三中绢一匹	银五两、杂锦上服一、茶绢五中绢二匹	加一官、杂锦上服一、茶绢七中绢三匹

短期	一至七人	八至十五人	十六至二十人	二十人以上
官赏	银一两、茶绢三中绢一匹	银二两、绫④上服一、茶绢五中绢二匹	银三两、唐呢上服一、茶绢五中绢二匹	银三两、杂锦上服一、茶绢五中绢二匹

8. 诸人得信牌、兵符，十日内上交得赏。其中，"𗥃𗼨"（上服）类赏赐有"𗗈𗥃𗥃𗼨"（杂锦上服）⑤。

---

① 史金波、聂鸿音、白滨译注：《天盛改旧新定律令》，北京：法律出版社，2000 年，第 349 页。
② 《俄藏黑水城文献》第 8 册，第 209 页。
③ 《俄藏黑水城文献》第 8 册，第 282、283 页。
④ 西夏文为"𗥃"，绫，史金波、聂鸿音、白滨译注《天盛改旧新定律令》第 458 页误作"锦"。
⑤ 《俄藏黑水城文献》第 8 册，第 295 页。

期限	十日以内	十日以上
赏罚	银五两、杂锦上服一	延误上交徒一年，隐匿则绞杀

9. 催租诸人按租户上交量，从未交到交十分，其赏罚共十一等。其中，"□□"（上服）类赏赐有"□□□□"（杂锦上服）①。

等次	未交	一分	二分	三分	四分	五分	六分	七分	八分	九分	十分
赏罚	徒十年	徒八年	徒六年	徒五年	徒四年	徒三年	徒二年	徒一年	徒六个月	勿治罪	加一官、银五两、杂锦上服一

10. 诸大小牧监、牧首领等检校官畜按年得赏。其中，"□□"（上服）类赏赐有"□□□"（绫上服）、"□□□□"（杂锦上服）等②。

期限	一年	二年及以上
牧监获赏	钱绢二、常茶三坨、绫上服一	每年加一官、赏赐依上
牧首领获赏	银三两、杂锦上服一、钱绢五，茶五坨	每年加一官、赏赐依上

通过对上述《天盛律令》"□□"相关律文的比较，可知"□□"（上服）共有九种三等。其中上等仅有"□□□□"（大锦上服）一种，中等由上到下分别是"□□□□□"（杂花锦上服）、"□□□□"（杂锦上服）、"□□□□"（唐呢上服），下等则依次是"□□□□"（紧丝上服）、"□□□□□"（家煮丝上服）、"□□□□"（绢上服）、"□□□□"（绫上服）、"□□□"（纛上服）。俄藏《天盛律令》中"□□□□"（大锦上服）仅见于卷十《续转赏门》，所赐亦为次等、中等司官员。另外，在《英藏黑水城文献》中有一件编号为 Or.12380 - 3762.10V（K.K.Ⅱ.0227.m），定名为《天盛改旧新定律令》的残件，仅存三处"□□□□□"③，受赐对象则无从考证。"□□□□"（杂锦上服）在上述律文中基本上每条都有，足见其受赐范围广泛。

（三）《贞观玉镜将》中的上服

《贞观玉镜将》中赏赐条文主要有以下四类，赏赐的衣物有"□□"（衣服）、"□□□□"（大锦上服）、"□□□□□"（杂花锦上服）、"□□□□"（杂锦上服）等。相关赏赐规定如下：

1. 正将、副将、行监④战场亲自杀敌，应予奖赏。其中，衣物类赏赐有"□□"（衣服）⑤、

---

① 《俄藏黑水城文献》第 8 册，第 304 页。
② 《俄藏黑水城文献》第 8 册，第 362、363 页。
③ 《英藏黑水城文献》第 5 册，第 64 页。
④ "□□"，行监，陈炳应《贞观玉镜将研究》第 78 页作"行将"。
⑤ "□□"，衣服，王静如、李范文《西夏文〈杂字〉研究》（《西北民族研究》，1997 年第 2 期，第 83 页）译作"衣著"。

"𗼨𗼨𘑻𗧬𗰗"(杂花锦上服)、"𘑻𗤁𗧬𗰗"(大锦上服)等①。

杀敌数目	一人及以上
正将获赏	加一官、三十两银碗、衣服一袭七带、五两银腰带一条、茶绢一百,数等
副将获赏	加一官、二十两银碗、衣服一袭七带、五两银腰带一条、茶绢五十,数等

杀敌数目	一人	二人	三人及以上
行监获赏	加三官、七两银碗、杂花锦上服一、茶绢十五中绢七匹	加四官、十两银碗、杂花锦上服一、茶绢二十,数等	加五官、二十两银碗、大锦上服一、茶绢五十,数等

2. 正将、副将、行监获敌军人、马、铠甲、旗、鼓、金等,可以功抵过。正将、副将"功超一百种以下,不得功"②,功超一百种以上至三千种以上分七等。行监则是功超五十种以上得赏,功超获赏内容残缺。其中,衣物类赏赐有"𗦤𗮀"(衣服)③。

功超数目	一百至五百种	五百至一千种	一千至一千五百种	一千五百至二千种	二千至二千五百种	二千五至三千种	三千种以上
正将获赏	加一官、三十两银碗、衣服一袭十带、五两银腰带一条、茶绢一百,数等	加二官、五十两银碗、衣服一袭十带、六两银腰带一条、茶绢一百五十,数等	加三官、七十两银碗、衣服一袭十带、七两银腰带一条、茶绢二百二十,数等	加四官、百两银碗、衣服一袭十带、八两银腰带一条、茶绢三百,数等	加五官、十两金碗、衣服一袭十带、九两银腰带一条、茶绢四百,数等	加六官、二十两金碗、百两银碗、衣服一袭十带、十两银上涂金腰带一条、茶绢六百,数等	加七官、五十两金碗、百两银碗、衣服一袭十带、上缝缂丝、十两金腰带一条、银鞍鞯一、银一锭、茶绢千,数等
副将获赏	加一官、三十两银碗、衣服一袭七带、五两银腰带一条、茶绢五十,数等	加二官、四十两银碗、衣服一袭十带、六两银腰带一条、茶绢一百,数等	加三官、五十两银碗、衣服一袭十带、七两银腰带一条、茶绢一百五十,数等	加四官、七十两银碗、衣服一袭十带、八两银腰带一条、茶绢二百二十,数等	加五官、百两银碗、衣服一袭十带、九两银腰带一条、茶绢三百,数等	加六官、十两金碗、百两银碗、衣服一袭十带、十两银腰带一条、茶绢四百,数等	加七官、三十两金碗、百两银碗、衣服一袭十带、上缝缂丝、七两金腰带一条、银鞍鞯一、银一锭、茶绢八百,数等

3. 正将、副将、行监、步骑佐将、正首领、正换各权检校、小首领、押队、帐将、队长、军

① 《俄藏黑水城文献》第9册,第348、349、351、352页。
② 陈炳应:《贞观玉镜将研究》,银川:宁夏人民出版社,1995年,第74页。
③ 《俄藏黑水城文献》第9册,第349、350页。

卒、私人等,"先自进战",俘获敌军人、马、铠甲、旗、鼓、金等一千五百种以上,算作挫敌军锋,获"勇捷"称号,并得赏。其中,衣物类赏赐有"𘝞𘝞"(衣服)、"𘝞𘝞𘝞𘝞"(大锦上服)等①。

功超数目	一千五百种以上
正将获赏	加七官,百两银碗,五十两金碗,衣服一袭十带,上缝缂丝,十两金腰带一条,银鞍辔一,银一锭,茶绢一千,数等,七十军抄②
副将获赏	加七官,百两银碗,三十两金碗,衣服一袭八带,上缝缂丝,七两金腰带一条,银鞍辔一,银一锭,茶绢八百,数等,六十军抄
行监获赏	加八官,八十两银碗,大锦上服一,七两银腰带一条,银一锭,茶绢五百,数等,五十军抄
步骑佐将获赏	加十官,七十两银碗,大锦上服一,银一锭,茶绢三百五十,数等,四十五军抄
正首领及正、换各权检校	加十二官,七十两银碗,大锦上服一,茶绢三百,数等,四十军抄
小首领、押队、帐将、队长获赏	加□□官,六十两银碗,大锦上服一,茶绢二百五十,数等,三十五军抄等。升为正首领
军卒获赏	加十五官,五十两银碗,大锦上服一,茶绢二百,数等,三十军抄等。升为正首领
私人获赏	可成为军卒

4. 正、副将、行监、佐将挫敌军锋,其护卫、首领、押队、亲随也获"勇捷"称号,并得赏。其中,衣物类赏赐有"𘝞𘝞𘝞𘝞"(大锦上服)、"𘝞𘝞𘝞𘝞"(杂锦上服)等③。

正、副将护卫、首领、押队、亲随	正将军的护卫、首领中正首领按挫敌领赏。正副将军的其他首领、押队、亲随等,加一官,十五两银碗,茶绢二十,数等,大锦上服一。队人、私人银一两。
行监护卫、首领、押队、亲随	护卫、首领加三官,□两银碗,杂锦上服一,茶绢十,数等。押队、亲随七两银碗,杂锦上服一,茶绢十,数等。队人绢一。
佐将护卫、首领、押队、亲随	护卫、首领加一官,七两银碗,杂锦上服一,茶绢十,数等。押队、亲随五两银碗,杂锦上服一,茶绢七中绢三匹。

通观上述材料可知,"𘝞𘝞𘝞𘝞"(衣服一袭)作为对于正、副将领的赏赐,其种类有七带、八带、十带以及上缝缂丝之别。正、副将以功抵过,超三千种以上,或者挫敌军锋,赏

---

① 《俄藏黑水城文献》第9册,第362~364页。
② "𘝞𘝞",军抄,陈炳应《贞观玉镜将研究》第96页作"直军"。下同。
③ 《俄藏黑水城文献》第9册,第364~365页。

"𗩈𗾝𘃎𘄉𘈩𘝥𘟣𗤒𗼃𗿵"或者"𗩈𗾝𘃎𘄉𗦻𘝥𗼃𗿵𗤒𗼃"①，陈炳应先生分别译作"衣服一袭十带，上缝缂丝"、"衣服一袭八带，上缝缂丝"②。作为最高赏赐的袭衣，除了在"带"上有所区别外，其最大的特点即"𗿵𗤒𗼃"（上缝缂丝）。"𗿵𗤒𗼃"，字面意思即"上服边口绣丝"。"𗤒"，音"口"，《掌中珠》中"口唇"音即"𗤒𘇂"③，"𗼃"，音"丝"，《掌中珠》中"绢丝"音即"𘃝𗼃"④。西夏赏赐袭衣的制度源自于唐宋，唐朝有"赐群臣袭衣"⑤旧俗，宋真宗景德三年"以内侍左右班都知张崇贵为赵德明旌节官告使，太常博士赵湘副之。赐德明袭衣、金带、金鞍勒马、银万两、绢万匹、钱二万贯、茶二万斤"⑥。《贞观玉镜将》中除了"𗩈𗾝𘃎𘄉"（袭衣）赏赐未见《天盛律令》外，"𘘥𗵆𗿵𗤒"（大锦上服）、"𘝥𗵆𘘥𗿵𗤒"（杂花锦上服）、"𘝥𘘥𗿵𗤒"（杂锦上服）赏赐基本与《天盛律令》相同，均是以"大锦上服"为贵，"杂花锦上服"次之，"杂锦上服"再次之。

二　"头子"考

目前所见《天盛律令》中有关西夏头子的律文共有二十五条，涉及《天盛律令》的九卷十六门。在《掌中珠》中，"𗤒𗸰𘝵𗊗"对应汉文"出与头子"⑦。《俄藏黑水城文献》所收西夏南边榷场使文书中也多次出现"安排官头子"⑧。除此之外，在其他传世史籍中则未见有西夏头子的相关记载。因此，以上这些材料对于研究西夏的官方文书"头子"来说就显得弥足珍贵。

"𗤒𗸰"（头子）一词，《天盛律令》汉译本均译作"头字"，如卷十《续转赏门》中"𘟣𗾟𗤒𗸰"、卷十三《执符铁箭显贵言等失门》中"𘕿𗵆𗤒𗸰"，汉译本分别译作"官敕头字"、"捕畜头字"⑨等。1994年《天盛律令》科学出版社译本中认为"𗤒𗸰"二字可参考"掌中珠三十页有'出与头字'一语"进行翻译⑩，并且"头字"这一译法一直延续到2000年法律出版社译本

① 《俄藏黑水城文献》第9册，第349、350、362页。
② 陈炳应：《贞观玉镜将研究》，银川：宁夏人民出版社，1995年，第73、96页。
③ ［西夏］骨勒茂才：《番汉合时掌中珠》（乙种本），《俄藏黑水城文献》第10册，第28页。
④ ［西夏］骨勒茂才：《番汉合时掌中珠》（乙种本），《俄藏黑水城文献》第10册，第31页。
⑤ 《新唐书》卷一二六，第4419页。
⑥ ［宋］李焘：《续资治通鉴长编》卷六四，北京：中华书局，1980年，第1429页。
⑦ ［西夏］骨勒茂才：《番汉合时掌中珠》（甲、乙种本），《俄藏黑水城文献》第10册，第16、34页。
⑧ 《俄藏黑水城文献》第6册，第279、281、284、285、286页。
⑨ 史金波、聂鸿音、白滨译注：《天盛改旧新定律令》，北京：法律出版社，2000年，第350、470页。
⑩ 史金波、聂鸿音、白滨译：《西夏天盛律令》，北京：科学出版社，1994年，第159页。

中,未做改变。然而,这一翻译存在两点问题。首先,不管是《掌中珠》甲种本还是乙种本中,都没有"出与头字",而是"出与头子"①。其次,《天盛律令》中"羆飑"与《掌中珠》中"甩飑"中两个"头"字略有区别。"羆",《同音》丁种本 21A64 背注:"羆𪔌蒲肜猞豰虉",即领:头领也;大勇持。"甩",也作"领"讲,《同音》丁种本 21A65 背注:"甩虉虉②",即领:衣服,《掌中珠》中"甩𪔌"即"领襟"③。可见,"羆"、"甩"两字虽然字形略有不同,但读音相同,意思也一样。所以,《天盛律令》中"羆飑"确应按照《掌中珠》中"甩飑"译作"头子"。

"头子"在五代、宋朝史籍中均有所记载。据沈括《梦溪笔谈》载,"头子"源于唐代中书宣令,"予及史馆检讨时,议枢密院劄子问宣头所起。予按唐故事,中书舍人职掌诏诰,皆写二本,一本为底,一本为宣。此'宣'为出耳,未以名书也。晚唐枢密使自禁中受旨,出付中书,即谓之'宣'。中书承受,录之于籍,谓之'宣底'。今史馆中尚有梁宣底二卷,如今之圣语簿也。梁朝初置崇政院,专行密命。至后唐庄宗復枢密使,使郭崇韬、安重诲为之,始分颁政事,不關由中书直行下者谓之'宣',如中书之敕。小事则发头子、拟堂帖也。至今枢密院用宣及头子。本朝枢密院亦用劄子。但中书劄子,宰相押字在上,次相及参政以次向下;枢密院劄子,枢长押字在下,副贰以次向上,以次为别。头子唯给驿马之类用之"④。然而,宋代头子除了枢密院所发驿马头子外,据汪圣铎《宋代头子、宣头考略》一文指出宋代还有作为便钱券的头子,由枢密院、宣徽院颁给有战功之人的空名头子,以及诸路州县衙门赊购物品充当结账凭证的头子等⑤。

同样,西夏颁给头子的官署也不仅枢密院一处,中书以及地方官员等也具有颁给头子的权利。据《天盛律令》卷十《官军敕门》载,"上次中三等大人、承旨、习判、下等司正等当赐敕,依文武次第,由中书、枢密所管事处分别办理。下等司承旨、末等司大人等当赐头子"⑥。可见,西夏的头子一般"依文武次第"分别由中书、枢密颁给。与五代、宋朝头子多用于小事一样,西夏头子则直接颁给地位稍低的下等司、末等司。此外,西夏南边権场使文书中"头子"则是由西夏银牌安排官颁发的。

西夏的头子在种类上除了在驿传交通等方面使用的捕畜头子外,还有圣旨头子、官敕

① [西夏]骨勒茂才:《番汉合时掌中珠》(甲、乙种本),《俄藏黑水城文献》第 10 册,第 16、34 页。
② "虉虉",衣服,见《番汉合时掌中珠》(乙种本),《俄藏黑水城文献》第 10 册,第 31 页。又见于《三才杂字》(乙种本),《俄藏黑水城文献》第 10 册,第 46 页,王静如、李范文《西夏文〈杂字〉研究》一文译作"衣著"。
③ [西夏]骨勒茂才:《番汉合时掌中珠》(甲种本),《俄藏黑水城文献》第 10 册,第 13 页。
④ [宋]沈括撰、胡道静校注:《新校正梦溪笔谈》,北京:中华书局,1957 年,第 25 页。
⑤ 汪圣铎:《宋代头子、宣头考略》,《文献》,2004 年第 1 期,第 95～97 页。
⑥ 史金波、聂鸿音、白滨译注:《天盛改旧新定律令》,北京:法律出版社,2000 年,第 362 页。"头子",汉译本中作"头字",现改。下同。

头子、军头子、安排官头子等。

其一，捕畜头子，"𗟲𗴿𗵐𗟁"，类似于宋代枢密院所颁发的驿马头子，主要为乘驿之人使用。诸人执信牌及捕畜头子捕乘坐骑，须按照头子上捕骑数进行捕骑。一旦超捕，"日期内依次改之者，已捕多少勿论总数，当以一日捕一畜计之，一人引一日徒一年，二日徒二年，三日徒三年，四日徒四年，五日徒五年，六日徒六年，七日徒八年，八日徒十年，九日徒十二年，十日无期徒刑，自十一日以上一律绞"[①]。

日期	一日	二日	三日	四日	五日	六日	七日	八日	九日	十日	十一日及以上
判罚	徒一年	徒二年	徒三年	徒四年	徒五年	徒六年	徒八年	徒十年	徒十二年	无期徒刑	绞刑

而且，根据执头子者所派遣的事项不同，捕骑的种类也有所区别，"有送囚者，当令捕牛、驴，予之头子，勿捕骆驼、马。捕骆驼、马时，庶人十三杖，有官罚马一"[②]。此外，头子不得因私颁给，"诸人非以官事，因私擅自令执符者，派者当绞杀，执符者及行头子者、司吏等判断比派执符罪当减二等"[③]。

其二，圣旨头子，"𗏁𗆧𗵐𗟁"，应为秉承圣旨所发诏诰。诸司执圣旨头子者，应迅速执行，若懈怠延误，则"一个月以上懈怠一番，司吏徒二年，案头徒一年，都案徒六个月，承旨、习判等徒三个月，大人罚马一。懈怠二番，司吏徒三年，案头徒二年，都案徒一年，承旨、习判等徒六个月，大人罚马二，三番以上一律司吏徒四年，案头徒三年，都案徒二年，承旨、习判等徒一年，大人罚马三"[④]。

	司　吏	案　头	都　案	承旨、习判	大　人
延误一次	徒二年	徒一年	徒六个月	徒三个月	罚马一
延误二次	徒三年	徒二年	徒一年	徒六个月	罚马二
延误三次	徒四年	徒三年	徒二年	徒一年	罚马三

诸持圣旨头子前去传唤人，"任司位人不来唤处而打差人者判无期徒刑，唤虽来而打差人则徒五年，不来唤处亦不打差人则徒三年。是不任司位人，则比前述任司位之罪状当

---

① 史金波、聂鸿音、白滨译注：《天盛改旧新定律令》，北京：法律出版社，2000年，第469页。
② 史金波、聂鸿音、白滨译注：《天盛改旧新定律令》，北京：法律出版社，2000年，第473页。
③ 史金波、聂鸿音、白滨译注：《天盛改旧新定律令》，北京：法律出版社，2000年，第472页。
④ 史金波、聂鸿音、白滨译注：《天盛改旧新定律令》，北京：法律出版社，2000年，第320页。

减一等"。若头子上无上谕,"诸司往唤被告人,不来唤处而打差人者徒二年,来唤处而打差人者徒一年,不来唤处不打差人则徒六个月"①。头子上有无上谕,导致判罚差距如此之大,可见圣旨头子之重要。如果执圣旨头子者前往传唤,"彼所唤人前已染疾、饮酒已醉等,未能前来,是实情则当分析,勿治罪。其中为虚者依法判断"②。《续资治通鉴长编》载,文潞公私记:宋英宗治平元年八月,"魏公坐政事堂,以头子勾任守忠者立廷下"③。此处"头子"亦作传唤之用。

其三,官敕头子,"𦝼𥄉𦙶𩖨",即官员任职期满续转时的赐官凭证。西夏的官员任期一般为三年,期满连任或转官,"能得职,应重持旧职及牒密案,其余公事军马等头项职事已知,应重遣则当奏,依官敕头字应何赐当赐"④。诸人得官位后,需要持官敕头子才能列席班上,"实不执官敕头字,虽有文书而不许立列班上。违律时有官罚马一,庶人十三杖"⑤。

其四,军头子,即大小军首领颁发之帖⑥。相邻各首领发大小军头子时,当依次转告,"若不相传告,使传语中断时,则中断传告者罪应按所告人迟误时日多寡,以及完全未告,有何住滞相同判断。所告人不治罪"⑦。此外,"军头子"还出现在"班"的结合与废止环节,"各部军首领,定员盈能等人众弱,数甚少时,按部溜盈能相同顺序,允许自愿则结合为'班'。总计不过十抄。其首领废止为他人以下者,印当交头子,有官者当与自寄名"⑧。

其五,安排官头子,即安排官颁发用于携带货物的凭证。黑水城所出十余西夏南边榷场使文书中明确记载"安排官头子"的有五件,文书编号分别为俄藏 Инв. No.307、315、351、353、354⑨。由于这些文书都经过了裁剪,用来裱糊《大方广佛华严经》,在文书拼合上就存在一定的难度。杜建录先生将其格式复原如下:

> 南边榷场使[或其他]　　　　　申
>
> 准　银牌安排官头子,所有本府[或镇夷郡,或其他]住户某某,将到某某货物
>
> 依法搜检,并无违禁。上件[货物名]尽出卖了绝[或尽卖],替头博买到回货,依例扭
>
> 算收上税,历会印讫,仍将回货下项开坐,一就发遣,赴上司前去。伏乞照会,作何须

① 史金波、聂鸿音、白滨译注:《天盛改旧新定律令》,北京:法律出版社,2000年,第465页。
② 史金波、聂鸿音、白滨译注:《天盛改旧新定律令》,北京:法律出版社,2000年,第466页。
③ [宋]李焘:《续资治通鉴长编》卷二〇二,北京:中华书局,1985年,第4900页。
④ 史金波、聂鸿音、白滨译注:《天盛改旧新定律令》,北京:法律出版社,2000年,第350页。
⑤ 史金波、聂鸿音、白滨译注:《天盛改旧新定律令》,北京:法律出版社,2000年,第357页。
⑥ [俄]克恰诺夫俄译、李仲三汉译、罗矛昆校订《西夏法典》第153页作"动员令"。
⑦ 史金波、聂鸿音、白滨译注:《天盛改旧新定律令》,北京:法律出版社,2000年,第246页。
⑧ 史金波、聂鸿音、白滨译注:《天盛改旧新定律令》,北京:法律出版社,2000年,第265页。
⑨《俄藏黑水城文献》第6册,第279、281、284、285、286页。

至申。

上者。

[货物名与税额清单]

[年款]榷场使兼拘榷官西凉府签判[或其他][画押]①

文书开头第一句"准　银牌安排官头子……住户某某,将到某某货物……依法搜检,并无违禁"即说明了银牌安排官所颁发的头子及"住户"所携带的货物均需得到检查。此处安排官所颁发的头子与《天盛律令》中由所辖司为引送畜物而派遣的头子用途一致,均作携带、引送之用。据《畜利限门》载,诸人捡到之畜,期限已过当充公,诸人受罚之畜,以及无力偿还官钱物而以畜偿还等,当由所辖司派遣头子,将畜引送至群牧司,"同时当有成色说辞,磨勘司亦当予证明,二司当取敛状,与文典相接"②。

除了上述五类头子作捕畜、传唤、赐官、告谕、引送等使用外,西夏的头子还具有以下五点用途:

(一)捕逃。头子之上未注明逃者姓名等,当由举告者指认,若被指认者并无逃跑言论,却将举告者杀死,则按照相打争斗杀人法判决③。

(二)收葬。诸罪犯处决之后,一年之内不允许收葬,一年后方可派小巫处理,"先告都审刑司,当派巫小监者。应翻检头子,当收葬,不允作咒。倘若一年以内收葬,未作咒则徒一年,一年虽已过,但未告局分处收葬,未作咒则徒六个月,作咒则主人及巫皆绞杀。其中巫者不知,则因未仔细问,有官罚马一,庶人十三杖"④。

(三)告奏。《天盛律令》卷九《贪奏无回文门》中"因私语不告引导行文"条,"诸司有所奏者当奏引,不许使持头子"⑤。该门"文字取回无告不遣人"条据《俄藏黑水城文献》图版可补为:"𗖻𗤋𗎞𗎞𗊱𗗗𗵘𗦓𗀔𗄭𘕜𗦎𗊱𗗲,𘝞𗦁𗰛𗰛,𗵒�youtube𗰛𗎦,𘟃𗠁𘕜𗦎𗊱𗰛𗄑𗄼𗱕𗵘,𗖼𗠁𘕜𗦎𗊱𗰛𗄑𗼕𗺉𗺉,𗰛𗠁𗜓𗑊𗤋𘕜𗦎𗊱𗰛𘟃𗼮�𘀗𗼮𗠁"⑥,即"诸司直接引导奏头子,令执时,回告不来及不遣人,一次执令不听,则十三杖,二次执令不听,则徒六个月,三次以上执令不听一律徒一年"。这两条律文中,"头子"均作"告奏"使用。

(四)派遣。春季挖渠之际,笨工提前来到,则当即工作,按日记功。若已派头子,"集

---

① 杜建录:《黑城出土西夏榷场文书考释》,《中国经济史研究》,2010 年第 1 期,第 117 页。

② 史金波、聂鸿音、白滨译注:《天盛改旧新定律令》,北京:法律出版社,2000 年,第 581 页。

③ 史金波、聂鸿音、白滨译注:《天盛改旧新定律令》,北京:法律出版社,2000 年,第 279 页。

④ 史金波、聂鸿音、白滨译注:《天盛改旧新定律令》,北京:法律出版社,2000 年,第 290 页。

⑤ 史金波、聂鸿音、白滨译注《天盛改旧新定律令》第 345 页误将该条与"独自奏"条合为一条。

⑥ 《俄藏黑水城文献》第 8 册,第 207 页。

日不计,三日以内事属者不派事人时",则有官罚马一,庶人十三杖[1]。

(五)交纳。无论是边中、畿内租户家主(税户家主)纳租,还是地边、畿内诸司来交种种官物,均涉及头子的使用。《纳领谷派遣计量小监门》载,"粮食、冬草、条椽纳处依不同库门、自己所应纳而分之,为头子典册,本司内人置印"。诸司交纳官物,入库毕,"库上当取敛状,彼敛状当予前置文书处案内,其上头子当了毕,与敛状接而取用,内库与其他相同"。可见,头子在取官物时作凭证押在库房,交还后方可取回。《续资治通鉴长编》载有"蒲宗孟擅押头子支材料修东府事"[2],即是用押头子来支取官物。

总之,头子作为西夏的官方文书,用途比较广泛,有捕畜、传唤、赐官、告谕、引送、捕逃、收葬、告奏、派遣、交纳等十余种。西夏与宋朝的头子比较而言,一方面,两者在颁发机构、用途上有所区别。如宋朝头子往往由枢密院、宣徽院颁给,而西夏头子则通常由中书、枢密负责。另一方面,两者也存在一些相似之处,如颁给机构中都有枢密院,种类上都有"驿马头子""捕畜头子"等。这也表明西夏的头子制度是在对宋朝头子制度借鉴摹仿的基础上形成的。

---

① 史金波、聂鸿音、白滨译注:《天盛改旧新定律令》,北京:法律出版社,2000年,第497页。
② [宋]李焘:《续资治通鉴长编》卷五〇〇,北京:中华书局,1980年,第11923页。

余　　论

通过对《天盛律令》中刀牌、木牌、信牌、兵符、铁箭、头子等内容的考论,虽未能完全反映西夏符牌制度的全貌,亦能勾勒出这一体系的大概。正如《宋史·夏国传》所记,西夏"设官之制,多与宋同,朝贺之仪,杂用唐、宋,而乐之器与曲则唐也"[①],西夏符牌制度与唐宋符牌制度之间的关系亦是如此。此外,西夏符牌制度还借鉴吐蕃符牌制度的特点,如刀牌、铁箭制度与吐蕃告身牌、铁箭制度存在相似之处等。

唐代符牌制度比较完备,据《旧唐书》卷四三《职官志二》可知唐代符节有铜鱼符、传符、随身鱼符、木契、旌节五类,"凡国有大事,则出纳符节,辨其左右之异,藏其左而班其右,以合中外之契焉。一曰铜鱼符,所以起军旅,易守长。二曰传符,所以给邮驿,通制命。三曰随身鱼符,所以明贵贱,应征召。四曰木契,所以重镇守,慎出纳。五曰旌节,所以委良能,假赏罚"[②]。

唐代符节															
名称	铜鱼符(起军旅易守长)	传符(给邮驿通制命)						随身鱼符(明贵贱应征召)			木契(重镇守慎出纳)			旌节(委良能假赏罚)	
种类		双龙符	麟符	青龙符—东方	驺虞符—西方	朱雀符—南方	玄武符—北方	玉符	金符	铜符				旌	节
用途	两京留守折卫府左右金吾苑总监牧监等	太子监国	京都留守	诸州刺史				太子	亲王	庶官	王公征讨—子国中	庶官镇守	钱帛出纳	专赏	专罚

① [元]脱脱:《宋史》,北京:中华书局,1977年,第14028页。
② [后晋]刘昫:《旧唐书》,北京:中华书局,1975年,第1847页。

此外,唐代有传信银牌一种,"发驿遣使,则门下省给之。其制,阔一寸半,长五寸,面刻隶字曰'敕走马银牌',凡五字,首为窍,贯以韦带"①。然而,"敕走马银牌"这一传信制度的运用并未贯穿唐代,《旧唐书》、《新唐书》中也未见其相关记载。宋初,枢密院给"头子","太宗太平兴国三年,李飞雄诈乘驿谋乱,伏诛。诏罢枢密院券,乘驿者復制银牌,阔二寸半,长六存。易以八分书,上钑二飞凤,下钑二麒麟,两边年月,贯以红丝带。端拱中,以使臣护边兵多遗失,又罢银牌,复给枢密院券"。可见,宋代沿用唐之"敕走马银牌",与枢密院券"头子"交替使用,终为枢密院券所代。箭内亘先生认为,"宋初仿唐门下省纸券之制,自枢密院给券。其券当与前代同,亦为纸券。券又名头子,有驿券、仓券、馆券之别"②。实际上,正如曹家齐先生考证,宋代头子本为枢密院禀承圣旨,所发诏诰的一种形式,驿券则是公差人员入驿食宿和领取补给的凭证,驿券与走马头子不同③。显然,这一区别与宋代驿递分立有关,前代驿传传递功能为递铺所夺,驿馆则专为过往人员食宿之所,即递铺供给马匹,驿馆给以食宿。

据《宋史》卷一五四《舆服志六》载,宋代除银牌、头子外,另有铜鱼符、铜虎符、传信木牌、橄牌、铜契、号等。

宋代牌符											
名称	枢密院券头子	银牌	铜鱼符	铜虎符	传信木牌	橄牌			铜契	号			
类别						朱漆金字牌	雌黄青字牌	黑漆红字牌		黄绫角	黄绢方	黄绢圆	黄绢长
用途						急递脚	马递	步递		入禁卫	入殿门	入宫门	入皇城司
制定时间	宋初至太平兴国三年、端拱中又始	太平兴国三年至端拱中	康定元年至建炎三年	建炎三年始	康定元年始	熙宁中	乾道末	淳熙末	熙宁五年	绍兴二年定(后更宫门号以绯红绢方,皇城门以绯红绢圆,遂久用之。后复尽以黄,或方或圆,各随其制)			

---

① [元]脱脱:《宋史》,北京:中华书局,1977 年,第 3594 页。
② [日]箭内亘著,陈捷、陈清泉译:《元朝制度考》,上海:商务印书馆,1934 年,第 147 页。
③ 曹家齐:《宋代交通管理制度研究》,开封:河南大学出版社,2002 年,第 21～36 页。

辽、金牌符制度沿袭唐宋之制,如鱼符、"敕走马"信牌等。除较唐宋牌符制度简便之外,亦有不同之处,如贞祐三年,金宣宗将虎符之制更定为"枢密院用鹿符,宣抚司用鱼符,统军司用虎符"[1]。

辽代牌符					
名称	金鱼符	银牌			木牌	箭号
类别		朕字牌	宜速字牌	敕走马字牌		
执者		内府	郎君	南司		宣徽使

金代牌符							
名称	金牌	银牌	木牌	木 牌		虎 符	
类别				朱漆金字牌	绿油红字牌	鹿符	鱼符	虎符
执者	万户	猛安	谋克蒲辇			枢密院	宣抚司	统军司
用途				敕递	省递			
制定时间	收国二年始,皇统五年更制	皇统五年更制		大定二十九年始		虎符之制,承安元年制,贞祐三年更定为鹿、鱼、虎符		

宋、辽、金的符牌制度沿袭于唐,彼此规定相差无几。吐蕃的符牌制度虽然也受到唐代制度的影响,但是显然与宋、辽、金区别较大。吐蕃在唐代舆服、告身制度的基础上创制了吐蕃告身牌制度,"所谓告身,最上者为金、玉两种,次为银与颇罗弥,再次为铜与铁文字告身[2]。另外,吐蕃还摹仿突厥箭号之制建立了金箭、铁箭、银鹘传信制度,"其举兵,以七寸金箭为契。百里一驿,有急兵,驿人臆前加银鹘,甚急,鹘益多"[3]。

吐蕃牌符												
名称	告身牌										箭号		
类别	大玉文字告身	小玉文字告身	大金文字告身	小金文字告身	颇罗弥文字告身	大银文字告身	小银文字告身	青铜文字告身	铜文字告身	铁文字告身	木文字告身	金箭	铁箭	银鹘

---

① [元] 脱脱:《金史》,北京:中华书局,1975 年,第 1336 页。
② 巴卧·祖拉陈瓦著,黄颢、周润年译注:《贤者喜宴——吐蕃史译注》,北京:中央民族大学出版社,2010 年,第 36 页。
③ [宋] 欧阳修、宋祁撰:《新唐书》,北京:中华书局,1975 年,第 6072 页。

续 表

执者	大贡论	次贡论、大内相	低级贡论、次内相、次决断大事	低级内相、次噶论	低级噶论	寺院阿阇黎、持咒者、高低级权臣	保护王臣之苯教徒、侍寝官员、管理坐骑人员、堪舆家、保卫边境哨卡者、守卫宫廷最高处者	父民六族	东本、如本	作战勇士	一般属民			
用途	以别高下											征兵	驿契	加急

　　《天盛律令》中所反映出的西夏符牌制度主要包括刀牌、木牌、信牌、兵符、铁箭、头子等内容。其中,西夏的刀牌、木牌上均刻有执牌者职务、姓名等内容,虽然两者并无直接联系,但就其功用而言,则类似于唐代的随身鱼符、宋辽金时期的官牌、吐蕃的告身牌,用以"以别高下"。西夏的信牌、兵符和铁箭均为合契之符。所谓合契之符,即符分左右、箭有雌雄,"凡国有大事,则出纳符节,辨其左右之异,藏其左而班其右,以合中外之契焉"[1]。不同于西夏记名刀牌、木牌"明贵贱、应征召"之用,西夏的信牌、兵符、铁箭往往用以"给邮驿、起军旅、通制命"。捕畜头子的使用则体现了西夏如宋朝一样,"驿递分立"。《天盛律令》中关于西夏驿馆的规定主要集中于卷十一《使来往门》中,驿馆专为使节往来、过往人员所设。与宋朝递铺提供过往人员马匹不同的是,西夏的过往人员的骑乘往往不再由递铺等统一提供,而是凭"捕畜头子"捕"诸家民所属私畜及官之牧场畜等"[2]。他国来使则不同于一般过往人员,其骑乘由监军司负责供给[3]。

西夏牌符										
名称	刀牌			木牌		信牌	兵符		铁箭	头子
类别	帐门后寝	内宿	防守	军用木牌	民用木牌	敕燃马牌	发兵谕文	符节		捕畜头子、安排官头子等
执者	帐门后寝待命者	内宿待命者	防守待命者	各部类军、独诱	税户家主					
特点	以别高下					合契之符				

---

① ［后晋］刘昫:《旧唐书》,北京:中华书局,1975 年,第 1847 页。
② 史金波、聂鸿音、白滨译注:《天盛改旧新定律令》,北京:法律出版社,2000 年,第 467 页。
③ 史金波、聂鸿音、白滨译注:《天盛改旧新定律令》,北京:法律出版社,2000 年,第 471 页。

　　总之,通过对《天盛律令》符牌条文的考释研究,可以看出西夏符牌制度与唐、宋、辽、金以及吐蕃的符牌制度之间既存在联系,又存在区别,反映了西夏作为一个多民族政权,立国前,深受唐、吐蕃文化的滋养,立国后,更是与宋、辽、金、吐蕃等政权文化相互吸收、交流。这在一定程度上也体现了西夏的政治、文化等方面与中原汉族及其他少数民族"既有共性又独具特色"①。

---

① 杜建录:《西夏与周边民族关系史》,兰州:甘肃文化出版社,1995年,第1页。

参 考 文 献

一、传 世 典 籍

[1]［汉］司马迁：《史记》，北京：中华书局，1959 年版

[2]［汉］班固：《汉书》，北京：中华书局，1962 年版

[3]［唐］令狐德棻：《周书》，北京：中华书局，1971 年版

[4]［后晋］刘昫：《旧唐书》，北京：中华书局，1975 年版

[5]［宋］欧阳修、宋祁撰：《新唐书》，北京：中华书局，1975 年版

[6]［元］脱脱：《宋史》，北京：中华书局，1977 年版

[7]［元］脱脱：《辽史》，北京：中华书局，1974 年版

[8]［元］脱脱：《金史》，北京：中华书局，1975 年版

[9]［明］宋濂：《元史》，北京：中华书局，1976 年版

[10]［宋］李焘：《续资治通鉴长编》，北京：中华书局，1979—1995 年版

[11]［宋］宇文懋昭撰、崔文印校证：《大金国志校证》，北京：中华书局，1986 年版

[12] 刘俊文点校：《唐律疏议》，北京：法律出版社，1999 年版

[13] 薛梅卿点校：《宋刑统》，北京：法律出版社，1999 年版

[14] 戴建国点校：《庆元条法事类》，哈尔滨：黑龙江人民出版社，2002 年版

[15] 天一阁博物馆、中国社会科学院历史研究所天圣令整理课题组校证：《天一阁藏明
  钞本天圣令校证》，北京：中华书局，2006 年版

[16] 史金波、聂鸿音、白滨译：《西夏天盛律令》，北京：科学出版社，1994 年版

[17] 史金波、聂鸿音、白滨译注：《天盛改旧新定律令》，北京：法律出版社，2000 年版

[18]［俄］克恰诺夫俄译、李仲三汉译、罗矛昆校订：《西夏法典——天盛改旧新定律令》

（1—7 章），银川：宁夏人民出版社，1988 年版

［19］［宋］王钦若等编纂、周勋初等校订：《册府元龟》，南京：凤凰出版社，2006 年版

［20］［宋］范仲淹：《范仲淹全集》，成都：四川大学出版社，2002 年版

［21］［宋］杜大珪：《名臣碑传琬琰集》，《景印文渊阁四库全书》第 450 册，台北：商务印书馆，1986 年版

［22］［宋］曾公亮等撰：《武经总要》，《景印文渊阁四库全书》第 726 册，台北：商务印书馆，1986 年版

［23］［宋］王易：《燕北录》，《说郛》卷三八，北京：中国书店，1986 年版

［24］［宋］范大成：《揽辔录》，《说郛》卷四一，北京：中国书店，1986 年版

［25］［宋］周辉：《北辕录》，《说郛》卷五四，北京：中国书店，1986 年版

［26］［宋］洪皓：《松漠纪闻》，长春：吉林文史出版社，1986 年版

［27］［宋］沈括撰，胡道静校注：《新校正梦溪笔谈》，北京：中华书局，1957 年版

［28］［清］徐松：《宋会要辑稿》，北京：中华书局，1957 年版

［29］［清］吴广成撰，龚世俊、胡玉冰、陈广恩、许怀然校证：《西夏书事校证》，兰州：甘肃文化出版社，1995 年版

［30］［清］周春著，胡玉冰校补：《西夏书校补》，北京：中华书局，2014 年版

［31］［清］厉鹗：《辽史拾遗》，上海：商务印书馆，1936 年版

［32］戴锡章撰，罗矛昆点校：《西夏纪》，银川：宁夏人民出版社，1988 年版

［33］胡玉冰校注：《西夏志略校证》，兰州：甘肃文化出版社，1998 年版

［34］巴卧·祖拉陈瓦著，黄颢、周润年译注：《贤者喜宴——吐蕃史译注》，北京：中央民族大学出版社，2010 年版

［35］黄布凡、马德：《敦煌藏文吐蕃史文献译注》，兰州：甘肃教育出版社，2000 年版

［36］王尧：《敦煌本吐蕃历史文书·大事纪年》，载王尧编著：《王尧藏学文集》卷一，北京：中国藏学出版社，2012 年版

二、出 土 文 献

［ 1 ］俄罗斯科学院东方研究所圣彼得堡分所、中国社会科学院民族研究所、上海古籍出版社编：《俄藏黑水城文献》第 1～14 册，上海：上海古籍出版社，1996～2011 年版

［2］史金波、陈育宁主编：《中国藏西夏文献》第1～20册，兰州：甘肃人民出版社、敦煌文艺出版社，2005～2007年版

［3］西北第二民族学院、上海古籍出版社、英国国家图书馆编：《英藏黑水城文献》第1～5册，上海：上海古籍出版社，2005～2010年版

［4］武宇林、荒川慎太郎主编：《日本藏西夏文献》上、下册，北京：中华书局，2011年版

［5］西北第二民族学院、上海古籍出版社、法国国家图书馆编：《法国国家图书馆藏敦煌西夏文文献》，上海：上海古籍出版社，2007年版

［6］沙知、吴芳思编：《斯坦因第三次中亚考古所获汉文文献》（非佛经部分）第1、2册，上海：上海辞书出版社，2005年版

［7］塔拉、杜建录、高国祥主编：《中国藏黑水城汉文文献》第1～10册，北京：国家图书馆出版社，2008年版

［8］俄罗斯国立艾尔米塔什博物馆、西北民族大学、上海古籍出版社：《俄罗斯国立艾尔米塔什博物馆藏黑水城艺术品》第1、2册，上海：上海古籍出版社，2008～2012年版

［9］宁夏文物考古研究所：《拜寺沟西夏方塔》，北京：文物出版社，2005年版

三、论　　著

［1］罗振玉：《增订历代符牌图录》，《罗雪堂先生全集》第七编第2册，台北：大通书局，1976年版

［2］罗福颐等编：《西夏官印汇考》，银川：宁夏人民出版社，1982年版

［3］王静如：《西夏研究》第1～3辑，中研院史语所，1932～1933年版

［4］史金波、白滨、黄振华：《文海研究》，北京：中国社会科学出版社，1983年版

［5］史金波：《西夏文化》，长春：吉林教育出版社，1986年版

［6］史金波：《西夏佛教史略》，银川：宁夏人民出版社，1988年版

［7］史金波、白滨、吴峰云编：《西夏文物》，北京：文物出版社，1988年版

［8］史金波、黄振华、聂鸿音：《类林研究》，银川：宁夏人民出版社，1993年版

［9］史金波：《西夏社会》，上海：上海人民出版社，2007年版

［10］陈炳应：《西夏文物研究》，银川：宁夏人民出版社，1985年版

［11］陈炳应：《西夏谚语》，太原：山西人民出版社，1993年版

［12］陈炳应：《贞观玉镜将研究》，银川：宁夏人民出版社，1995 年版

［13］李范文、中岛干起：《电脑处理西夏文〈杂字〉研究》，日本国立亚非语言文化研究所，1997 年版

［14］李范文编：《夏汉字典》，北京：中国社会科学出版社，2008 年版

［15］李范文：《西夏陵墓出土残碑粹编》，北京：文物出版社，1984 年版

［16］李范文：《同音研究》，银川：宁夏人民出版社，1986 年版

［17］李范文：《宋代西北方音》，北京：中国社会科学出版社，1994 年版

［18］汤晓芳：《西夏艺术》，银川：宁夏人民出版社，2003 年版

［19］陈育宁、汤晓芳：《西夏艺术史》，上海：三联书店，2010 年版

［20］聂鸿音：《西夏文德行集研究》，兰州：甘肃文化出版社，2002 年版

［21］聂鸿音：《西夏文〈新集慈孝传〉研究》，银川：宁夏人民出版社，2009 年版

［22］聂鸿音：《西夏文献论稿》，上海：上海古籍出版社，2012 年版

［23］杜建录：《西夏与周边民族关系史》，兰州：甘肃文化出版社，1995 年版

［24］杜建录：《西夏经济史研究》，兰州：甘肃文化出版社，1998 年版

［25］杜建录：《西夏经济史》，北京：中国社会科学出版社，2002 年版

［26］杜建录：《〈天盛律令〉与西夏法制研究》，银川：宁夏人民出版社，2005 年版

［27］杜建录、史金波：《西夏社会文书研究》，上海：上海古籍出版社，2010 年版

［28］杜建录：《中国藏西夏文献研究》，上海：上海古籍出版社，2012 年版

［29］杜建录：《黑水城文献论集》，北京：学苑出版社，2014 年版

［30］杜建录、波波娃：《〈天盛律令〉研究》，上海：上海古籍出版社，2015 年版

［31］李华瑞：《宋夏史研究》，天津：天津古籍出版社，2006 年版

［32］李华瑞：《宋夏关系史》，北京：中国人民大学出版社，2010 年版

［33］李华瑞：《视野、社会与人物：宋史、西夏史研究论文稿》，北京：中国社会科学出版社，2012 年版

［34］汤开建：《党项西夏史探微》，北京：商务印书馆，2013 年版

［35］汤开建：《唐宋元间西北史地丛稿》，北京：商务印书馆，2013 年版

［36］林英津：《西夏语译〈真实名经〉注释研究》，台北：中央研究院语言学研究所，2006 年版

［37］林英津：《夏译〈孙子兵法〉研究》，台北：中研院史语所，1994 年版

［38］胡玉冰：《汉文西夏文献丛考》，兰州：甘肃文化出版社，2002 年版

［39］胡玉冰：《传统典籍中汉文西夏文献研究》，北京：中国社会科学出版社，2007 年版

［40］彭向前：《西夏文〈孟子〉整理研究》，上海：上海古籍出版社，2012 年版

［41］杨浣：《辽夏关系史》，北京：人民出版社，2010 年版

［42］杨浣：《他者的视野——蒙藏史籍中的西夏》，银川：宁夏人民出版社，2013 年版

［43］佟建荣：《西夏姓氏辑考》，银川：宁夏人民出版社，2013 年版

［44］潘洁：《黑水城出土钱粮文书专题研究》，银川：宁夏人民出版社，2013 年版

［45］杨志高：《西夏文〈经律异相〉整理研究》，北京：社会科学文献出版社，2014 年版

［46］周伟洲：《唐代党项》，西安：三秦出版社，1988 年版

［47］王天顺：《西夏地理研究》，兰州：甘肃文化出版社，1988 年版

［48］王天顺：《西夏天盛律令研究》，兰州：甘肃文化出版社，1998 年版

［49］吴天墀：《西夏史稿》，成都：四川人民出版社，1980 年版

［50］胡若飞：《西夏军事制度研究·〈本续〉密咒释考》，呼和浩特：内蒙古大学出版社，
2003 年版

［51］杨积堂：《法典中的西夏文化——西夏天盛改旧新定律令研究》，北京：法律出版社，
2003 年版

［52］姜歆：《西夏法律制度研究——〈天盛改旧新定律令〉初探》，兰州：兰州大学出版社，
2005 年版

［53］陈永胜：《西夏法律制度研究》，北京：民族出版社，2006 年版

［54］邵方：《西夏法制研究》，北京：人民出版社，2009 年版

［55］中国社会科学院民族研究所历史研究室资料组编：《民族史译文集》第 3 辑，1978
年版

［56］邓小南、曹家齐、平田茂树：《文书政令信息沟通——以唐宋时期为主》，北京：北京
大学出版社，2012 年版

［57］曹家齐：《宋代交通管理制度研究》，开封：河南大学出版社，2002 年版

［58］赵效宣：《宋代驿站制度》，台北：联经出版事业公司，1983 年版

［59］党宝海：《蒙元驿站交通研究》，北京：昆仑出版社，2006 年版

［60］陆离：《吐蕃统治河陇西域时期制度研究》，北京：中华书局，2011 年版

［61］黄正建：《〈天圣令〉与唐宋制度研究》，北京：中国社会科学出版社，2011 年版

［62］高明士：《律令法与天下法》，上海：上海古籍出版社，2013 年版

［63］赵晶：《〈天圣令〉与唐宋法制考论》，上海：上海古籍出版社，2014 年版

［64］王尧、陈践：《吐蕃简牍综录》，北京：文物出版社，1986 年版

［65］李逸友：《黑城出土文书》（汉文文书卷），北京：科学出版社，1991 年版

［66］［日］箭内亘著，陈捷、陈清泉译：《元朝制度考》，上海：商务印书馆，1934 年版

［67］［日］井上充幸、加藤雄三、森谷一树编，乌云格日勒译：《黑水城两千年历史研究》，北京：中国人民大学出版社，2013 年版

［68］［英］F.W 托马斯编著，刘忠、杨铭译注：《敦煌西域古藏文社会历史文献》，北京：民族出版社，2003 年版

［69］［俄］克恰诺夫、李范文、罗矛昆著：《圣立义海研究》，银川：宁夏人民出版社，1995 年版

［70］［俄］克恰诺夫、聂鸿音：《西夏文〈孔子和坛记〉研究》，北京：民族出版社，2009 年版

［71］Е.И. Кычанов. Каталог тангутских буддийских памятников. Киото: унвсрсигет Киото, 1999

［72］Е. И. Кычанов, Измененный и заново утвержденный кодекс девиза царствования небесное процветание 1149 – 1169，кн.1 – 4，Москва：Наука，1987 – 1989

四、论 文

［1］罗福成：《西夏宿卫牌》，《国立北平图书馆馆刊》，1932 年四卷三号

［2］罗福成：《西夏守御牌》，《国立北平图书馆馆刊》，1932 年四卷三号

［3］聂历山：《西夏语研究小史》，《国立北平图书馆馆刊》，1932 年四卷三号

［4］王静如：《西夏文木活字版佛经与铜牌》，《文物》，1972 年第 11 期

［5］王静如、李范文：《西夏文〈杂字〉研究》，《西北民族研究》，1997 年第 2 期

［6］史金波、白滨：《莫高窟、榆林窟西夏文题记研究》，《考古学报》，1982 年第 3 期

［7］史金波：《西夏陵园出土残碑译释拾补》，《西北民族研究》，1986 年第 1 期

［8］史金波：《西夏的职官制度》，《历史研究》，1994 年第 2 期

［9］聂鸿音：《西夏〈天盛律令〉里的中药名》，《中华文史论丛》，2009 年第 4 期

［10］杜建录：《西夏的内宿制度》，《固原师专学报》，1997 年第 4 期

［11］杜建录：《西夏的赋役制度》，《中国经济史研究》，1998 年第 4 期

［12］杜建录：《西夏的财政收入初探》，《西北师大学报》（社会科学版），1999 年第 1 期

［13］杜建录：《西夏的畜牧法初探》，《中国农史》，1999 年第 3 期

[14] 杜建录：《试论西夏的符牌》，《宋史研究论文集》，银川：宁夏人民出版社，1999 年版

[15] 杜建录：《西夏的审判制度》，《宁夏社会科学》，2003 年第 6 期

[16] 杜建录：《黑城出土西夏榷场文书考释》，《中国经济史研究》，2010 年第 1 期

[17] 程民生：《略述宋代陆路交通》，《陈乐素教授（九十）诞辰纪念文集》，广州：广东人民出版社，1992 年版

[18] 李华瑞：《略论宋夏时期的中西陆路交通》，《中国史研究》，2014 年第 2 期

[19] 韩茂莉：《宋夏交通道路研究》，《中国历史地理论丛》，1988 年第 1 期

[20] 陈庆英、端智嘉：《一份敦煌吐蕃驿递文书》，《社会科学》，1981 年第 3 期

[21] 贾常业：《西夏文译本〈六韬〉解读》，《西夏研究》，2011 年第 2 期

[22] 许伟伟：《〈天盛律令·节亲门〉对译与考释》，《西夏学》第四辑，银川：宁夏人民出版社，2009 年版

[23] 许伟伟：《〈内宫待命等头项门〉中的职官问题》，《西夏学》第七辑，上海：上海古籍出版社，2011 年版

[24] 佟建荣：《西夏番姓汉译再研究》，《民族研究》，2013 年第 2 期

[25] 潘洁：《〈天盛改旧新定律令·催缴租门〉一段西夏文缀合》，《宁夏社会科学》，2012 年第 6 期

[26] 阎敏：《乌审旗发现西夏文"内宿待命"铜符牌》，《草原文物》，1992 年第 Z1 期

[27] 孙寿龄、黎大祥：《甘肃武威市出土银符牌》，《考古》，2002 年第 4 期

[28] 孙寿龄、黎大祥：《武威发现西夏文"地境沟证"符牌》，《西夏学》第五辑，上海：上海古籍出版社，2010 年版

[29] 梁松涛：《西夏文〈敕牌赞歌〉考释》，《宁夏社会科学》，2008 年第 3 期

[30] 梁松涛：《河北大学博物馆藏西夏文铜牌考释》，《文物春秋》，2011 年第 6 期

[31] 刘宁：《对几面金代牌子的认识》，《辽海文物学刊》，1995 年第 1 期

[32] 尚世东：《西夏文书档案驿传制度述略》，《档案学研究》，2001 年第 5 期

[33] 尚世东：《西夏公文驿传探微》，《宁夏社会科学》，2001 年第 2 期

[34] 苏冠文：《西夏信息传递述论》，《宁夏社会科学》，2006 年第 2 期

[35] 陈旭：《西夏驿路与驿传制度》，《北方民族大学学报》，2010 年第 1 期

[36] 汪圣铎：《宋代头子、宣头考略》，《文献》，2004 年第 1 期

[37] 佐藤贵保：《西夏法典贸易关联条文译注》，《丝绸之路与世界史》，大阪大学研究院文学研究科，2003 年

[38]［日］佐藤贵保著,刘宏梅译:《未刊俄藏西夏文〈天盛律令〉印本残片》,《西夏研究》,2011 年第 3 期

五、学 位 论 文

[1] 段玉泉:《语言背后的文化流传:一组西夏藏传佛教文献解读》[博士学位论文],兰州:兰州大学,2009 年

[2] 王培培:《西夏文《维摩诘所说经》研究》[博士学位论文],北京:中国社会科学院,2010 年

[3] 潘洁:《〈天盛改旧新定律令〉农业卷研究》[博士学位论文],银川:宁夏大学,2010 年

[4] 佟建荣:《西夏姓氏考论》[博士学位论文],银川:宁夏大学,2011 年

[5] 许伟伟:《〈天盛改旧新定律令·内宫待命等头项门〉研究》[博士学位论文],银川:宁夏大学,2013 年

[6] 翟丽萍:《西夏职官制度研究——以〈天盛革故鼎新律令〉卷十为中心》[博士学位论文],西安:陕西师范大学,2013 年

[7] 于光建:《〈天盛改旧新定律令〉典当借贷条文整理研究》[博士学位论文],银川:宁夏大学,2014 年

[8] 孙广文:《西夏驿传研究》[硕士学位论文],银川:宁夏大学,2009 年

[9] 苏建文:《西夏文〈大方广佛华严经普贤行愿品〉释文》[硕士学位论文],银川:宁夏大学,2009 年

附　　录

一、夏汉词汇对照表

西夏文	字面意思	汉译	出处（如 34b201，即第 34 面左第 2 行第 1 个字始）	备注
䅆	信牌	符	34b201、34b315、34b410、34b704、34b903、35a202、35a209、35a602、35b205、35b602、36a306、36a814、36b504、37a704、37b102、37b302、38a414、38a703、38b408、38b608、39a102、39a203、39a602、39a715、39a812、39a816、39b104、39b203、39b402、39b502、39b502、39b509、39b704、39b713、40a304、40a309、40a313、40a404、40a414、40a702、40a707、40a714、40a906、40b214、40b402、41a102、41a115、41a816、41a904、41a908、42a506、42a705、42a709、42b113、42b204、42b303、42b303、42b313、42b503、42b614、42b912、43a108、43a204、43a404、43a609、43a613、43a701、43b203、43b511、43b604、43b707、43b811、44a102、44a303、44a413、44a505、44a601、44a612、44a802、44a901、44a908、44b104、44b114、44b204、44b302、44b401、44b404、44b607、44b902、45a212、45a307、45a501、45a701、45a804、45a902、45b404、45b413、45b507、45b709、46a802、46a811、46b215、46b312、46b503、47a404、47a506、47a702、48a105、48b914	
䕆䕅	铁箭	铁箭	34b202、39b105、39b205、39b403、39b503、39b510、43a405	
䅓	显	牌	34b204、45b710、46b508、46b608、46b708、46b804、47a405、47a507、47a703、47b210、47b301、47b314、47b410、47b608、47b701、47b714、47b913、48a107、48a302、48a403、48a605、48a804、48a816、48a908、48b201、48b211、48b316、49a101、49a215、49a602、49b101、49b208、49b410	
䋸䍑	贵言	贵言	34b205、46a204	
䖝䖛	边中	边中	34b302、42b307、47b202	

194

西夏文	字面意思	汉译	出处(如 34b201,即第 34 面左第 2 行第 1 个字始)	备注
𗉬𗖍	世界	京师	34b304、41a611、41a715、41a809、42b106、47b405、48a505、48a810、48b213、48b308、49a606、49a907、49b702	
𗟲𗖥	敕符	敕符	34b314	
𗆟𗟡	时节	时节	34b512	
𗼻	畜	畜、骑	34b712、34b907、34b913、35a104、35a304、35a308、35a313、35a405、35a413、35a804、35b301、35b605、37a712、37b307、37b313、37b407、37b514、38a211、38a804、38a813、38a916、38b803、39a117、39a304、39a311、39a311、39a411、39a606、39a903、39b212、39b806、39b810、40a101、40a109、41a105、41a112、41a204、41a209、41a304、41a309、41b101、43a409、43a502、43a705、43a801、43a813、43a914、43b608、43b714、45a906、45a906、45a910、45b105、45b208、45b408	
𗀔𗗔	职管	局分	35a212、39b717、42a906、42b401、43b106、43b701、45b905、46a416、47b407、47b901、48a507、500109	
𗒆𗄽	儿童	童子	35a302、39b715、43a314	
𗼻𗷉𗦲	骑还者	骑驾者、还畜者	35a304、39b806、41a112、41a209、41a309	
𗟡𗊱	家民	家民	35a608	
𗵂𗗉	私畜	私畜	35a611、35a803	
𗇋𗼮𗗉	牧场畜	牧场畜	35a616、35a805	
𗦻𗗉	官马	官马	35a709、35a906、35b113	
𗥩	马	马	35a710、35a907、35b114、36a716、39b311、40a211、40a514、40b504、41a501、41b114、42a611、42b809、43b405、43b410、43b507、44b810、46a612、46b905、47a209、47b809、49a902	
𗜓𗗸	边近	附近	35a809、35b101、35b803	
𗦻𗗉	官畜	官畜	35b414	
𗿻𗗸	截除	注销	35b504	
𗼻𗵰	畜骑	骑乘	35b605	
𗗉𗀖	畜尸	畜尸	35b806	
𗜓𗲜	边远	边远	35b809	
𗼻𗽀	肉皮	肉皮	35b812	

西夏文	字面意思	汉译	出处（如34b201，即第34面左第2行第1个字始）	备注
𗽔𗾈𗥔𗥰𗷣	迅速紧急信牌	火急符	36a302	
𗾈𗰖	日限	期限	36a308、36a905、36b507、37a804、40b302、44b904、45a105、45a202、45a302、45a411、45a515、45a814	
𗐫𗵒	地边	地边	36a702、36b315、40b114、47b806、49a802	
𗽔𗶷	敌寇	敌寇	36a704、49a804	
𗥰𗆷	安定	安定	36a707、47b613、48a707、49a807	
𗾁𗆣	十恶	十恶	36a802、36b302、41b706	
𗽔𗾈𗫒𗆞	火急要言	火急要言	36a816	
𗉛𗥰	体工	笨工	36b408、40b203、42a404	音译词
𗰖𗾈	备取	无期	37a502、37b902、38b308	
𗥥𗾈	领字	头子	37b303、39b214、43a112、43a707、43a803、43a815、43b102、43b313、43b610	
𗾈𗥔	期显	短期	38b115	
𗏹𗏹	自己	自己	38b611、49b511	复合词
𗤴𗥰	衣服	衣服	38b613	
𗼷𗼷	行缘	行缘	38b615	
𗷣𗆤	饮食	粮食	38b701	
𗼷𗰖	行驿	行驿	39a113、39a208	
𗥰𗽔	家主	家主	39a610、44a116	
𗣼𗾈	书子	留书子	39b208	
𗼯𗥥	锁舌	锁舌	39b210	
𗋽𗟲𗥥𗾈	畜捕领字	捕畜头子	39b212、43a705、43a801、43a813、43a914、43b608	
𗰜𗤴	庶人	庶人	39b313、40a203、40a601、41b116、42b811、43b413、44b812、46a614	
𗑗	纸	纸	40a316、40a506	
𗰜𗥰	鍮符	鍮符	40a701	
𗥰𗥰	银符	银符	40a706	
𗼷𗫒	言节	谕文	40a909、41a608、41a804、43b902、45b813、48a903、48b310、48b405、48b503	

西夏文	字面意思	汉译	出处(如 34b201,即第 34 面左第 2 行第 1 个字始)	备注
𗾢𗾢	大大	大人	40b406、44a108	
𘌽𗟻𗡜	旨待者	待命者	40b408、43a310、47b708	
𘀌𗴿	市场	市场	40b414	
𘔯𘈖	唇哺	食粮	40b502	
𗉝𗾕𗏹	马吃草	草料	40b504	
𗥦𗜓𗡜	集合者	收取者	40b712	
𗼓	使	使	41a403、41a605、41a813、41b106、41b601	
𗥫𗋐𗖰	军主司	监军司	41a407、41a913、42b601、45b702、45b715、46b204、48a601、49a307、49b107、49b507	
𘝶𗖰	驿舍	驿馆	41a410	
𗱲𘗽	头监	小监	41a412	
𘈖𗡞	食粮	口粮	41a502	
𗿢𘜶	谷物	谷物	41a507	
𗦀𗖰	边城	边城	41b903	
𘀢	溜	溜	41b906、49b405	
𗍫𗖰	堡城	堡城	42a102	
𗵆𘞝	地程	地程	42a203、44b913、45a111、45a217、45a406、45a509	
𘘚𗉩	唐徠	唐徠	42a211	音译词
𗆟𗪚	汉延	汉延	42a213	音译词
𗏹𗍫	草工	草工	42a402	
𘘥𘗽	监夫	监伕	42a409	音译词
𘝶𗼓	贤旨	圣旨	42a501	
𘝶𘞝	御使	神策	42a607	
𗥫𘞝	军使	使军	42a709	
𗦀𘔯𘞝	边口使	边检校	42a716、46b207	
𗣼𗖰	习判	习判	42a802	
𘌽𘌻	指取	承旨	42a804	
𗖰𗥣	城主	城主	42a806	

西夏文	字面意思	汉译	出处（如34b201，即第34面左第2行第1个字始）	备注
𗥃𗰖	通判	通判	42a808	
𗱔𗪊	城守	城守	42a810	
𗅔𘐔	行主	行监	42a814、47b204、47b305、47b602、49b402	
𗋽𘕿𘄒𗣼	都案案头	都案案头	42a908	
𗙴𗥤	司吏	司吏	42a912、43a201	
𗦜𗨳𘕘	统正副	正副统	42b509	
𗯮𗴲𗰗	州府使	州府使	42b512	音译词
𗝱𗰗	刺史	刺史	42b515、45b909、48a409、48b106、49b105	音译词
𗱤𗾸	节亲	节亲	43a302	
𗥃𗰖	议判	宰相	43a304	
𗾔𗾔	臣僚	臣僚	43a306、44a106	
𗙏	牛	牛	43b307	
𗕾𗋽	兔驴	驴	43b308	
𘓃𗣼	骆驼	骆驼	43b403、43b408	
𗗉	妾	妻	44a206	
𘒣𗉺	夫妻	夫婿	44a214、44a407	
𘀄𗦜	军统	统军	44b602、46b202	
𘋥𗡓	文字	文书	45a807	
𗔾	印	印	45b708、46a207	
𗅁𗣜	显合	兵符	45b710、46b508、46b804、47a405、47a507、47a703、47b410、48a107、48a302、48a804、48a816、49a101、49b101	
𗔾𗔾	信印	印信	46a206	
𘏲𗟻	旌羽	旌羽	46a208	
𘃡𘐔	名陈	记名	46a211、47b711	
𗺉𘀄	盗军	贼军	46a404	
𗿒𗿒	担保	担保	46a509	
𗋽𗸕𗾸	只关者	只关者	46a511	音译
𗾔𘐔	准备	提举	46b213	

西夏文	字面意思	汉译	出处（如 34b201,即第 34 面左第 2 行第 1 个字始）	备注
𗥼𗀔	集日	集日	46b602、46b701、47a103、49a115	
𗥼𗏹	野兽	敌人	47a408	
𗤋𗏹𗅫	盗诈军	盗诈军	47a410	
𗦲	银	银	47a806、40a706	
𗦐𗤀	杂锦	杂锦	47a807	
𗨁𗄛	上氅	上服	47a809	
𗤀𗤋	乃等	盈能	47b206、47b307、47b604、49b406	
𗰕𗤀	刀显	刀牌	47b713	
𗥃𗦖	军监	监军	48a411、48b108	
𗤓𗦳	手记	手记	48a416	
𗤀𗐇𗥃	叛逃者	叛逃者	48a711、48b603	
𗦖𗰕𗤗𗥃𗅫	迅速紧急军	急行军	48a715	
𗤋	枷	枷	48b208	
𗦳𗤀	渐如	延误	34b406、46b517、47a101、48a115、48a202、48b408、49a110、49a113、49a911	
𗥼	利	利	48b809、35a705	
𗦳𗥼	情面	徇情	49a405	
𗦳	府	府	49b503	音译
𗥃	军	军	49b504	音译
𗥼	郡	郡	49b505	音译
𗥃	县	县	49b506	音译
𗥼𗦳𗥃	经略使	经略使	49b611	音译
𗥼𗦳	经略	经略	49b706	音译
𗤀𗦳𗤋	殿前司	殿前司	49b713、49b814	
𗤀𗦳	计密	枢密	49b912	
𗤀𗦳	薄持	主簿	500213	

二、西夏铜牌一览表①

编号	西夏文牌名		西夏文牌名汉译		形制	尺寸	著录	收藏单位	备注
	正面	背面	正面	背面					
1	[西夏文]	[西夏文]	内宿待命		长方铲形		《增订历代符牌图录》		
2	[西夏文]	[西夏文]	内宿待命		长方铲形		《西夏国书略说》等		
3	[西夏文]		内宿待命	讹□□铁	长方铲形	5.5×4		中国社会科学院民族研究所	
4	[西夏文]		内宿待命		长方铲形	5.5×4		宁夏回族自治区博物馆	
5	[西夏文]	[西夏文]	内宿待命	吽	长方铲形			北京民族文化宫	
6	[西夏文]		内宿待命	巴若哆	长方铲形	5×3.4		故宫博物院	
7	[西夏文]	[西夏文]	防守待命	跋屈契丹	圆形		《增订历代符牌图录》		
8	[西夏文]	[西夏文]	防守待命	跋兀金奴	圆形	径 5.3		中国历史博物馆	
9	[西夏文]	[西夏文]	防守待命	千玉宝讹	圆形	径 4.5		中国历史博物馆	
10	[西夏文]	[西夏文]	防守待命	斜那神庞	圆形		《增订历代符牌图录》《国立北平图书馆馆刊》		双钩
11	[西夏文]		防守待命	张成有	圆形	径 5.2		西北师范大学	

① 原表见史金波、白滨、吴峰云编:《西夏文物》第36～37页,本书在收录时更正了部分内容,如符牌2见于《增订历代符牌图录》,背面西夏文为"且叠旒稍",与《西夏文物·西夏铜牌一览表》录文不同。符牌6背面西夏文"緰蠡殻",《西夏文物·西夏铜牌一览表》音译为"巴若乙□",应为"巴若哆"。符牌7背面西夏文人名"毅姚蒜蕤",即"跋屈契丹",《西夏文物·西夏铜牌一览表》译作"味屈契丹"。符牌8、9背面西夏人名分别为"缦靓虻缩"(跋兀金奴)、"叙猀骏鹎"(千玉宝讹),《西夏文物·西夏铜牌一览表》颠置。符牌20背面人名"散旅鑛形",即"吴哆乐有",《西夏文物·西夏铜牌一览表》译作"吴哆合乐有"等。

编号	西夏文牌名		西夏文牌名汉译		形制	尺寸	著录	收藏单位	备注
	正面	背面	正面	背面					
12	𗾖𗱕		防守待命		圆形	径5.6		陕西省博物馆	
13		𗒘𗒦𗥃			长方铲形		《增订历代符牌图录》		双钩
14	𗐁𗒘𗒦𗱕	𗐁𗒘𗒦𗱕	帐门后寝待命	同正面	长方形	7.2×6.2	《衡斋吉金识小录》		正面朱文、背面白文
15	𗾖𗐁𗒦	𗥃𗢭			长方形	7×4		首都博物馆	
16	𗒦	𗥃𗢭			长方铲形	5.4×4		故宫博物院	
17	𗒘	𗥃𗢭	[耶]		长方铲形			北京民族文化宫	
18	𗾖𗒦	𗥃𗢭			长方铲形	7×4.2		中国历史博物馆	
19	𗾖𗢭𗖨		重诸之人		马蹄形	7.6×5.5		故宫博物院	
20	𗒦𗾖𗱕		吴嗷乐有		椭圆形	径5.3		故宫博物院	
21	𗾖𗢭𗒦𗖨𗖨	植物图案			桃形		《中国历史图说》		
22	𗾖𗢭𗒦𗖨𗖨𗢭	植物图案			圆形		《衡斋吉金识小录》		
23	𗾖𗢭𗒦				圆形	径8.8		中国历史博物馆	
24	𗾖𗢭𗒦	图案	敕燃马牌		圆形套合	径15		中国历史博物馆	
25	𗾖𗢭𗒦	图案	敕燃马牌		圆形套合	径15		西安市文物管理处	

三、新见西夏符牌表[①]

编号	西夏文牌名		西夏文牌名汉译		形制	尺寸	著录	收藏单位	备注
	正面	背面	正面	背面					
1	[illegible]	[illegible]	内宿待命	谋宁十月山	长方铲形	6.8×4×0.3	《中国藏西夏文献》	宁夏回族自治区固原市博物馆	铜质
2	[illegible]	[illegible]	内宿待命	讹嗯乐西	长方铲形	6.5×4×0.3	《中国藏西夏文献》	宁夏回族自治区隆德县文物管理所	铜质
3	[illegible]	[illegible]	内宿待命	如定宁乐	长方铲形	6.9×4×0.3		内蒙古自治区伊克昭盟文物工作站	铜质
4	[illegible]		信		桃形	6×5	《中国藏西夏文献》	宁夏回族自治区博物馆	铜质
5	[illegible]	[illegible]	帐门后寝待命	没赏千狗	长方形	7.5×5.3×0.3			银质
6	[illegible]	[illegible]	司吏都监行遣	勒兀勾正	长方铲形	6.4×4×0.3			铜质
7	[illegible]	人像图案	唵嘛呢		圆形	高6	《西夏艺术》	甘肃省山丹县“艾黎捐赠文物陈列馆”	铜质、镀银
8	[illegible]	[illegible]	防守待命	跋屈契丹	圆形	径5.3		河北大学博物馆	铜质

① 近二十年来，西夏宿卫、防守等牌屡有新发现，其中不乏有首见的西夏银质“帐门后寝待命”牌等。

四、《天盛律令·执符铁箭显贵言等失门》图版

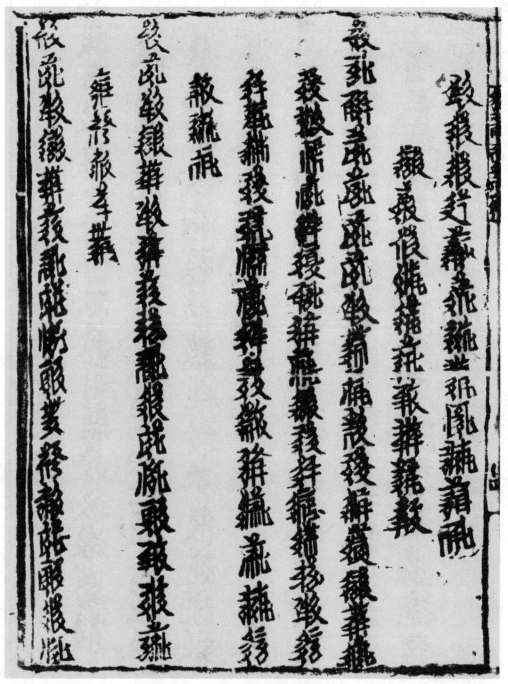

天盛改旧新定律令（甲种本）第十三（50—34 左）

天盛改旧新定律令（甲种本）第十三（50—35 右）

天盛改旧新定律令（甲种本）第十三（50—35左）

天盛改旧新定律令（甲种本）第十三（50—36右）

天盛改旧新定律令（甲种本）第十三（50—36 左）

天盛改旧新定律令(甲种本)第十三(50—37 右)

天盛改旧新定律令(甲种本)第十三(50—37 左)

天盛改旧新定律令（甲种本）第十三（50—38 右）

天盛改旧新定律令（甲种本）第十三（50—38 左）

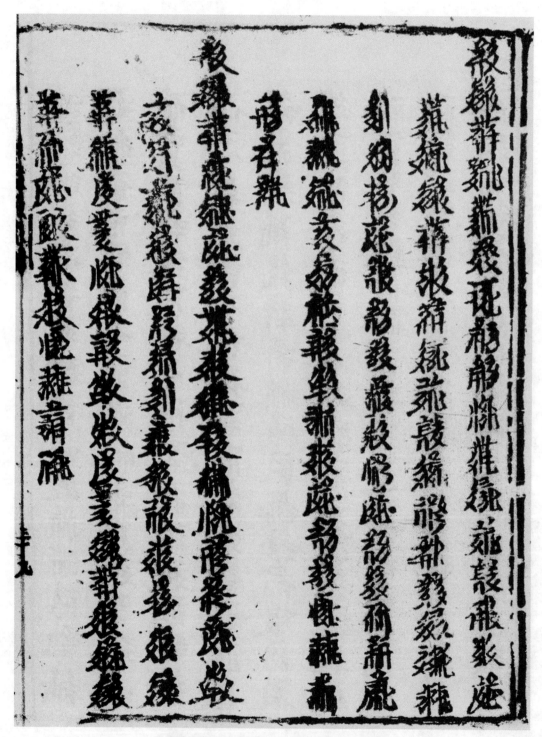

天盛改旧新定律令（甲种本）第十三（50—39 右）

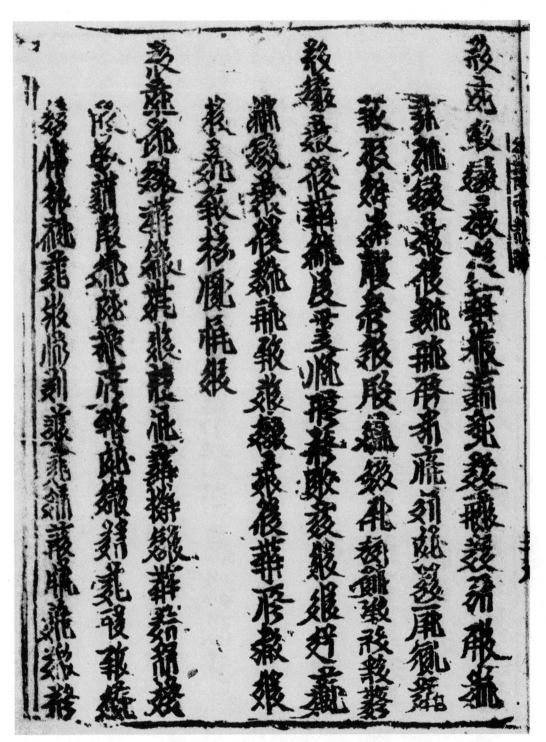

天盛改旧新定律令（甲种本）第十三（50—39 左）

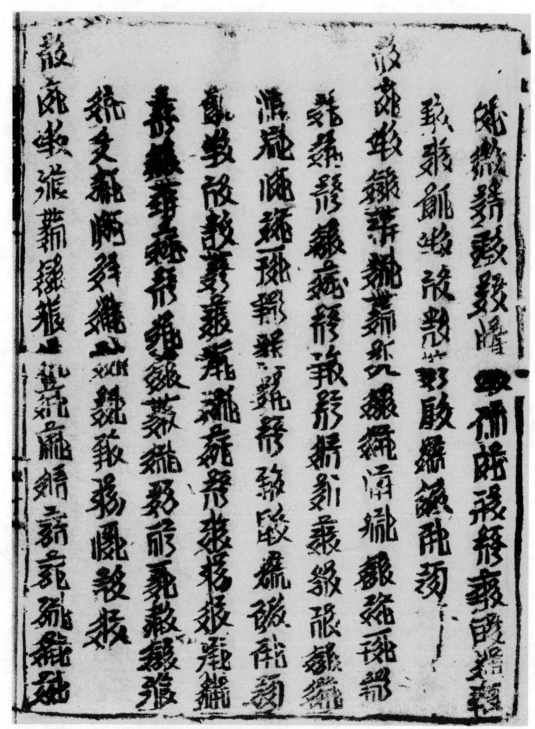

天盛改旧新定律令(甲种本)第十三(50—40 右)

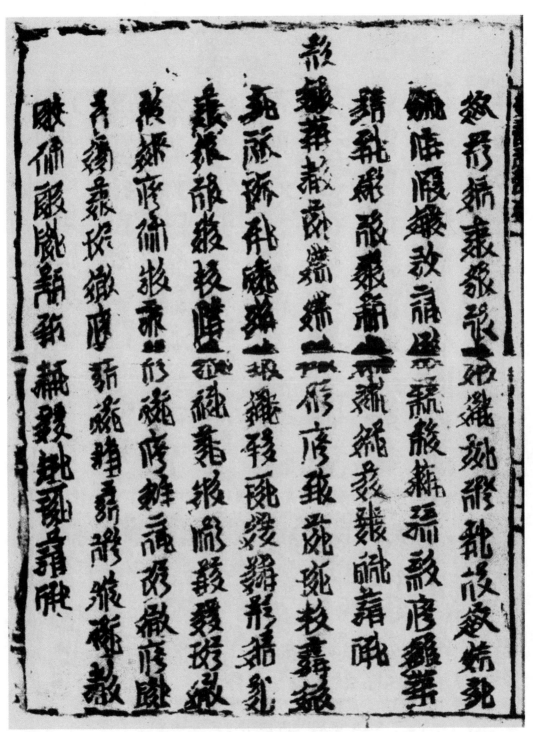

天盛改旧新定律令（甲种本）第十三（50—40 左）

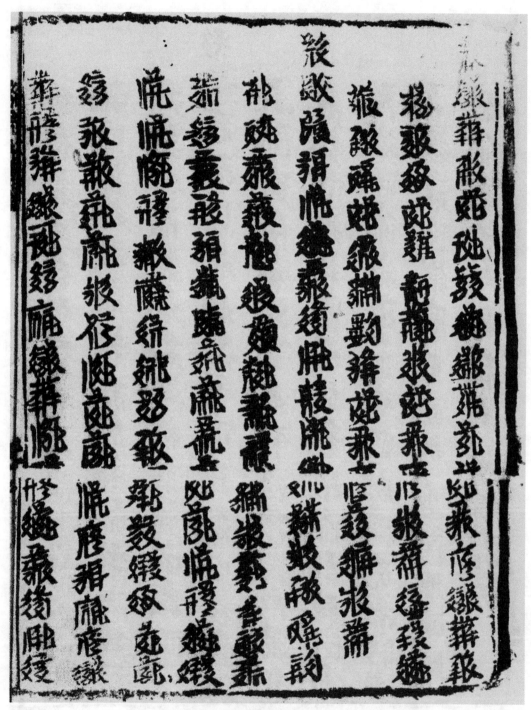

天盛改旧新定律令(甲种本)第十三(50—41 右)

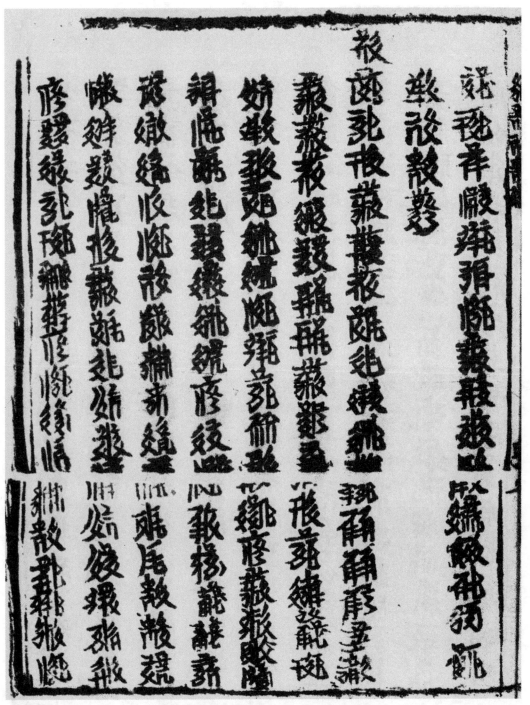

附　录

天盛改旧新定律令（甲种本）第十三（50—41 左）

217

天盛改旧新定律令(甲种本)第十三(50—42右)

天盛改旧新定律令（甲种本）第十三（50—42 左）

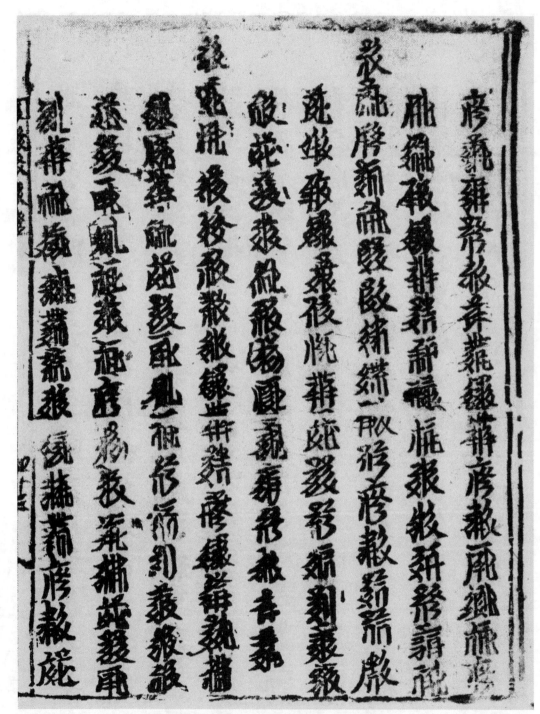

天盛改旧新定律令（甲种本）第十三（50—43 右）

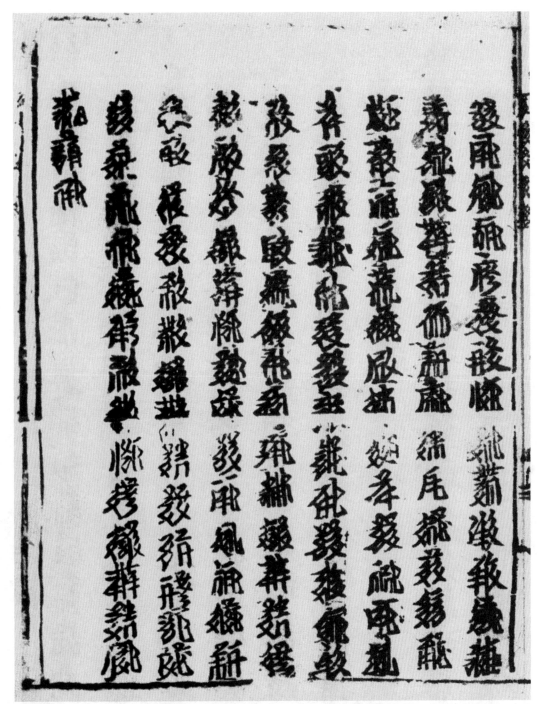

天盛改旧新定律令（甲种本）第十三（50—43 左）

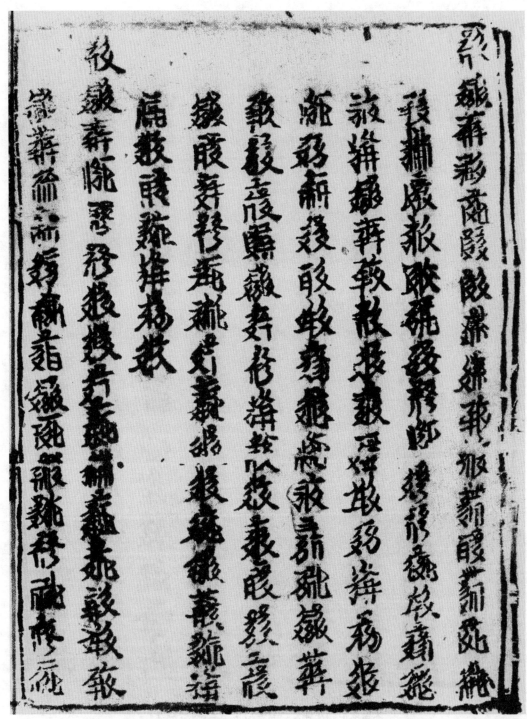

天盛改旧新定律令(甲种本)第十三(50—44右)

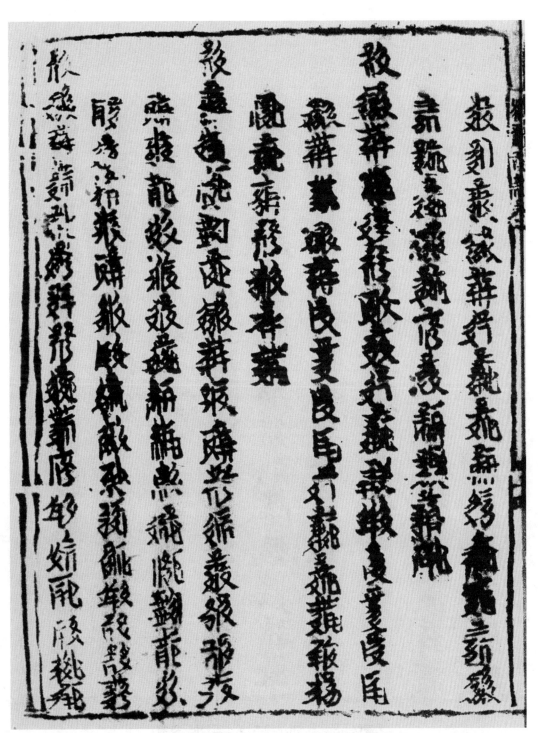

天盛改旧新定律令（甲种本）第十三（50—44 左）

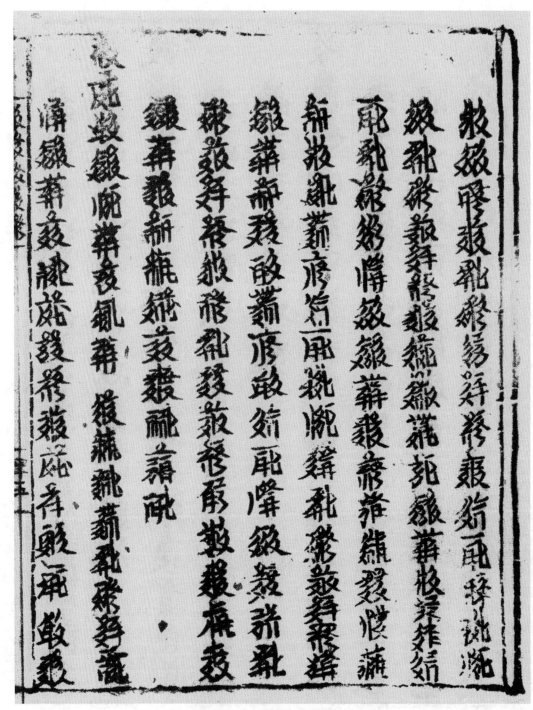

天盛改旧新定律令（甲种本）第十三（50—45 右）

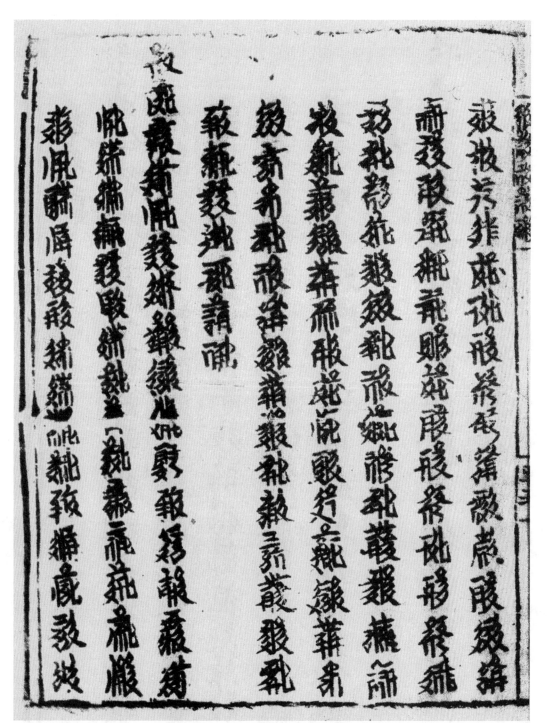

天盛改旧新定律令（甲种本）第十三（50—45 左）

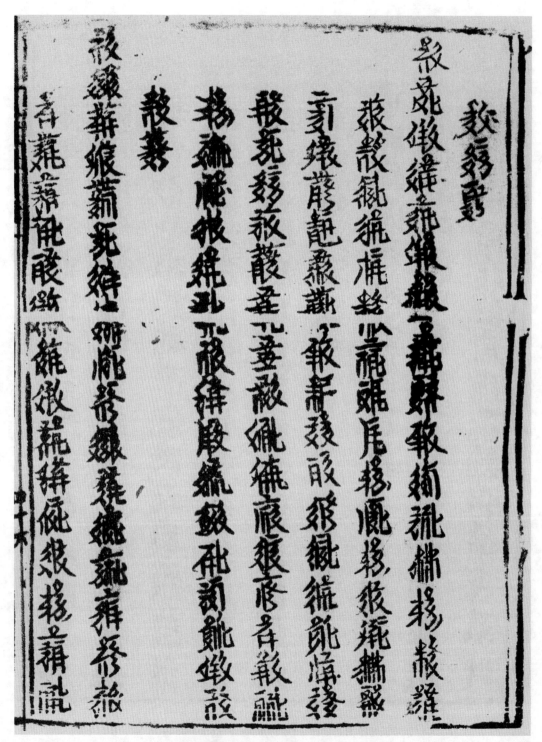

天盛改旧新定律令（甲种本）第十三（50—46 右）

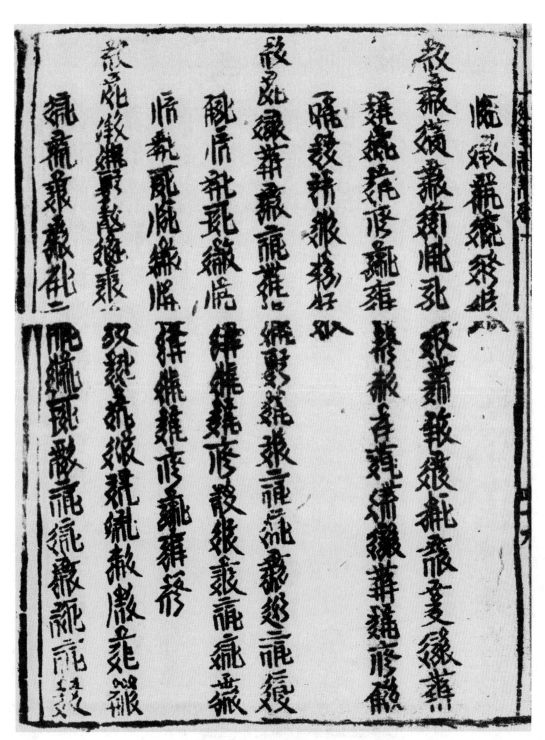

天盛改旧新定律令（甲种本）第十三（50—46 左）

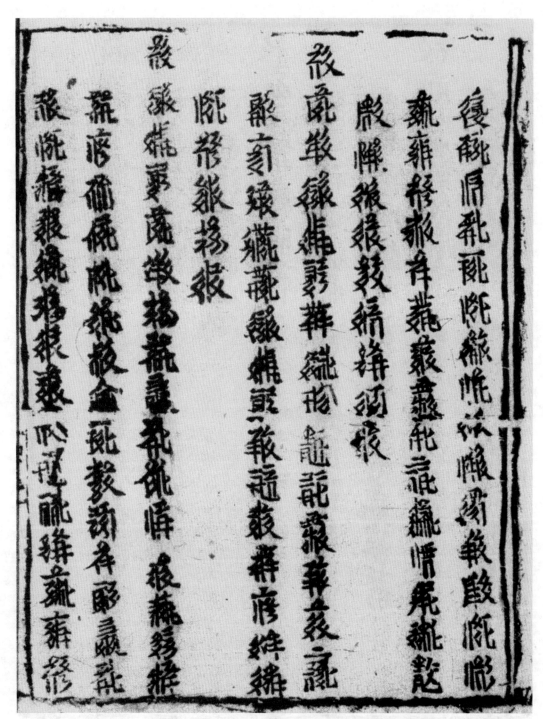

天盛改旧新定律令（甲种本）第十三（50—47 右）

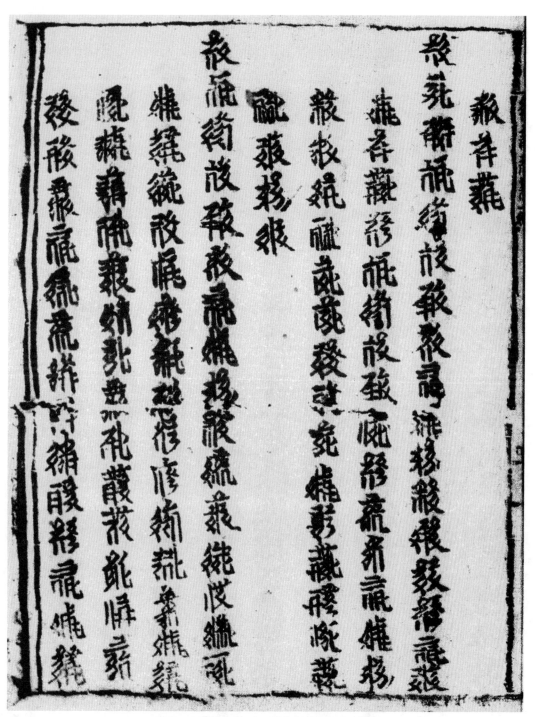

附　录

天盛改旧新定律令(甲种本)第十三(50—47 左)

229

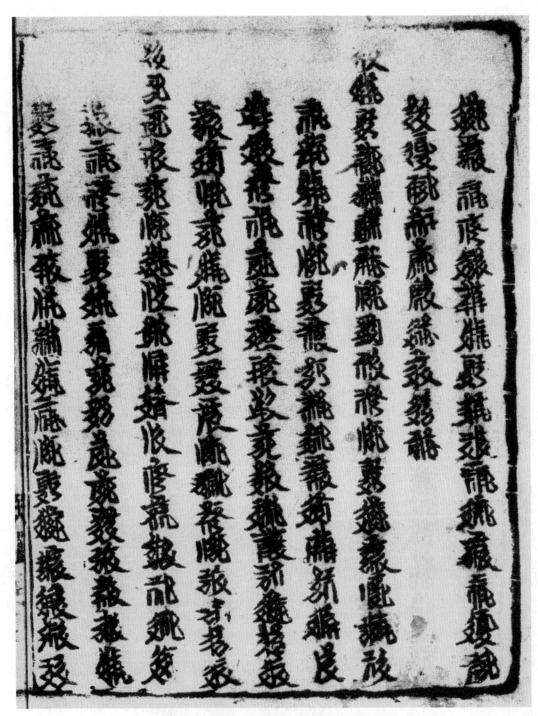

天盛改旧新定律令（甲种本）第十三（50—48 右）

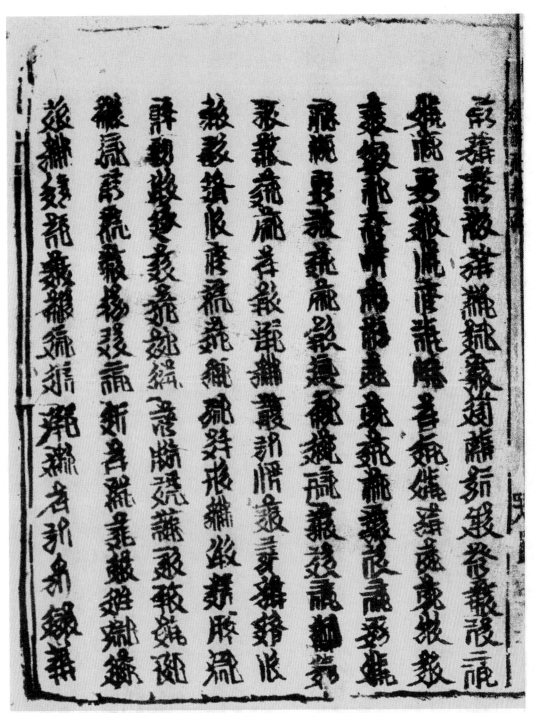

天盛改旧新定律令（甲种本）第十三（50—48 左）

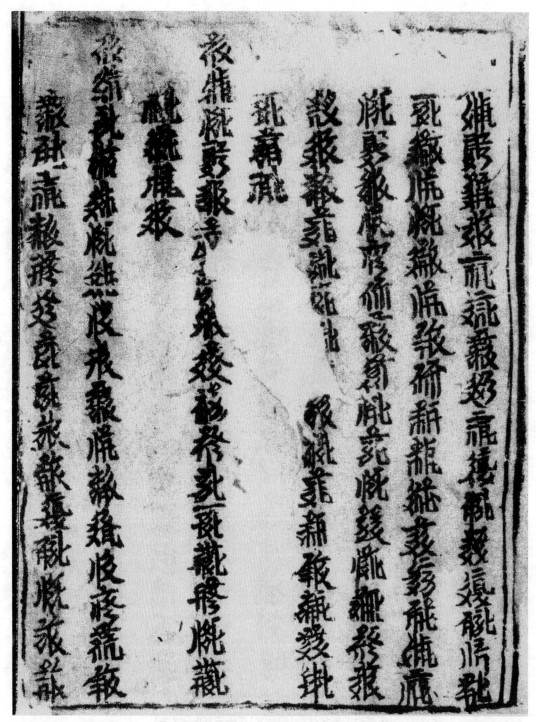

天盛改旧新定律令(甲种本)第十三(50—49 右)

天盛改旧新定律令（甲种本）第十三（50—49 左）

天盛改旧新定律令(甲种本)第十三(50—50)

后　记

　　20世纪90年代以来,随着《俄藏黑水城文献》、《英藏黑水城文献》、《中国藏西夏文献》、《中国藏黑水城汉文文献》、《斯坦因第三次中亚考古所获汉文文献》(非佛经部分)、《法藏敦煌西夏文文献》、《俄藏敦煌文献》、《日本藏西夏文文献》等大型文献的出版,为全面深入研究西夏与黑水城文献奠定了坚实的基础。为此,宁夏大学西夏学研究院展开系列研究,在组织重大重点项目的同时,编纂出版《西夏文献研究丛刊》,由杜建录教授主编。2013年,又将中俄人文合作研究课题"西夏法律文献研究"、"西夏文献专题研究"纳入《西夏文献研究丛刊》出版计划,由中俄西夏学联合研究所中方所长杜建录教授和俄方所长波波娃教授共同主编。

　　《西夏文献研究丛刊》自2010年推出后,目前相继出版杜建录、史金波《西夏社会文书研究》、聂鸿音《西夏文献论稿》、杜建录《中国藏西夏文献研究》、彭向前《西夏文〈孟子〉整理研究》、杜建录与波波娃主编《〈天盛律令〉研究》、胡进杉《西夏佛典探微》、段玉泉《西夏〈功德宝集偈〉跨语言对勘研究》、杜建录《党项西夏碑石整理研究》、潘洁《〈天盛律令〉农业门整理研究》、梁松涛《西夏文〈宫廷诗集〉整理与研究》、于光建《〈天盛律令〉典当借贷门整理研究》、翟丽萍《〈天盛律令〉职官门整理研究》、尤桦《〈天盛律令〉武器装备条文整理研究》、张笑峰《〈天盛律令〉铁箭符牌条文整理研究》等。该文献研究丛刊的出版,得到中俄人文合作委员会秘书处(教育部)、教育部国际合作与交流司、社会科学司、宁夏回族自治区教育厅、宁夏大学、俄罗斯科学院东方文献研究所以及上海古籍出版社的大力支持,教育部副部长、中俄人文合作委员会教育合作分委会中方主席郝平拨冗作序,在此一并表示衷心的感谢!

编　者

二〇一九年十月十八日

图书在版编目(CIP)数据

《天盛律令》铁箭符牌条文整理研究 / 张笑峰著
. —上海：上海古籍出版社，2019.11
（西夏文献研究丛刊）
ISBN 978-7-5325-9411-5

Ⅰ.①天… Ⅱ.①张… Ⅲ.①法制史-中国-西夏
Ⅳ.①D929.463

中国版本图书馆 CIP 数据核字(2019)第 247591 号

西夏文献研究丛刊

书　　名　《天盛律令》铁箭符牌条文整理研究
作　　者　张笑峰　著
责任编辑　王　珺
出版发行　上海古籍出版社
　　　　　（上海瑞金二路 272 号　邮政编码 200020）
(1) 网　　址：www.guji.com.cn
(2) E-mail：guji1@guji.com.cn
(3) 易文网网址：www.ewen.co
印　　刷　金坛市古籍印刷厂
版　　次　2019 年 11 月第 1 版
　　　　　2019 年 11 月第 1 次印刷
规　　格　开本 787×1092　1/16
印　　张　15　字数 305,000
国际书号　ISBN 978-7-5325-9411-5/K·2732
定　　价　82.00 元